教职工的权利及维护
JIAOZHIGONG DE QUANLI JI WEIHU
（2022年）

冯世勇 ◎ 主编

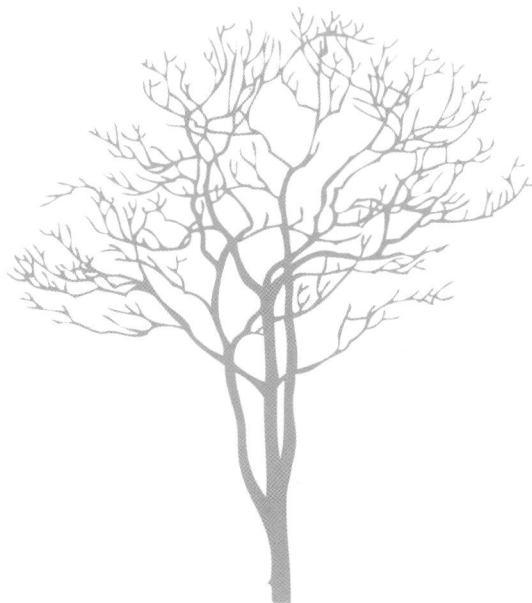

中国政法大学出版社

2022 · 北京

图书在版编目（ＣＩＰ）数据

教职工的权利及维护.2022 年/冯世勇主编. —北京：中国政法大学出版社，2022.8
ISBN 978-7-5764-0267-4

Ⅰ.①教… Ⅱ.①冯… Ⅲ.①高等学校－工会工作－中国－文集 Ⅳ.①D412.6-53

中国版本图书馆 CIP 数据核字(2022)第 168486 号

出 版 者　　中国政法大学出版社

地　　址　　北京市海淀区西土城路 25 号

邮寄地址　　北京 100088 信箱 8034 分箱　邮编 100088

网　　址　　http://www.cuplpress.com (网络实名：中国政法大学出版社)

电　　话　　010-58908285(总编室) 58908433（编辑部）58908334(邮购部)

承　　印　　固安华明印业有限公司

开　　本　　720mm×960mm　1/16

印　　张　　16.5

字　　数　　270 千字

版　　次　　2022 年 8 月第 1 版

印　　次　　2022 年 8 月第 1 次印刷

定　　价　　75.00 元

序 言

工会理论建设是新时代中国特色社会主义工会建设的重要组成部分，是指导工会政策研究、指导工会实践的重要保证。

工会为什么加强理论研究？理论是行动的指南，指导实践又在实践中丰富和完善，工会工作实践、工会政策制定需要理论指导，从本质上认识工会，在发展中创新工会，在整体上推进工会工作都需要理论支撑。因此工会事业越前进、越发展，新情况新问题就会越多，理论是适应新形势、认识新事物、完成新任务的强大思想武器，只有不断推进理论创新、实践创新、制度创新，工会工作才能有所发展、有所创造、有所前进。

在哪些方面加强理论研究？党中央和习近平总书记针对中国特色社会主义新时代新使命，立足当代工运实践，提出了新时代工运思想和工运理论，主要体现在：第一，把为实现中华民族伟大复兴而奋斗作为我国工人运动的时代主题，将工人阶级主人翁地位和作用作为社会主义本质要求，将全心全意依靠工人阶级作为根本方针。第二，提出工人阶级"辛勤劳动""诚实劳动""创造性劳动"的劳动实践形式，提出劳动最伟大、劳动最光荣、劳动最美丽，要弘扬劳动精神、劳模精神、工匠精神。第三，职工作为劳动主体，要让职工实现体面劳动和全面发展。第四，新时代工会的根本原则是坚持党的领导，突出"政治性"、"先进性"和"群众性"，维护职工合法权益，服务职工、服务大局。第五，工会组织要自我革新，要去机关化、行政化、贵族化、娱乐化。这丰富和发展了马克思主义工运理论，为进一步推动新时代工会事业发展奠定了坚实的理论基础。

工会在高校中的责任使命。根据《中国工会章程》精神，高校工会是中国共产党领导的教职工自愿结合的工人阶级群众组织，是党联系职工群众的桥梁和纽带，是国家政权的重要社会支柱，是会员和职工利益的代表，工会是同级教代会的日常工作机构。高校工会有维护、教育、建设和参与的职能。以中国政法大学为例，就维护而言，学校年度教职工代表大会、教代会代表列席校长办公会议、学校承办的北京市教育系统法律援助中心、接待群众来信来访、接待教代会代表日等；就教育而言，学校针对教职工的思想文化教育、树立师德师风、彰显中心工作、劳动精神的青年教师教学基本功大赛、岗位练兵暨先进事迹报告会、青年教师暑期社会实践活动等；就建设而言，学校民生福利、教职工文化生活、和谐校园建设等；就参与而言，学校体现民主管理的教职工代表大会、重大事项监督中工会组织的参与等。在高校，工会工作不是中心工作，但连着中心工作，服务中心工作，是学校不可或缺和无法替代的群众组织。

学校如何开展理论研究？ 思想上重视，制度上安排，行动上落实，实践中受益。中国政法大学工会理论研究已形成自己的特色，推出了一批高质量的研究成果。长期以来，学校工会年度工作要点都把工会理论研究作为专项任务，进行专题部署。学校各个部门工会广泛动员，特别是有一批专业课教师利用学科优势参与其中，形成了高质量的理论研究成果。学校工会每年召开年度工会教代会理论研讨会暨工会委员培训会，评选优秀论文，鼓励开展研究，提高广大工会工作者和教职工潜心研究、在会言会、深入进行理论探讨的风尚。十几年来，学校工会推出的论文中有30余篇获得中国教科文卫体工会及北京市教育工会的奖励。

在理论研究中获得的收益。 中国政法大学工会理论研究推动和促进了工会事业的发展，学校在中国教科文卫体工会关于教代会机制创新中做过经验介绍，2007年北京市委教育工委、北京市教育工会在学校召开了北京市高校民主管理现场会，推广具有法大特色的民主管理制度，学校被中国教科文卫体工会评为"全国高校教职工先进职工之家"，被北京市总工会评为"北京市先进工会"等。

本书收录论文有五个特点。 第一，近年来学校工会教代会理论研讨中获奖的论文。第二，论文从不同角度阐释新时代中国特色社会主义工会的建设与发展。第三，一批专业骨干教师加入对工会建设与发展的理论研讨中，提升了论文质量。第四，研究的范围广泛，指向性强，对工会工作具有重要的指导意义。第五，论文中学校学科特色明显。

　　工会承担着组织团结动员广大职工为完成立德树人根本任务而共同奋斗的重大使命。开展理论研究是中国政法大学开展工会工作的重要方针。习近平新时代中国特色社会主义思想要求我们要不断加强工会理论研究，在建设中国特色世界一流大学中切实发挥工会组织的独特作用。

冯世勇

2022 年 4 月 10 日

目 录 CONTENTS

法人分类视角下工会的法律地位探讨

民商经济法学院工会　朱晓娟

摘　要： 理论上与实践中对工会的法律地位均存在不同的观点与做法，本文通过对工会法律地位理论学说的检视与相关立法的分析，在对现行工会立法与司法实践协同与背离现状讨论的基础上，提出工会法人是带有部分公法人性质的互益性社团法人。在此基础上，确定工会与所在组织之间、上下级工会之间以及工会与组织成员之间法律关系的内容。

关键词： 法人分类；工会法律地位；互益性社团法人；工会法律关系

一、问题的提出

我国工会自存在以来就具有强烈的政治属性，但随着市场经济的发展和其自身职能的转变，《中华人民共和国工会法》（以下简称《工会法》）第15条确认工会为社会团体法人。工会的法律地位归属于公法人还是私法人存在多种观点的理论争议，在实践中，工会的部分公法权利属性让公众误认为工会是政府机构，可以提起行政诉讼，而不同法院对工会的法律地位和法律责任的认识不一，存在管辖空白与不一的现象。从深层次看，实践中表现出的对工会法律地位的误解和冲突本质体现为工会法律地位的界定和归属。在我国民法典时代开启之际，辨明工会法人的法律性质，梳理出现行工会的立法与实践协同与背离之处，厘清工会与所在组织之间、上下级工会之间、工会与组织成员之间的关系，对于激发工会组织活力，发挥工会维护职工权益的实质作用具有重要意义。

二、我国工会法律地位的理论检视

公法和私法的区别标准常见的有"主体说""利益说""意思说""权利和权力说"等几种学说，法人也因此可分为公法人和私法人。从法人分类视角界定我国工会到底属于何种法人，学者的观点主要存在以下几种：一是社团法人说。主流观点认为工会法人属于私法人中的社团法人，并且为《工会法》所确认；相近的观点认为工会法人与民法上的"公益法人"有明显区别，因而是一种特殊的社团法人。[1]二是公法人说。认为工会法人具有公法人的性质，[2]或是带有私法人性质的公法人。三是社会法人说，有学者认为工会作为一种互益性社会团体存在于社会法领域之中，既不是私法人，也不是公法人，而是一种独立的新型法人——社会法人。[3]下文分别对上述观点展开论述。

（一）私法人的社团法人说

大多数学者认为工会法人属于私法人中的社团法人，是以社员为成立基础的法人。特殊的社团法人说认为公益法人主要是以公益为目的，是一种公益性社会团体，而工会法人维护的是工会成员的共同利益，实际上属于一种互益性社会团体，因此特殊的社团法人说认为工会法人本质仍然是民法上的私法人。我国工会的社团法人资格可以从以下几个方面确认：

首先，从成立基础上来看，中国工会是中国共产党领导的职工自愿结合的工人阶级群众组织，这可以表明工会是以人为基础的团体组织。

其次，从立法上来看，《工会法》第15条确立了工会的社团法人地位，"中华全国总工会、地方总工会、产业工会具有社会团体法人资格。基层工会组织具备民法典规定的法人条件的，依法取得社会团体法人资格。"具备法人资格的工会组织依法独立享有民事权利，承担民事义务。值得注意的是，此处的社会团体法人与社团法人是完全不同的概念，社会团体法人中有的属于社团法人，有的则属于以财产为成立基础的财团法人。

再次，从法人成立的实质条件上来看，我国工会满足社团法人成立的条

---

〔1〕 参见劳动人事部劳动科学研究所，中国劳动法学研究会编：《劳动法手册》，经济管理出版社1988年版，第489页。

〔2〕 参见史尚宽：《劳动法原论》，正大印书馆1934年版，第153页。

〔3〕 参见李凌云："工会的法律责任初探"，载《华东政法大学学报》2008年第2期。

件，具有独立性。根据《中华人民共和国民法通则》（以下简称《民法通则》）和《中华人民共和国民法典》（以下简称《民法典》）的规定[1]：（1）我国各级总工会、产业工会、基层工会根据《工会法》和《中国工会章程》成立，具有法定性；（2）拥有自己的独立和必要的财产和经费，如工会的财产来源为会费、所在工会组织拨缴经费、工会所属企事业单位收入以及政府的补助和其他收入；（3）各级工会都有自己的名称、组织机构、住所，《工会法》规定工会所在组织应该为工会提供必要的设施和活动场所，保证工会活动可以顺利开展；（4）具有法人资格的工会组织依法独立享有民事权利，承担民事义务，以其全部的独立财产和经费独立承担民事责任，具有直接的诉讼主体资格。[2]

《民法典》第90条规定："具备法人条件，基于会员共同意愿，为公益目的或者会员共同利益等非营利目的设立的社会团体，经依法登记成立，取得社会团体法人资格；依法不需要办理法人登记的，从成立之日起，具有社会团体法人资格。"私法人和公法人的区别之一在于私法人原则应该进行登记，根据此规定，除了依法自动取得社会团体法人资格的工会外，其他基层工会应该按照《基层工会法人登记管理办法》进行登记，领取工会法人资格证书和统一社会信用代码。

最后，从工会的职责和《工会法》的调整对象上看，工会法人具有自己的意思机关，基层工会成员可以选举工会委员会负责工会的日常工作，选举出的工会主席可以作为工会法人的法定代表人，主要是为了维护工会会员和劳动者的共同利益，维护职工的合法权益，工会和劳动者以及相对的用人单位都属于私法主体，调整有关劳动关系、集体合同的签订内容都属于需要私法主体具体参与协调和磋商，行使的协助和建议的权利基本上都为私权，不具有行政权力的性质。

综上所述，该观点认为我国工会组织从成立基础、成立条件、法律确认

---

[1]《民法通则》第37条规定："法人应当具备下列条件：（一）依法成立；（二）有必要的财产或者经费；（三）有自己的名称、组织机构和场所；（四）能够独立承担民事责任。"《民法典》第58条第1、2款规定："法人应当依法成立。法人应当有自己的名称、组织机构、住所、财产或者经费……"第60条："法人以其全部财产独立承担民事责任。"

[2]《工会法》第50条规定："工会对违反本法规定侵犯其合法权益的，有权提请人民政府或者有关部门予以处理，或者向人民法院提起诉讼。"

和调整对象等角度上都可以认为是私法人中的社团法人，但是仅从社团法人的角度分析无法全面解释工会法人还具有部分公法性权利的职能。

（二）带有私法人性质的公法人说

学者史尚宽从团结权[1]的角度认为工会法人"确有公法人之性质"，[2]我国宪法上的结社权在工人群体中的反映即为工会组织；还有学者从多个角度剖析我国工会实际上是带有私法人性质的公法人；[3]另外，有学者认为即使《工会法》确认了工会的社会团体法人资格，也不可能完全还原为"职业团体"。[4]持有这种观点的学者并不否认工会是一个社会团体，也不否认多个方面呈现出的私法人属性，但是认为工会法人的本质依然是公法人，主要理由有以下几点：

第一，从规范依据上看，特别法直接规定了工会的法律地位。工会的法律地位更接近于法定机构，是由国家特别法律规定的任务和功能的独立组织，法律直接规定工会在国家政治、经济和社会生活中的地位，规定其设立、变更和撤销、职责、经费来源、主要负责人产生办法和任免、管理架构等，本质是在政府之外具有公共管理属性的政治性团体。

第二，从具体职能上看，工会法人具有较强的政治属性，从工会的发展历史来看，中国工会制度是我国政治制度中不可或缺的一部分，代表广大劳动者的利益，是党联系职工群众的桥梁和纽带，是国家政权的重要社会支柱。《工会法》一方面直接规定了工会代表和组织职工参与国家和社会事务管理，参与企业、事业单位和机关的民主管理，协助人民政府开展工作，维护社会主义国家政权，比如中华全国总工会的定位是可以参加中国人民政治协商会议的人民团体，可以参与立法，这些政治生活中的权利本质上属于公法活动，公法权利。

第三，从维护的利益来看，《工会法》第6条规定："……工会在维护全国人民总体利益的同时，代表和维护职工的合法权益……"，实际上也表明了

---

[1]"团结权"：一般是指雇佣人或被雇佣人为保护或者扩张其劳动关系上之利益而组织团体之社会法上之权利。

[2]参见史尚宽：《劳动法原论》，正大印书馆1934年版。

[3]参见孙德强："工会的法律性质"，载《中国劳动关系学院学报》2006年第6期。

[4]参见杨冬梅："法人制度理论视野下的工会法人资格"，载《中国劳动关系学院学报》2010年第5期。

中华全国总工会及各省总工会和基层工会职能未加以区分，上级工会组织主要是从立法和形式上维护职工群体的抽象利益，通过参与立法、制定政策的方式履行职能，因此中华全国总工会及各省总工会更多地凸显政治性质；而基层工会组织直接代表职工参与谈判、推动签订集体合同，通过维护所在工会组织成员的直接利益，表现出更多的私权属性。此外，有学者认为集体合同的签订主要是由政府推行，工会实际上在集体合同制度上还是依靠政府强力，体现出干预经济活动的政治属性。[1]

综上所述，该观点主要是从特别法规定，参与国家和社会管理事务的政治职能等方面界定工会法人属于带有私法人性质的公法人。但是工会法人并非行政机关，也并非被法律、法规授权的组织，其主要成员资格的获得并非由法律直接规定，而是由加入工会成员自身的意思所决定，这个本质上的区别也无法完全将工会法人界定为"带有私法人性质"的限定语的公法人，与现行法和实践并不完全相符；长远来看，工会法人要发挥职业团体的作用，应该逐渐去机关化和行政化，更好地维护职工利益。

（三）新型法人即社会法人说

持有该观点的学者认为公法人和私法人都不能解释工会法人的特殊法律地位，应将其归为在公法和私法之外的还存在交叉地带的社会法领域，从该角度论证工会法人属于社会法人。其主要依据有三点：一是传统私法中法人制度的创设主要是用以保护市场主体的财产独立权，而忽略了人身关系的保障，因此现行立法中的工会社团法人资格对其维护自身的财产权是大有裨益的，而在维护职工合法权益方面无所作为；二是私法中的非营利性社会团体法人和公益性的财团法人的规制实际上已经逐步公法化，在许多方面已经用法定优先取代了契约优先，由强制性取代了任意性，因此这两者正走出私法领域进入社会法的视野；三是社会团体法人所要解决的问题不仅仅是传统私法人的外部责任和内部责任，更需要解决社会团体与其成员之间的关系。[2]

该观点看到了实践中工会不作为但不需承担法律责任的现象，注意到工会组织和工会成员之间的权利义务关系的特殊性，跳出了公法人和私法人分类的局限性，认为工会法人互益性社会团体存在于社会法领域之中。但是究

---

〔1〕 参见孙德强："工会的法律性质"，载《中国劳动关系学院学报》2006年第6期。

〔2〕 参见李凌云："工会的法律责任初探"，载《华东政法大学学报》2008年第2期。

竟我国的工会法人应该归类于何种法人，还需要结合立法和实践来判断。

三、现行工会立法与司法实践的协同与背离

（一）现行工会立法与实践的协同之处

如前所述，《工会法》《民法通则》《民法典》在法律层面确认了工会的社会团体法人资格，中华全国总工会出台的《中国工会章程》《基层工会法人登记管理办法》《企业工会工作条例（试行）》等文件也具体确立了基层工会法人，尤其是企业工会法人的社会团体法人资格。

《最高人民法院关于产业工会、基层工会是否具备社团法人资格和工会经费集中户可否冻结划拨问题的批复（2020修正）》以及《最高人民法院关于在民事审判工作中适用〈中华人民共和国工会法〉若干问题的解释（2020修正）》等司法解释中，明确要求人民法院在审判涉及工会组织的有关民事案件中，应当依法确认工会的社团法人资格，具有法人资格的工会组织依法独立享有民事权利，承担民事责任。最高人民法院司法解释中的"社团法人"虽然可能与"社会团体法人"混淆，但实际上依然是认定我国的工会法人属于私法人上的社团法人，是独立的民事主体，可以独立承担民事责任，与立法规定相一致。

（二）现行工会立法与实践的背离之处

四川省高级人民法院在张某诉成都市青羊区总工会民事纠纷再审一案中认为：工会是职工自愿结合的工人阶级的群众组织，张某向成都市青羊区总工会投诉其与原所在单位的劳动争议，不属于平等民事主体间的民事法律关系，不属于人民法院受理民事诉讼案件的范围，[1]否定了工会因为不履行维权职责在民事诉讼中成为被告。

最高人民法院在陶某阳与湖北省总工会行政复议再审案件中认为：虽然从我国工会的职能作用、组织架构、资金来源、上下级关系等方面可以看出我国工会具有一定的公法人属性，但《工会法》及相关规定并未赋予工会行政管理职权，工会虽具有交涉、提出意见、进行监督、签订集体合同、参与劳动争议等权利，但工会行使上述权利的行为均不直接发生行政法律效果，用人单位对工会所提出的问题拒不改正的，最终仍需由相关政府部门进行处理，相关劳动争议无法解决的，仍需要通过仲裁、诉讼等途径进行解决。因

---

〔1〕 四川省高级人民法院（2018）川民申1876号民事裁定书。

此，工会并非行政机关，也并非法律法规授权的组织，不属于适格的行政复议被申请人。[1]最高人民法院的观点部分肯定了工会的公法人属性，但是认为工会会员不能通过行政复议实现对工会不作为法律责任的追究。此外，有学者从行政诉讼的受案标准"行为主体是否是行政主体"和"主体行为的性质"两个层面分析要求工会履行维权职责的案件都无法进入行政诉讼。[2]

当工会不作为、乱作为的行为发生，但却不能通过民事诉讼、行政复议、行政诉讼来实现对会员权利的救济，那工会会员权利如何保障？工会的法律责任如何追究？实际上出现上述立法和司法实践的矛盾与冲突，笔者认为主要原因在于工会的法律地位界定不清晰，导致立法上工会作为义务主体的法律责任缺位。有学者对《工会法》法律责任部分逐条分析，认为其主要是规定工会组织以外的有关主体违反《工会法》的法律责任，其责任主体包括用人单位、劳动行政部门、工会工作人员、工会会员或职工，而对工会本身的法律责任只字未提。[3]此时，当工会对工会会员的维权申请视而不见或者滥用权力损害会员以及用人单位权利时，按照现行法律无法实现对其责任的追究。实践中对工会基本职能的认识不到位，尤其是基层工会沦落为"福利工会"、被架空或成为部分企业的内部机构，无法真正实现维护职工合法权益的基本职责的作用。工会同时具有的"官""民"属性导致公众对工会性质的误解，当工会会员无法通过民事诉讼、行政复议、行政诉讼实现救济时，不利于和谐劳动关系的构建，也不利于工会的长远发展。

四、工会法律地位的界定和归属

（一）工会法律地位的界定

从前述的理论争议和司法实践法院的观点可以看出，从立法上明确工会法人的法律地位非常必要，笔者认为工会的法律特征决定了工会法人的法律属性，因此工会法人应当是带有部分公法人性质的互益性社团法人，主要有以下几点理由：

---

[1] 最高人民法院（2020）最高法行申 668 号行政裁定书。
[2] 参见杨欣："论工会会员权利的法律救济路径"，载《中国劳动关系学院学报》2010 年第 4 期。
[3] 参见田春苗、刘金春："我国工会的性质及其法律责任"，载《西部法学评论》2011 年第 6 期。

第一，工会具有群众性、自发性。工会的本质是职工自愿结合的工人阶级的群众组织。群众组织的本质决定了工会是以人为基础的社团法人，自愿结合的自组织体表明了工会实际上是介于政府和劳动者之间的社会中间层，起到相互联系的纽带作用。工会与政府之间不存在组织上的隶属关系，〔1〕并非行政机关或者被授予行政权力的公法人组织，而是独立的社会团体，起到协调政府、用人单位、劳动者等各方主体建设和谐劳动关系的作用。

第二，工会是一个互益性非营利社团法人。一方面工会的基本职责是维护职工的合法利益，该成立目的决定了工会实际上是一个有助于维护工会会员权利的组织，其公共属性限于工人团体，限于工会组织的级别和范围；另一方面，按照《民法典》的法人分类来看，工会组织属于非营利性法人中的为了成员共同利益而成立的社会团体法人，由立法予以明确的社会团体法人的地位，不同于机关法人，具有独立的民事主体地位。

第三，工会法人具有独立性，独立的财产来源意味着可以独立承担民事责任。从司法实践的争议和最高人民法院的判决来看，由于工会的主体和行为不适格，会员无法通过行政复议、行政诉讼的方式来解决争议，因此，明晰工会法人的社团法人地位及其权利、义务和法律责任，确定工会的作为和不作为义务，工会不作为、乱作为可以通过民事诉讼等方式来解决，避免来回踢皮球的现象，比较符合司法实践的效率追求。即使伴随着私法公法化的趋势，《工会法》进入社会法领域，当发生纠纷时，依然无法改变其作为独立承担责任的民事主体的法律地位。

第四，工会的公法性权利和政治属性从总工会到基层工会逐渐递减。维护职工的合法权益具有公共管理的属性，中华全国总工会和各省总工会等上级工会大多通过参与立法、建言献策等参与政治生活的方式来实现职能，而绝大多数基层工会直接参与和介入劳动关系的成立、变更、解除以及劳工权利、福利保障等方面来履行职责。我国工会正在去行政化，逐渐从具有政治性的人民群体向职业团体转变，虽然不能忽视其公法性权利，但是从直接参与维护职工合法利益的基层工会的定位和未来的发展趋势来看，定位为带有公法性的互益性社团法人更为合理。

---

〔1〕 参见高大慧："试析工会的社团法人地位"，载《北京市总工会职工大学学报》2002 年第 3 期。

此外，工会的建立虽然依据《工会法》具有法定性，但是《工会法》类似于《中华人民共和国公司法》，具有强制性和任意性，类似于公司依据公司章程建立，各级工会也依据具体的工会章程建立，其法定性不足以改变工会是一个职工自发组建的私法人的本质。综上，笔者认为，将工会法人界定为带有公法人性质的互益性社团法人是合乎工会的特征和实践需求的。

（二）工会法律地位在不同法律关系中的体现

1. 工会与所在组织之间的法律关系

并非所有的工会都独立于其所在组织，二者之间的法律关系需要分两个层次去分析，第一个层次是工会是否具有社团法人资格，第二个层次是不具有社团法人资格的非法人工会是否具有独立的财产权。

《最高人民法院关于产业工会、基层工会是否具备社团法人资格和工会经费集中户可否冻结划拨问题的批复（2020修正）》中规定产业工会、具有社团法人资格的基层工会与建立工会的企业法人是各自独立的法人主体。企业或企业工会对外发生的经济纠纷，各自承担民事责任。《最高人民法院关于在民事审判工作中适用〈中华人民共和国工会法〉若干问题的解释（2020修正）》第1条规定："……建立工会的企业、事业单位、机关与所建工会以及工会投资兴办的企业，根据法律和司法解释的规定，应当分别承担各自的民事责任。"由此可看出，具有社团法人资格的工会与其所在组织相互独立，以自己全部独立的财产承担民事责任，但是后者并未说明不具有法人资格的工会能否独立于所在组织承担责任。实践中，没有法人资格的工会常表现为单位的科室、内设部门等，其所有财产来源于单位，受到单位的限制，失去了独立组织的作用，这也表明没有独立财产权的工会组织无法独立承担民事责任，最终还是落脚到单位自身。因此有学者认为，如果承认了非法人工会的独立的财产权，可以使不具有法人资格的工会成为真正独立的社团，作为准社团法人存在，才能发挥出工会的实质作用。[1]

2. 工会与上下级工会的法律关系

一方面，工会与上下级工会之间分别属于独立的工会组织，维护其所代表的本级工会职工的合法利益，可独立登记为工会法人并独立承担民事责任；

---

〔1〕 参见李文涛、高维佳、高波："非法人社团的独立财产权——以工会的独立财产权为中心"，载《中国劳动关系学院学报》2012年第3期。

另一方面，上级工会组织与下级工会组织之间是领导关系，[1]负责下级工会的批准成立、登记，指导和帮助下级工会的组建，工会受到上级工会组织和同级政府主管部门的双重管理。当上级工会对基层工会是否具备社团法人的条件审查不严或不实，应当承担与其过错相应的民事责任。该民事责任的承担也表明工会在履行职责中可以独立承担民事责任。

3. 工会与其组织成员的法律关系

工会作为代表对外维护其组织成员的利益，与企业、事业单位等用人单位沟通协调时，产生对外的法律关系，履行的职能中既有经济性质的民事法律关系如集体合同的签订，又有争取劳动福利保障等方面的职能，此时，相当于工会会员将自身权利赋予工会，工会和会员权利立场一致，由工会代表工会会员去行使权利，表达话语权。

工会作为一个社团，与工会会员之间的内部关系应该界定为民事法律关系，工会会员履行缴纳会费的义务，享受工会提供的权利保障，将自身的一部分权利让渡给工会；工会对内享有管理会员的权利，但是同时也具有积极履行维护职工利益的义务和消极地不损害职工及其所在单位的权利的义务。当工会不作为或者乱作为损害工会会员权利时，根据前述将工会法人界定为带有公法人性质的互益性社团法人的前提，可诉诸民事诉讼提出救济请求权，工会可以通过举证已经履行或者不能履行有关职责进行抗辩。

五、结论与展望

本文从法人分类视角的理论角度出发探究工会的法律地位，对于工会法人界定的社团法人说、带有私法性质的公法人以及社会法人的三种观点进行了论述分析，结合现行工会的立法与实践协同与背离之处，考虑到工会的群众性、自愿性、独立性等特征，将工会法人界定为带有公法人性质的互益性社团法人，并据此简要分析工会与所在组织之间、上下级工会之间、与所在组织成员之间的法律关系。基于将工会界定为政治团体、工会与工会成员的权利义务不明确、工会作为责任主体的法律责任不明确的理论与立法障碍，

---

〔1〕《工会法》第10条第5款规定："上级工会组织领导下级工会组织。"；第12条规定："基层工会、地方各级总工会、全国或者地方产业工会组织的建立，必须报上一级工会批准。上级工会可以派员帮助和指导企业职工组建工会，任何单位和个人不得阻挠。"

建议在未来修订《工会法》时明确工会法人是带有公法人性质的互益性社团法人，厘清上下级工会的法律职能差异性，明确工会作为私法主体的权利义务，尤其是履行法定职责的作为与不作为义务，并细化相应的法律责任，为司法实践提供解决方案，从而更好地发挥工会维护职工合法权益的职能，维护好和谐的劳动法律关系。

中国高校工会理论研究的现状分析

政治与公共管理学院　李晓燕　王谊茜

　　工会作为联结工人群体之间自然关系与社会关系的政治组织，从诞生之日起就自带为该群体利益服务的特色。工会组织广泛存在于社会生活的各个领域，种类繁多，各司其职，发挥着不容忽视的作用。其中，高校工会作为工会组织的重要组成部分，尤其值得关注。

　　我国高校工会是中国共产党领导下的高等学校教职工自愿结合的工人阶级群众性组织，是党联系教职工的桥梁和纽带，是中国工会的重要组成部分，也是教育界最重要的群众组织。[1]对高校工会的研究一直是国内相关学科研究的重点，研究高校工会利于提高高校工会的执行力，巩固高校工会的作用，从而提高学校的整体环境。本文认为，对国内涉及该问题的研究进行全面梳理，同时注重对近期研究的总结与分析，有助于进一步推进该问题的研究。

　　概括起来，尽管国内针对高校工会的相关研究成果颇为丰厚，文献资料种类繁多，但"万变不离其宗"，相关文献资料基本都以高校工会为核心，呈现关注高校工作内容和工会作用两大方面。

一、关注高校工会工作内容的研究

　　这类研究一般立足高校工会自身的发展过程，通过对其工作范围与方法的描述，探讨其现阶段工作取得的成就、面对的困境及未来可以改进的方向。具体说来，可分为以下几个方面：

　　首先，研究重点集中在对高校工会本身情况的介绍上。这类研究基本是对高校工会工作基本情况的描述，涉及高校工会建设的现状、高校工会的职能定位、高校工会的具体组织架构及工作内容等方面。比如，谭正航在"论

---

〔1〕　参见张鸣起：《高校工会工作指导手册》，中国工人出版社 2009 年版，第 13 页。

高校工会的独立性"一文中通过对高校工会独立性内涵的具体描绘指出：高校工会的独立性是发挥其维权功能的基础和要求。为发挥高校工会的维权功能，促进高校民主管理制度的发展，我国应采取改革高校工会管理体制与工会成员的产生方式、实行工会成员职业化、保障经费来源独立性和建立工会成员独立考核制度体系等对策，以实现高校工会的独立性；[1]何兰萍、马利伟在"论高校工会作为社会团体的职能定位"一文中分析指出：高校工会作为独立的社会团体，其基本职能是维护职工的合法权益。尤其是在当前高校劳动关系调整的背景下，高校工会的工作重点更是代表和维护职工的利益。而参与大学的建章立制、推动校务公开与民主管理则是工会维护职能的重要保证。但目前高校工会组织很不独立，依附性强，不仅限制了自身发展，无法发挥维护等各项功能，也限制了其对于校园建设和职工队伍建设的推动作用，这是高校工会组织必须面对的现实与困难；[2]另有"转型期我国高校工会建设研究"一文更是立足时代背景，对高校工会工作内容及建设做了详细的介绍。[3]

　　其次，研究重点集中在对高校工会具体工作方法的探讨上。这类研究大多秉持问题意识，从问题视角下研究分析高校的具体工作方法，旨在通过对现阶段的工作方法的总结，为未来采取更贴近现实、效率更高的工作方法做准备。比如学者宁静在"新形势下高校工会工作方法思考"一文中立足高校目前采用的具体工作方法，指出其存在的不足及需要改进的地方。[4]

　　最后，研究重点多集中于对高校工会具体工作内容的描述性研究，并在此基础上强调创新工作内容的重要性与必要性。比如杨延红在"关于推进高校工会工作创新发展的思考"一文中指出：高校工会要想推进工作创新发展，必须进一步明确把自觉接受党的领导作为工作的前提，把热忱服务教职工作为工作的重点，把依法维护教职工权益作为工作的核心，把不断推进工作创新作为工作的亮点；[5]高恒亮在"创新高校工会工作的理性思考"一文从四

〔1〕参见谭正航："论高校工会的独立性"，载《当代教育论坛（综合研究）》2011年第9期。
〔2〕参见何兰萍、马利伟："论高校工会作为社会团体的职能定位"，载《武汉科技大学学报（社会科学版）》2010年第2期。
〔3〕参见黄娟："转型期我国高校工会建设研究"，北京林业大学2011年硕士学位论文。
〔4〕参见宁静："新形势下高校工会工作方法思考"，载《当代经济（综合研究）》2009年第19期。
〔5〕参见杨延红："关于推进高校工会工作创新发展的思考"，载《扬州大学学报（高教研究版）》2011年第1期。

个方面逐一介绍了高校工会工作应该有所突破。另外值得注意的是，这部分研究内容里还有部分文献以具体院校为例，深入分析该校工会具体的工作流程，进行反思与总结，进而试图对整个高校工会的现状进行分析说明。[1]

二、基于高校工会作用的研究

鉴于高校工会源于校园这一特殊性，这类研究多以校园建设为切入点，关注高校工会与校园之间的特殊关系，探讨分析高校工会在校园相关建设过程中的作用，也是高校工会研究领域中比较成熟的部分，具体说来，可分为以下几个方面：

首先是从和谐校园构建的角度探究高校工会对校园建设发展的重要作用，这部分学者多关注和谐校园的内涵，提出高校工会在具体工作中的建议，比如张宇在"略论高校工会在构建和谐校园建设中的作用"一文中通过厘清高校工会职能、确定其性质出发，阐述高校工会的职能作用与和谐校园建设的关系，并对高校工会在构建和谐校园中的作用提出了具体建议；[2]陈志红在"新形势下高校工会在建设和谐校园中的作用"一文中指出："新形势下高校工会应该依法保障高校教职工基本权益、健全高校劳动关系协调机制、加强教职工职业技能培训、保障教职工劳动安全卫生、落实教职工休息休假的权利、加强民主高校管理制度建设等方面为和谐校园的构建做出努力。"[3]程秀芳在"浅析如何发挥高校工会作用促进学校和谐发展"一文立足和谐发展的视角，提出部分高校对工会认识上的不足，认为应该首先提升高校工会自身的业务能力，才能真正发挥高校工会正能量，促进学校和谐发展。[4]

其次是从校园文化建设的角度研究高校工会的作用。这类学者一般深入校园文化建设的具体实践中，探讨分析高校工会的作用及不足。其中，学者王伟在"高校工会在校园文化建设中的角色定位和作用力探析"一文中提出"高校工会是校园文化建设中的组织者、号召者、引导者和实践者，其通过充

---

[1] 参见高恒亮："创新高校工会工作的理性思考"，载《周口师范学院学报》2012年第3期。

[2] 参见张宇："略论高校工会在构建和谐校园建设中的作用"，载《前沿》2012年第5期。

[3] 陈志红："新形势下高校工会在建设和谐校园中的作用"，载《湖南工程学院学报（社会科学版）》2016年第1期。

[4] 参见程秀芳："浅析如何发挥高校工会作用促进学校和谐发展"，载《科教文汇（下旬刊）》2014年第6期。

分参与校园的物质文化、制度文化和精神文化建设，发挥出精神调剂、宣传教育、拓展知识和团结凝聚作用。真正充分发挥高校工会在校园文化建设中作用的关键是工会干部素质的提高"[1]；徐吉平、刘江在"高校工会推进先进校园文化建设的角色定位及其实现路径"一文中指出："校园文化建设对于高校乃至高等教育的可持续发展和国家高层次人才的培养意义重大。高校工会可以扮演先进校园文化建设方向的积极引导者、文化建设方案的重要规划者、文化建设任务的主要承担者和文化建设过程的关键协调者等重要角色"[2]；还有一些学者把理论融入现实，尝试介入在对具体大学例子的论证的基础上分析该问题，比如汪俊东、盛敏在"论高校工会在校园文化建设中的定位及其着力点——以浙江工业大学工会实践为例"一文中就把事实与理论相结合，分析了高校工会在校园文化具体建设过程的作用。[3]

最后，应该注意到还有一些学者深入高校工会的工作过程，探究高校工会应该努力的方向。比如，芮宝宣在"关于高校工会如何发挥好桥梁纽带作用的思考"一文中具体阐述了高校工会连接校领导层与教职工关系的五种途径；[4]廉慧丽在"浅析高校工会在构建现代大学制度中的作用"一文中指出："我国高校正推动着我国从高等教育大国向高等教育强国的转变，这就要求中国高校重新审视自身所处的内部环境和外部环境，处理好内外关系，通过大学制度的改革和创新，力争实现功能的优化和升级，调理大学治理结构，使其充满生机和活力，以适应我国现代化的要求。为了更好地建设现代大学制度，高校工会需要在学校的各项事务中扮演多种重要角色。在现代大学制度下，高校工会在营造民主环境、促进教学科研工作和构建和谐人文环境等方面发挥了重要作用"[5]；杨延红在"论高校工会在学校民主管理中的作

---

〔1〕 王伟："高校工会在校园文化建设中的角色定位和作用力探析"，载《中国劳动关系学院学报》2010 年第 1 期。

〔2〕 徐吉平、刘江："高校工会推进先进校园文化建设的角色定位及其实现路径"，载《上海工程技术大学教育研究》2014 年第 1 期。

〔3〕 参见汪俊东、盛敏："论高校工会在校园文化建设中的定位及其着力点——以浙江工业大学工会实践为例"，载《浙江工业大学学报（社会科学版）》2013 年第 1 期。

〔4〕 参见芮宝宣："关于高校工会如何发挥好桥梁纽带作用的思考"，载《学理论》2009 年第 18 期。

〔5〕 廉慧丽："浅析高校工会在构建现代大学制度中的作用"，载《改革与开放》2013 年第 4 期。

用"一文中分析指出："高校民主管理是高校民主政治建设的一项重要措施，对于高校事业的发展具有十分重要的意义。在高校民主管理中，工会应该充分发挥组织作用、引导作用、服务作用和维护作用，组织和代表好教职工参与学校民主管理，为推进学校社会主义民主政治建设、构建社会主义和谐社会作出应有的贡献"[1]。

三、结语

一直以来，工会组织都为社会生活各领域中职工的合法利益诉求努力。特别是在我们经济建设不断取得辉煌成就，社会主义市场经济不断突破发展的时代背景下，工会更是一个为和谐劳动关系、构建和谐社会秩序不断付出努力的重要社会组织。高校工会作为工会组织的重要组成部分，由于其会员主体为广大教职工的特殊性，更是显现出了非同一般的地位。在对国内关于高校工会的具体文献归纳整理的过程中可以发现，关于高校工会的研究基本沿着现状描述与未来定位两个层面进行探讨。这一方面说明现实生活里，高校工会切实发挥着不可忽视的作用，另一方面说明在其具体发挥作用的过程中是存在诸如职能划分模糊、组织依赖性较强、自我定位与时代背景联系不够紧密等一系列问题的。

我国高等教育在社会生活中具有培养人才、振兴经济、创新科技、延续文明的重要作用。高校工会的作用在学校工作中越来越受重视，在构建和谐校园中发挥着积极作用。毫无疑问，在高等教育不断发展的过程中，高校工会工作过程中会不断涌现新情况和新问题，但这并不能否认高校工会的发展与校园未来之间是一致的。因此，在当下时代背景下，我们更应该高度重视高校工会的发展。

---

[1] 杨延红："论高校工会在学校民主管理中的作用"，载《中国劳动关系学院学报》2010年第4期。

新时代高校工会改革的指导思想、历史使命与核心内容

刑事司法学院　王顺安

2017 年 10 月，党的十九大胜利召开，此次会议在政治上、理论上、实践上取得了一系列的重大成果，最为显著的成果就是作出了中国特色社会主义进入了新时代等重大政治论断，深刻阐述了新时代中国共产党的历史使命，确立了决胜全面建成小康社会、开启全面建设社会主义现代化国家新征程的目标，对新时代推进中国特色社会主义伟大事业和党的建设新的伟大工程作出了全面部署。

习近平总书记在十九大报告中指出，目前中国特色社会主义进入了新时代，我国的社会主要矛盾已经转化为人民日益增长的美好生活需要和不平衡不充分的发展之间的矛盾。各高校开展十九大精神的学习，结合《中共中央关于加强和改进党的群团工作的意见》，深入开展高等院校群团工作的改革，高校工会改革的指导思想是习近平新时代中国特色社会主义思想及有关群团工作的系列重要讲话精神，改革的历史使命是服务于两个十五年的战略布局及中国梦的实现，工作重心应当围绕着新时代的特点和规律，抓住主要矛盾变化的牛鼻子，在人民向往美好生活的内容上、质量上有新举措，为高校师生尤其是年轻和年迈的教师在民主、法治、公平、正义、安全、环境等方面的获得感、幸福感、安全感提供更扎实的支持和帮助，满足人民新的更高需求。

一、新时代高校工会改革的指导思想

习近平总书记在党的十九大报告《决胜全面建成小康社会　夺取新时代中国特色社会主义伟大胜利》中，向全中国人民乃至世界各国人民宣告，"经

过长期努力，中国特色社会主义进入了新时代，这是我国发展新的历史方位。"这个新时代来之不易，除了新中国成立以来的历史沉淀，更主要是归功于改革开放以来的正本清源，经济建设取得的伟大成就，尤其是党的十八大以来全面深化改革取得的重大突破。时代车轮滚滚向前，社会政治经济文化生态发展规律，顺则昌、逆则亡。中国现代化征途上存在的各种风险与矛盾，只能在改革发展中求出路图光明。以习近平同志为代表的党中央新一代领导人，以巨大的政治勇气和强烈的责任担当，提出了一系列改革创新治国理政的新理念新思想新战略，推出了一千五百多项改革举措，推进了一系列重要领域和关键环节的改革，解决了许多长期想解决而没有解决的难题，办成了许多过去想办而没有办成的大事，推动了党和国家事业发生历史变革，从而迎来了中国改革与建设的新时代。

改革是系统全面的，改革永远在路上。工会组织作为近现代工业革命产物，从世界范围上而言，迄今已有二百余年的历史，在中国大地上亦有一百多年的历史，其自身的组织结构与功能均随着时代与国情的不同而不断地改革、发展与变化。中国共产党从成立起就十分重视工会和共青团等群团工作，在革命、建设和改革开放的各个历史时期，中国工会都发挥了组织与动员最广泛的劳动者为党的事业和人民的利益而奋斗的不可替代的功能与作用。

由于中国革命和建设的特殊性，中国工会和共青团、妇联、侨联等群众团体都是中国共产党领导下的群众组织，群团事业是中国共产党的事业的重要组成部分，党的群团工作是党治国理政的一项经常性、基础性工作，是党组织动员广大人民群众为完成党的中心任务而奋斗的重要法宝。

正是基于中国工会的特殊性，中国工会包括高校工会的改革发展必须坚持党的领导，不断与时俱进调整工会工作与改革发展的指导思想。

2015年《中共中央关于加强和改进党的群团工作的意见》中指出，新形势下群团工作的指导思想是以邓小平理论、"三个代表"重要思想、科学发展观为指导，深入贯彻习近平总书记系列重要讲话精神。既然十九大确立了习近平新时代中国特色社会主义思想，并在修改的《中国共产党章程》中将其列入党的指导思想，那么中国工会等群团工作及改革的指导思想，理应将习近平新时代中国特色社会主义思想同马克思列宁主义、毛泽东思想、邓小平理论、"三个代表"重要思想、科学发展观一道确立为党的群团工作的指导思想，尤其是群团工作的改革，高校工会的改革，更要贯穿与落实习近平总书记的全面改革发展观及群团工作的系列重要讲话精神。

根据新华社 2017 年 8 月 26 日电，习近平对群团改革工作作出重要指示，指出党的群团工作是党的一项十分重要的工作，群团改革是全面深化改革的重要任务。强调牢牢把握群团改革正确方向，紧紧围绕增强"政治性、先进性、群众性"，直面突出问题，采取有力措施，敢于攻坚克难，注重夯实群团工作基层基础。各级党委要负起组织推进群团改革的责任，正确把握方向，及时了解情况，认真解决难题，以改革推进群团组织提高工作和服务水平，努力开创党的群团工作新局面。

二、新时代高校工会的历史使命

国际工会组织成立伊始，其功能作用就是团结起来与资方谈判，改善劳动条件，缩短劳动时间，增加劳动报酬，由此形成了著名的三大权能，即结社权、罢工权和集体工资谈判权。由此可见，工会组织的存在与发展就是为了劳动者的生存与发展。马克思和恩格斯在 19 世纪全面观察了工人运动并组织创建了无产阶级的国际组织——共产国际，从而使工会组织政治化，赋予无产阶级砸碎旧世界、建立新世界的历史使命。列宁通过十月革命夺取政权，建立了无产阶级专政的苏维埃政权，并将共产国际的历史使命扩展到暴力革命输出，无产者不仅要解放自己，而且要解放全人类。

中国工人阶级的工会运动，在共产国际分支部的中国共产党的领导下，其使命更是为了解放全中国、解放全人类，在二战期间曾将工作重心确立为保护红色圣地苏联。新中国成立以后，仍然将工人阶级运动及工会的使命定位为阶级斗争和世界革命，甚至曾一度革命输出，并在 20 世纪 60、70 年代宁肯忍饥挨饿也要支援世界革命。

党的十九大确定的大会主题是："不忘初心，牢记使命，高举中国特色社会主义伟大旗帜，决胜全面建成小康社会，夺取新时代中国特色社会主义伟大胜利，为实现中华民族伟大复兴的中国梦不懈奋斗。"中国共产党人的初心和使命，就是为中国人民谋幸福，为中华民族谋复兴。作为党联系人民群众纽带与桥梁的群团组织——中国工会尤其高校工会理所当然地不忘初心、牢记使命——"为中国人民谋幸福，为中华民族谋复兴"，要大力发展生产力，构建和谐社会，坚持和平发展道路，推动构建人类命运共同体。中国工会的所有改革工作都应围绕着十九大明确的党的初心和使命展开。

诚然，当前中国工会尤其是高校工会，必须以党的十九大报告确立的近期、中期和长期战略规划作为历史使命重点来抓落实，因为群团组织的工会作为党的群团工作的核心，必须自觉服从服务党和国家的工作大局，找准工作结合点和着力点。

根据十九大报告描绘的未来宏伟蓝图，"近期目标"是到建党一百年时建成经济更加发展、民主更加健全、科技更加进步、文化更加繁荣、社会更加和谐、人民生活更加殷实的小康社会。"中期目标"是从 2020 年到 2035 年，在全面建成小康社会的基础上，再奋斗十五年，基本实现社会主义现代化。"长期目标"是从 2035 年到 21 世纪中叶，在基本实现现代化的基础上，再奋斗十五年，把我国建成富强民主文明和谐美丽的社会主义现代化强国。

在十九届中共中央政治局于 10 月 27 日召开的第一次集体学习会上，习近平总书记就深入学习贯彻党的十九大精神时，要求全国人大、国务院、全国政协、中央军委等各有关部门和有关方面要自觉行动起来，明确属于自己职责范围内的任务，找准工作方案，排出任务表、时间表、路线图，对做好工作提出明确要求，各地区各部门要结合自身实际，把党中央提出的战略部署转化为本地区本部门的工作任务。[1]

中国政法大学工会除完成中国工会贯彻落实十九大精神和战略规划任务的规定动作之外，最有针对的核心工作使命，就是如何在 2035 年促成"法治国家、法治政府、法治社会基本建成"。为此，中国政法大学工会应当系统学习研究习近平新时代中国特色社会主义思想，系统阐释习近平新时代中国特色社会主义法治理论，结合习近平总书记 2017 年 5 月 3 日来中国政法大学视察工作时的法治讲话精神，坚定不移走中国特色社会主义法治道路，完善以宪法为核心的中国特色社会主义法律体系，建设中国特色社会主义法治体系，坚持依法治国、依法执政、依法行政共同推进，坚持法治国家、法治政府、法治社会一体建设。在法学教育中，强调法治天下，德法兼济，立德树人。在工会工作中，带头落实依法治校，民主监督，维权维稳，创建现代大学制度，搞好世界一流法学学科建设，为创新与发展中国特色社会主义法治国家、法治理论、法治

---

〔1〕 参见习近平："切实学懂、弄通、做实十九大精神"，载《人民日报（海外版）》2017 年 10 月 30 日，第 01 版。

学校、法律体系、学科体系、学术体系、教材体系、话语体系等添砖加瓦。[1]

三、新时代高校工会改革的核心内容

改革开放之前，我国的生产力与生产关系的矛盾是生产力不发达，但生产关系很前卫，由半殖民地半封建社会转变为社会主义社会，实行公有制，按劳分配，我国经济基础与上层建筑的矛盾是经济基础不发达，上层建筑很发达；改革开放四十多年以后，我国的生产力较发达，GDP 总量世界排第二，但生产关系的矛盾尤为凸显，多种所有制呈现分配不公，贫富差距拉大，经济基础越来越强大，但上层建筑没有跟上经济发展的步伐，尤其是精神文明建设和文化建设存在诸多问题。因此，十九大报告十分坦诚地告诫，我们的工作还存在许多不足，也面临不少的困难与挑战，如发展不平衡不充分的一些突出问题尚未解决，发展质量和效益还不高，创新能力不够强，实体经济水平有待提高，生态环境保护任重道远；又如民生领域还有不少短板，脱贫攻坚任务艰巨，城乡区域发展和收入分配差距依然较大，群众在就业、教育、医疗、居住、养老等方面面临不少困难。鉴于此，我国社会的主要矛盾由人民不断增长的物质文化需要与落后生产力的矛盾，已经转化为人民日益增长的美好生活需要和不平衡不充分的发展之间的矛盾。

国际社会著名的心理学家马斯洛认为，人类的需要与生理、心理和社会发展密切相关，人类的不同层次需要，由低到高排成一个系统：生理需要，即对食物、水、氧气等基本生存的需要；安全需要，即对秩序、安定和生活中的确定性的需要；归属和爱的需要，即追求与他人建立友情和在自己的团体内有一定地位；尊重需要，包括自尊和来自他人尊重的需要；自我实现的需要，即希望自己潜能得到充分发挥。这几种需要中，满足低级需要的冲动最为激烈，高层次的需要的满足比低层次的需要满足需要更多的条件。社会是由人构成的，经济的发展、社会的进步，人的需要结构发生变化是必然的，十九大作出社会主要矛盾的转变是符合我国国情的。伴随着小康社会的实现，人民对美好生活的需要会日益广泛，不仅对物质文化生活提出了更高要求，而且在民主、法治、公平、正义、安全、环境等方面的需求日益增长，但是

---

〔1〕 参见黄进："创新发展新时代中国特色社会主义法治理论"，载《法制日报》2017 年 11 月 8 日，第 9 版。

我国经济社会文化发展不平衡、不充分的突出问题，已经成为满足人民日益增长的美好生活需要的主要制约因素。在中国政府全力解决这一主要矛盾过程中，中国工会尤其是高校工会的改革必须围绕主要矛盾的转变而展开。

（一）树立以人民为中心的发展观，坚持在发展中保障和改善民生。发展是硬道理，主要矛盾必须通过发展才能最终获得解决，但发展的目的是增长民生福祉，发展的方式切忌与民争利，不能是高能耗高污染低工资低效益，而是科学协调绿色地发展。工会工作一定要遵循十九大报告中所要求的，在发展中补齐民生短板、促进社会公平正义，在幼有所养、学有所教、劳有所得、病有所医、老有所养、住有所居，弱有所扶上不断取得新进展，保证全体人民在共建共享发展中有更多获得感，不断促进人的全面发展、全体人民共同富裕。

（二）树立全心全意为人民的服务观，坚持服务群众的工会工作的生命线。高校工会既然是群团组织，在中国群团组织都是党直接领导的群众自己的组织，为群众服务，为教职工服务是高校工会的天职。根据《中共中央关于加强和改进党的群团工作的意见》，群团组织要增强群众观念，多为群众办好事、解难事，维护和发展群众利益，不断增强自身影响力和感召力。为此，各级高校党组织要推动群团组织贯彻党的群众路线，为群团组织服务群众创造条件。高校工会服务群众要盯牢群众所急，党政所需、群团所能的一切领域，重点帮助群众解决日常工作生活中最关心、最直接、最现实的利益问题和最困难、最操心、最忧虑的实际问题。必要时，高校工会应广泛动员与组织志愿者服务，同时也可以通过项目、购买社工服务的方式为确实困难的群众提供帮助，从而让群众在接受服务过程中，充分感受社会主义工会之家的温暖，由此获得发自内心的幸福感。

（三）树立主动维权、依法维权、科学维权和维权维稳观，充分维护群众合法权益，维护社会治安和谐稳定。转型期各种矛盾叠加，侵权行为时有发生。21世纪以来，中国工会切实做好维权工作，建立起主动、依法、科学维权模式。维权是工会存在的根本，在建设法治国家的征途中，依法维权更要强调并贯彻始终。工会组织要善于运用法治思维和法治方式维权，注重通过集体协商、对话协商等方式协调各方利益，通过信访代理、推动公益诉讼、依法参与调解仲裁等方式为利益受到损害或侵犯的群众提供帮助。中国政法大学发挥法学家团队的优势，早在20世纪就建立了北京教育工会系统的法律志愿者服务机构，为北京教职工排忧解难、依法维权做了大量的工作，值得发扬光大。切实维护社会稳定，参与综合治理，搞好社会治安是现代群团组织的延伸职能，也是现代社会非政府组织参与社会治安的突出表现。维权就是维稳，维稳不仅需要刚性维稳、更需要柔性维稳，刚柔相济、标本兼治，才能做到真正的维稳，实现平安中国的建设目标，有了切实的维权，有了系统的维稳，法治中国、平安中国就指日可待，老百姓的安全感就会油然而生。

此外，十九大还特别强调了优先发展教育事业，加快一流大学和一流学科建设，实现高等教育内涵式发展，支持和规范社会力量兴办教育，办好继续教育，加快建设学习型社会，加强师德师风建设，深化教育改革，加快教育现代化，办好人民满意的教育等战略规划与蓝图，均为高校工会的改革创新与职能调整提出了挑战，同时也为中国工会工作的大力发展提供了广阔天地。

参考文献：

〔1〕"就党的十九大通过的《中国共产党章程（修正案）》答记者问"，载《人民日报》2017 年 10 月 29 日，第 005 版。

〔2〕"习近平对群团改革工作作出重要指示"，载 http://www.gov.cn/xinwen/2017-08/26/content_ 5220663. htm#1。

〔3〕中共中国政法大学委员会关于贯彻落实《中共中央关于加强和改进党的群团工作的意见》的实施意见。

高校工会改革探析

商学院　张　婷　陈　建　贾娜琳捷

摘　要：高校工会是维护教职工合法权益的组织，始终为高校教职工发声，在高校中发挥着举足轻重的作用。但是在新时代，其面临着严峻的转型时期，高校教职工对高校工会有更高层次的要求，工会自身也面临着无比巨大的挑战。2018 年正值中国改革开放 40 周年，更加要求高校工会要适应新时代的改革潮流。高校工会应该在建设"双一流"高校背景下努力打造"双一流"工会。本文阐述了现阶段高校工会工作的现状并且分析了现阶段工会工作中存在的问题，并提出高校工会改革的解决对策。

关键词：高校工会；教职工；工会改革

工会是职工与党和政府之间的桥梁，在政治生活中一直扮演着防御者和"安全阀"的角色，在社会冲突中一直起着缓冲和防御作用。对于职工而言它是劳动维权的护航员，对于国家政府而言它是社会的"安全阀"。工会从诞生之日起就以"服务职工"为宗旨，始终是"服务职工"的践行者，但是工会的发展也出现了和时代发展不相适应的状况，时代改革要求工会组织的服务转型，工会的服务理念和服务模式需要与时俱进。习近平总书记在党的群团工作会议中指出要切实保持和增强党的群团工作和群团组织的政治性、先进性、群众性。[1]工会作为群团组织的重要部分，更加需要落实群团工作改革精神，需要根据形式和任务的发展变化，加强和改进工会能力建设。

高校工会作为工会组织的重要部分，它的构成主要是高校教职工，在高

---

[1] 参见"中共中央关于加强和改进党的群团工作的意见"，载《中国共青团》2015 年第 8 期。

校中是学校党政机关和教职工、高校知识分子的纽带和桥梁，是教职工参政议政、参与学校管理和发展的代言人。[1]教职工群体对权利的认识更加充分，维权意识较高，所以高校工会的民主管理和维权显得更加重要。高校工会的特殊性一方面体现在它处在高等院校这一特殊领域中，由于大部分的高等院校属于事业单位，"体制内"的特征决定了国家在劳动关系的调处中始终处于中心地位，而"编制身份"也在很大程度上决定了高校教师的劳动维权是利弊权衡下的"柔性抗争"。这跟企业工会存在着一定的差异，所以在推进高校工会服务改革过程中应充分认识到它的特征，按照它的特征来制定改革方案。另一方面，高校教职工受教育程度普遍较高，对生活品质固然有着更高的追求，这就客观决定了他们对高层次需求的满足也更为强烈。高校工会的这一特性要求高校工会的服务改革不能仅仅局限在"保护性服务"领域，要更多地向"发展性服务"过渡。需要将更多的工作重心向"拓展服务内容、创新服务方式、挖掘教职工发展潜能"上转移。

一、高校工会现阶段存在的问题

（一）高校工会对教职工参与高校事务的引导不够

很多高校的工会现阶段都存在组织引导工作不到位，难以提高教职工对高校建设发展的参与度的问题。高校工会作为全体教职工共同参加的重要群众组织，能够高效集中教职工的各项诉求和发展建议，因而工会应该也可以积极引导各位教职工参与高校的建设发展工作。[2]但是目前很多高校工会没有积极引导教职工参与学校建设，忽视了教职工对学校发展的重要作用。他们只是对高校工会维权功能重视，而对工会参与建设职能有相当程度的忽略。另外，引导不到位还表现在高校对工会的建设支持力度不够，[3]这导致工会开展引导工作、改革工作的积极性不高，这也在很大程度上影响了教职工对于工会的重视和对工会工作的关注和参与热情。

---

〔1〕 参见刘有军："新常态下高校工会的责任与作为"，载《工会理论研究（上海工会管理职业学院学报）》2018 年第 3 期。

〔2〕 参见朱启军："'双一流'建设背景下高校工会改革路径思考"，载《理论经纬》2016 年第 1 期。

〔3〕 参见朱启军："'双一流'建设背景下高校工会改革路径思考"，载《理论经纬》2016 年第 1 期。

（二）高校工会对干部队伍建设重视程度不够

这方面的问题跟第一个问题是密不可分的，高校工会干部队伍建设直接影响着干部的整体素质和工作能力。如果一开始对干部队伍建设就没有引起足够的重视，那么在后面开展工作时就不可避免地会出现工作理念的偏差、工作方向的偏离。据了解，现在高校的工会干部存在人员流动大、年龄老化、素质偏低等问题，很多学校的工会干部甚至是其他部门的领导兼职。[1]这种情况就造成了工会建设从上到下的结构性问题，工会构成结构就决定了工会开展工作时不可能高质量落实好党的群团工作会议精神。现有工会干部一旦不能发挥积极领导作用，缺乏对工会职能的准确认识，工会就难以在时代改革发展中及时调整、转变职能。

（三）高校工会制度建设不完善

一套良好的制度建设是保障一个组织机构在科学有序的环境下健康运行的前提。但是目前很多高校在工会建设方面没有一套完整合理的制度建设作为保障，很多工作都是依靠工会领导的个人意愿和意见开展的，所以工会工作在开展过程中没有制度作为保障，工作的效率和规范性就难以得到保证。

（四）高校工会对高校的依附性较强

从组织体制方面来讲，高校工会与高校属于上下级关系，高校工会以高校为依托而建立，对高校人事、财政等方面依赖性较强。[2]从人事依赖角度来看，高校工会领导过于依赖高校管理层，工会的人事任免权基本由高校领导层决定。这一点就导致高校工会在开展工作时也丧失了一定程度的独立自主性。从财政依赖方面看，工会需要向会员收费。高校每个月从职工工资中抽取费用向工会拨款，工会开展各项活动需要高校的财政支持，同时也会受到高校的财政制约。正是由于这两方面的依附，高校工会常常成为高校管理的辅助性组织，这就导致了当发生职工纠纷的时候，工会处理问题的角度常常会发生偏移，会更多地站在学校利益的角度解决问题，转而忽视了职工权益的保护。

---

〔1〕参见郎增坤："浅议新时代高校工会能力建设"，载《中小企业管理与科技（下旬刊）》2018年第7期。

〔2〕参见华妍芳："新时期高校工会角色定位探讨"，载《现代商贸工业》2018年第27期。

二、高校工会改革思路

（一）加强党对工会工作的领导与支持

加强党对工会工作的领导与支持是最重要的一点，在高校工会改革中始终要把党的领导放在首位。党的十八大指出，要支持工会、共青团、妇联等人民团体充分发挥桥梁纽带作用，更好反映群众呼声，维护群众合法权益。[1]随着改革开放的不断深入和市场经济的不断发展，工会等群众组织的作用更加凸显，而加强党对工会的领导就显得尤为重要，这也是和谐社会的要求与保障。[2]高校工会理所应当坚持党的领导，在党的领导下开展工会工作。具体的应表现在明确党对工会的领导作用和强调党对工会的领导主体。[3]在高校工会改革过程中，高校工会应积极落实党关于高校发展和高校教职工管理发展的相关政策方针，在党的政策方针指导下维护教职工权益，优化党关于高校发展和教职工发展的工作效果。高校工会在改革过程中应当不断提高政治意识、始终坚持党的政治路线。

（二）加强组织引导，提高教职工参与程度

加强工会引导作用需要积极鼓励教职工参与高校规划建设发展，通过引导教职工的积极参与，增强全体教职工的"主人翁"意识和参与积极性。具体来讲，高校工会可以通过意见征集等形式，实现教职工的诉求和发展建议的整合，在完善自身服务的同时，广泛征求教职工的意见，了解他们的需求，然后创新服务模式，从而加强工会凝聚力。也可以建立长期有效的教职工参与学校制度、组织活动的机制和渠道，加强对教职工社团的扶持、监督、管理和指导，积极鼓励和支持教职工社团。[4]

（三）改进工会主席及其他管理层的选举模式

高校工会管理层的选举需要兼顾管理层的素质和民意。新时期高校工会选举可以采取直接选举和间接选举相结合的模式。[5]采用直接选举和间接选

〔1〕参见冯兵："做好工会党员教育工作　充分发挥桥梁纽带作用"，载 http://www.12371.cn/2013/06/26/ARTI1372235209084937.shtml。

〔2〕参见李坚志："新时期优化党对工会工作的领导之浅见"，载《现代企业文化》2013年第8期。

〔3〕参见华妍芳："新时期高校工会角色定位探讨"，载《现代商贸工业》2018年第27期。

〔4〕参见彭军："新时代高校工会新作为的思考与探索"，载《现代交际》2018年第16期。

〔5〕参见华妍芳："新时期高校工会角色定位探讨"，载《现代商贸工业》2018年第27期。

举的优势主要体现在：第一，这种选举模式，会员候选人和会员代表无法内部商定，也无法事先确定，具有广泛的民意代表性。这有利于强化工会的民意代表性，使工会成为真正的教职工利益代表者。第二，直接选举与间接选举相结合的方式采取无记名方式投票进行选举，选举结果也可以当场公布。这就确保了工会成员能够不受其他因素干扰，完全按照自己的意愿进行投票。第三，直接选举与间接选举相结合的方式在信息透明和信息对称的前提下公开竞选，可以充分调动选举人和被选举人的参与积极性，也能进一步提高被选举人的质量。这既能兼顾领导层的质量和民意，也能加强工会成员参与积极性。

（四）完善高校工会的制度建设，形成规范有效的制度框架

制度建设要考虑机构设置、人员配置、职责定位、服务职能等各方面的规范性。工会制度要达到规范和引导双重作用，让全体教职工权益保护得到制度保障，明确工会工作的方向与责任，避免高校工会工作中出现"机关化、行政化、娱乐化、固态化、简单化"倾向。[1]高校工会要积极主动争取参与和监督学校重大方针政策的权利，并使之规范化和制度化，进一步完善民主管理制度，积极推动高校管理民主化。例如，在教代会制度落实和推广方面，校工会可以积极推动相关工作，在提高教代会规格和质量上下功夫，积极扩大教代会的影响范围，凸显出在学校民主管理中的权威性；在校务公开、学校信息透明度方面，校工会可以加大教职工热点问题的关注度，在学校教职工关注的热点、焦点问题上协助和监督学校及时公开。

（五）提升服务水平，消除制度性弱势

高校工会是群团组织，始终充当着贯穿政府与教职工的连接器，发挥着党联系群众的桥梁和纽带作用。[2]一方面，为了解决高校工会对高校的过度依赖问题，工会就必须强化自身服务水平，成为"服务生产者"，在高校治理中"以服务促进管理、以服务换合作"，这样才能得到群众认可，弱化对高校的过度依赖，以此来提升发展空间。高校工会对高校的依赖来源于人事和财政方面；另一方面由于高校工会始终是群团组织，它在党政体系中缺乏足够

---

〔1〕 参见李静："群团改革背景下高校工会改革创新发展"，载《天津市工会管理干部学院学报》2018年第2期。

〔2〕 参见冯敏良、高扬："刍议'互联网+'时代高校工会的服务创新"，载《北京市工会干部学院学报》2018年第2期。

的话语权，是一个弱势群体，缺乏应有的独立性。长期嵌入于党政体系中的工会组织，已经习惯于指令式的工作方式，[1]这让高校在面对高校工会时习惯性的强势，让教职工习惯性的有认知偏差，认为工会并不是自己教职工的组织，而是党政机关的附属机构。这是目前高校工会的一大制度性弱势，需要工会不断改变、创新服务模式，从最大化取得教职工的心理认同方向来克服制度弱势，从而逐渐成为与高校党政机关相辅相成的群团组织机构。

（六）高校工会要围绕学校中心工作，引领思想文化建设

首先，思想文化建设引领社会主义核心价值观建设是第一任务。"高校肩负着培养人才和传承文化的功能，高校工会身处校园，有着良好的群众基础，在校园思想政治建设和文化建设中有着突出的优势。"[2]积极引导师生贯彻习近平总书记的"5·3"讲话精神，学习习近平总书记来我校时给我校师生提的亲切建议；其次，高校工会还应该积极引领校园的文化建设及道德建设，可以通过开展校园文化主题活动、教职工文化活动，提升教职工文化品位和体验，增强校园文化活力，充分发挥工会宣传教育职能。最后，校工会应当充分利用网络平台，结合时代发展特征，发挥网络宣传教育、网络办公的优势，不断提升服务教职工的能力和水平。

（七）依托大数据技术，建立"智慧工会"

在大数据时代，互联网办公已经成为社会主流，工会建设理所应当跟随互联网发展、依托大数据等社会前沿技术，把高校工会建设成"智慧工会"。工会未来的发展方向应该更多向网上平台建设倾斜，利用工会官网、微信、工会数据库等形式打造职工信息化服务平台，实行网上工会工作模式。目前，工会大数据平台已逐步建立起来，我们初步探索了一条用数据揭示问题、用数据改正问题、用数据创新服务的模式，极大提高了工会组织服务职工的能力与水平。

同时，高校工会在构建"智慧工会"信息化、智能化网络服务平台方面应当加大力度。随着社会的进步，科技的发展，互联网已经走进人们的生活，人们通过互联网能够查询到想要了解的信息，实现资源共享。互联网能够带动社会经济的发展，提升办事效率。互联网不仅为社会带来新的社会形态，

---

〔1〕 参见冯敏良、高扬："刍议'互联网+'时代高校工会的服务创新"，载《北京市工会干部学院学报》2018年第2期。

〔2〕 刘有军："新常态下高校工会的责任与作为"，载《工会理论研究（上海工会管理职业学院学报）》2018年第3期。

同时也为高校教育带来更大的发展机遇。高等院校应该保证与时俱进，管理学生的模式不能墨守成规。在"互联网＋"背景下高校有必要构建服务型"智慧工会"信息化平台，利用信息技术和大数据发展，提高工会工作效率。利用智能手机和笔记本，提高构建服务型"智慧工会"信息化平台的成功率，"智慧工会"信息化平台能够有效促进高校工会组织的发展。

在"互联网＋"背景下，构建"智慧工会"信息化、智能化网络服务平台可以通过以下几种方式：（1）微信公会。微信基本上成为人们手机必备的软件，因此工会可以搭建微信平台，利用微信的普遍性，为高校教职工以及学生提供更加优质、高效、便捷的服务。微信平台公共内容一般都围绕三方面进行开展，首先是新闻信息类，展示教职工的风采，传递正能量；其次是服务信息类，展示工会的各种联系方式，进行报名的界面，参加学校的各种优惠活动、享受各种服务政策等内容；最后是互动类，为大家提供探讨界面，教职工也可以提出各种提案以及举办各种投票。（2）工会微社区。工会利用校园官方论坛，依托于学校官网建立工会微论坛。

服务型"智慧工会"信息化平台的构建，能够利用各种互动平台和服务体系，建立工会和教职工的关系。服务型高校"智慧工会"信息化平台能够维护教职工合法权益，全方位地履行维护职能，通过网络宣布上层领导的意见，同时吸收基层员工的意见，将教职工共有的矛盾和问题进行整合，使得单位可以找到更加有效的解决方案和措施，例如高校领导在线解答疑惑，通过与教职工的沟通，增加他们在员工中的威信。

经济发展带来新的社会形态，高校工会如何运用服务型"智慧工会"信息化平台提升工作水平，已经成为相关领域学者重点研究的话题。高效管理的民主性保障需要高校工会的良好发展作为保障，高校工会是高校党群工作的重要组织。目前高校工会工作模式依旧比较传统，不能跟进信息观念，管理工作较为落后，我们必须不断创新完善，构建更有效的服务型"智慧工会"信息化平台。[1]

高校工会改革需要从明确角色定位、完善自身组织结构、加强自身制度建设、拓展服务职能覆盖范围、结合时代发展特征转变服务模式、更新工会

---

[1] 参见唐燕："'互联网＋'背景下高校构建服务型'智慧工会'信息化平台的研究"，载《中国战略新兴产业》2017年第36期。

发展理念等多方面着手。高校工会改革要坚持围绕习近平"5·3"讲话精神，和党的"群团工作"改革精神，坚持新时代中国特色社会主义思想，紧紧围绕"政治性、先进性、群众性"要求，深入贯彻党的十九大精神。高校工会的改革方向要结合高校工会知识分子密集的特征，不断结合全体教职工需求，提升工会服务水平。

参考文献：

〔1〕刘江、刘欣欣、高彦彪："关于我国高校工会改革路径的思考——基于H大学的调查分析"，载《西安财经学院学报》2017年第6期。

〔2〕李菁："群团改革背景下高校工会在加强教职工思想政治工作中的作用"，载《教育现代化》2018年第34期。

〔3〕孟俊红："'互联网+'时代高校工会维权工作创新研究"，载《山东工会论坛》2018年第4期。

〔4〕李静："群团改革背景下高校工会改革创新发展"，载《天津市工会管理干部学院学报》2018年第2期。

〔5〕负琳红："浅谈高校工会维权体系创新"，载《新西部》2018年第17期。

〔6〕余姝纬："'十三五'规划期间高校财务信息化平台设计与研究——基于'互联网+教育'智慧校园建设"，载《商业会计》2017年第11期。

〔7〕朱鹏威、曹烨帆、董天舒："'互联网+'视阈下高校信息化教学资源共享平台建设研究"，载《情报科学》2016年第12期。

新时代高校工会职能作用浅析

校工会　彭志浩　曾玉汝

摘　要：高校工会是中国共产党领导的工人阶级的党的群众组织。高校工会是联系学校与教职工的重要桥梁，也是联系党和人民群众之间的重要纽带。高校工会作为现今我国高校在尝试的民主决策、民主管理过程中的重要一环，在维护教职工经济权益、促进高校民主开展等诸多方面都起到了非常关键的作用。在习近平新时代中国特色社会主义思想的指导下，全国各高校工会都在探索着自身的路径和发展。因此，本文通过分析，对高校工会职能开展多角度的研究，通过分析高校工会目前存在的不足，进而试图对高校工会未来的改革和发展的路径进行一定程度上的有意义的探索。

关键词：高校工会；工会职能；教职工维权；高校管理

绪　论

　　工会组织作为党与群众联系的桥梁纽带，已经经过了近百年的发展历史。高校工会也是工会组织中的一种，它是学校教职工权益的代表；是坚持党的集中统一领导和人民当家作主的重要组织；是国家政权的重要社会支柱；是维系党与人民群众联系的重要途径，在团结和带领人民，共同实现伟大中国梦的进程中发挥着重要作用。高校工会应该主动面对新形势，迎接新问题，面对各种社会思潮的影响和发展，能够积极履职，发挥其自身应有的作用，真正能够稳定住教职工队伍。但在实际工作中，高校工会在履行维护、参与、建设、教育等基础职能时，面临着工会基本职能存在缺位的现象。在维护教职工的基本经济权益、政治、文化的需求权益方面，都有很多问题亟须改善。本文试图通过分析如今高校工会在面临教职工与高校之间的矛盾的纠纷化解与维护教职工合法权益的过程中所能发挥的作用和应该做出的改变，为建成世界一流大学提供更好的助力。

一、新时代高校工会的职能作用

（一）新时代高校工会的角色定位

1. 加强教职工思政工作的"践行者"

新时代背景下，高校工会应该坚持党的领导，强化政治担当，坚定政治方向。其一，高校工会干部要时刻谨记政治理论学习这一永恒课题，要深刻学习党的理论方针政策，党的十九大和十九届五中全会精神，中华全国总工会十七大精神，习近平总书记关于工人阶级和工会工作的重要论述、对北京一系列重要讲话精神，对我们进一步坚定工作方向，做优本职工作，做好教职工思想政治工作意义重大。其二，高校工会应加强思政宣传教育工作，坚持以社会主义核心价值观引领教职工，使广大教职工在理想信念、价值理念、道德观念上形成群体共识。

2. 教职工合法权益的"守护者"

在现今信息化高速发展的新形势之下，高校也在迅速的发展之中，高校之中的不同部门、不同院系之间，也很容易在发展的过程中出现不能均衡、协调发展的现象。所以对于高校工会而言，一方面要充分发挥职能，积极协调，主动作为，通过与各职能部门的沟通调解，为教职工争取话语权，使得广大的教职工可以更好地参与到制定学校改革发展政策的过程中，促进"民主集中制"，使得学校的决策更加民主化；另一方面也要耐心吸收基层的意见，倾听群众的呼声，发挥起自身的桥梁纽带作用，将校党委、各职能部门与广大教职工群众联系起来，使得教职工的合法权益得以充分地保障，进而使教职工与校方的劳动关系更加和谐。

3. 做工会工作的"创新者"

习近平总书记在 2015 年庆祝"五一"国际劳动节大会上的讲话提到："要自觉运用改革精神谋划推进工会工作，创新组织体制、运行机制、活动方式、工作方法……"。作为高校的工会组织，在新时代发展浪潮中不能止步不前，必须以改革创新精神推进工会建设，与时俱进、革故鼎新，使工会组织保持生命力。

（二）新时代高校工会的职能转变

1. 从重点维护教职工经济权益到全面维护教职工政治、经济、文化权益

高校工会的主要职能，与一般工会有共同的特点，在于维护全体教职工的合法劳动权利。这一点是所有工会系统都具有的共性特征，依据工会组织的职能而言，高校的工会组织也并不例外。按照一般工会的工作特点，高校工会对于校内所有教职工工作权益的维护，主要是侧重于工资、工时、劳动环境、劳动待遇等在高校教职工在经济方面的问题。但随着当今时代的发展，传统意义上的劳动中的劳资双方的矛盾，已经通过完善的法治体系得以充分地保障。而相比于对于高校教职工经济权益的维护，如今高校的教职工对于政治、文化等方面的权益的诉求尤为迫切。所以，高校作为社会中先进文化的主要承载地与传播地，应该为其教职工提供良好的政治、文化环境。

2. 促使高校教职工更加积极地参与到学校民主管理中来

在这个问题上，其一是广泛引导广大教职工参与到国家和社会管理中来，其二是动员广大教职工参与到学校具体事务的管理中来。这两者相辅相成，主要在于参与学校的管理，进而实现对国家社会管理的贡献。要想发挥广大教职工的主观能动性，就要首先调动广大教职工的自觉参与性。在这一过程中，高校工会可以起到非常好的辅助与参与的作用。在实现了高校工会参与职能的基础上，才可以使得民主管理、民主监督得以真正落地，高校的全体教职工才能真正做到自由民主地行使自己的权利，融入参与的过程，以自身为主导，保护自身的合法劳动权利。同时，也只有使得广大教职工能够充分发扬民主，把自身的能力贡献到学校和国家、社会的建设中来，才能做到反向督促学校的机制体制建设更加趋于完善，进而使得整个教育产业得以良性发展。

3. 在高校文化建设中发挥更大作用

校园文化是一所真正优秀大学的标志，它所代表的优秀的文化形象是一所高校的一张隐形名片，对于和谐校园的创建，对于学校全体教职工与学校的共同进步与发展，有着巨大的作用。"教职工之家"的建设，是一所高校、高校中的一个学院的工会组织非常重要的工作，对于促进整个校园科研、教学氛围的和谐有着至关重要的作用。所以，高校工会要利用好这一有利抓手，

通过开展形式多样、内容活泼的各类文体活动，休闲娱乐活动等，充分起到教育人、感染人、鼓励人的作用，促进队伍建设的手段和方法富有创新力，进而推动和谐校园文化的创建。

4. 更加注重青年教师培养教育

青年教师是高校发展的重要力量，是一支主力军，但同时面临着需要尽快适应自身角色的转变，需要适应讲台，提升教学质量的紧迫需求；他们的身上承担着多重的压力，包括教学能力、科研水平、实践能力的提升；同时，他们也面临着自身作为父亲母亲、作为妻子丈夫、作为儿女的家庭责任。为青年教师提供业务上的精准指导、生活上的关心照顾、协助青年教师制定长远的工作和生活的规划，也是高校工会职能的延伸。

二、高校工会职能发挥存在的问题

中国的高校工会自产生以来就有很重要的责任，在当前的实践过程中，高校工会基本可以实现其四项基本的职能，即维护职能、建设职能、参与职能和教育职能。但是，在实际的工作中，出现了各种问题，比如高校工会在履行维护职能的过程中，就出现了力度不强现象；在履行参与职能方面，出现了参与深度不够的现象等。

通过调查和访谈我们发现，中国的高校工会如今在高校的职能体系里，是如同一般的普通行政部门一样的存在。普遍被高校教职工当作组织文体活动、发放生活福利的职能性部门。所以，在广大教职工心中，高校工会的作用不断被边缘化、娱乐化，其影响力与号召力在不断减弱，而缺失了其本应承担的职责。而高校工会越组织越像机关单位的属性也在显现，这就产生了脱离群众的倾向。结合实际工会工作中的情况，高校工会在履行职能中存在着下面几方面的问题：

（一）高校工会维护职能力度欠缺

高校工会作为我国工会系统中的一员，其最根本的职能就是维护广大教职工的合法权益。但是在履职的过程中，高校工会往往缺乏主动性和全面性。高校工会是在学校党委领导下的群团组织，高校工会主席大多是学校的党委领导担任，这一方面体现了党对工会工作的重视，但是在某些程度上党委领导作为领导干部，其看问题的视角自然与广大教职工不能完全相同，所以很难真正做到切实从教职工的角度思考问题。而在维护教职工权益之时，往往不能够全面地关注，只是注重教职工劳动权和福利性质的权利，忽视了教职工诸如政治文化方面的权利维护。这也造成了教职工的相关权利受到侵害后，不能及时找到工会去解决问题，对工会的向心力不够。

（二）高校工会参与职能发挥不够

高校工会的另一项职能是加强教职工和学校的联系，让教职工参与到学校的建设中来，而在现实的工作中，教职工参与学校工作的形式往往是单纯的以教代会的方式来参与，而这种单一的方式在某种方面上也限制了教职工参与学校建设的程度，如果教职工的提案没有能够交到教代会，那么这位老师的意见就会被忽视。高校工会缺乏多样的形式来组织教职工参与到学校的建设中来，这就造成了多数教职工提起工会的时候印象往往是开展娱乐活动、发放福利，工会的组织能力发挥不够。

（三）高校工会教育职能强度不足

高校工会要坚持党的领导，而在工会工作中往往缺乏对教职工思想政治方面的教育，或者教育强度不足。高校工会的大多数工作人员都没有意识到工会的这一职能，认为自己只是一个行政人员，没有把自己放在一个教育者的角度上。高校教职工的文化水平普遍很高，正是因为这样，我们更加应该重视工会的教育职能，加强对教职工的思想政治引领。目前高校工会大多有自己的门户网站、微信平台等，但是没有利用好这些平台，做好教职工的思想政治教育。

（四）高校工会组织职能发生偏差

组织开展的活动可以体现一个组织的形象。高校工会在实际的工作中，工会基本上都是校部机关的一个行政部门，是以开展文体类的娱乐活动，或是慰问教职工的形象出现的，而在这些活动之外，高校工会往往没有什么存在感。在教职工当中所造成的影响就是校部机关的职工对学校的归属感明显地高于教师对学校的归属感。工会没有把"娱乐性、福利性"和"娱乐化、福利化"区分开来，其组织职能也发生偏差。

三、改善高校工会职能发挥的建议

（一）增强向心力，做好教职工思想政治引领

高校工会要找准工作定位，做优本职工作，做好教职工思想引领意义重大，要把党中央的精神、决策同高校工作的实际状况结合起来，深入学习贯

彻习近平总书记关于工会工作重要论述，不断提高政治站位，牢记"四个意识"，坚守"四个自信"，做到"两个维护"，在开展高校工会的工作中，真正做到让党放心，让人民满意。

高校工会要着眼全局，服务高校建设发展的中心工作。要站在高等教育和学校事业发展的全局思考工会、教代会工作，要身在学校事业发展的大局中做好工会和教代会工作。营造尊师重教、立德树人的优良育人生态，弘扬社会主义核心价值观，引领和激励教职工在建功立业中发挥重要作用。

(二) 增强凝聚力，打造全面的维权机制

高校工会以维护教职工的政治、经济、文化权益为基本职能。在维护政治权益方面，高校工会要深入把握"健全民主形式、丰富民主内容、拓宽民主渠道"的内涵，加强和完善校院两级教代会制度建设，进一步丰富完善师生员工参与学校民主管理的新机制，为学校民主办学、科学决策提供坚实的制度保障和文化氛围，尊重全校师生员工的主人翁地位和首创精神。在维护经济权益方面，高校工会要充分发挥工会群团组织的基本工作职能，在合理合法的基础上最大限度地维护教职工的工作权益，解决劳动争议、监督合同执行，最大限度地保障全体教职工的经济权益。在维护文化权益方面，高校工会应举办丰富的文体活动，积极组织教职工参加体育运动等活动和竞赛，关注广大教职工的身心健康，营造昂扬向上的校园文化氛围。

(三) 增强吸引力，提供教职工全面发展平台

工会的特点之一，就是可以通过内容新颖、形式多样的工作模式，来达到团结成员的目的，从而成为一座桥梁与纽带，加强党与广大人民群众的血肉联系。高校工会应努力为青年教职工子女入学提供帮助，解决后顾之忧；为青年教师解决个人问题搭建平台、创造机会。高校工会要善于聆听发现、及时掌握广大教职工的不同实际需求，尽最大努力消除他们的思想顾虑和实际困难，提高组织成员对工会的期待度与认同值，坚定他们服务学校、服务教育的信心和决心，营造向上向善、和谐浓郁、特色鲜明的学校文化生态，增强教职工的获得感和满意度。

(四) 增强战斗力，坚持推动自身建设和事业发展

针对当前全国工会改革大势，高等教育工会、教代会如何适应新形势新发展和"双一流"建设，以教代会工会理论研讨及工会委员培训会等方式，组织各级工会干部深入研究、研讨、培训等，提高工会组织成员的业务素质

和工作能力。完善工会主席联系部门工会、联络教职工制度，坚持群众路线，增强政治性、先进性、群众性，防止机关化、行政化、贵族化、娱乐化，坚持重心下沉，夯实基层基础，把力量和资源向基层倾斜投放，调动工作热情，激发内生动力。

（五）增强创造力，出台服务师生新举措

在信息化、移动办公化迅速发展的今天，高校工会的工作形式也理应推陈出新，顺应时代发展的潮流，通过形式的创新，实现高校工会工作方式的创新。首先，借助新媒体传播便利的优势，将线上宣传引导和线下工会组织实际工作结合，关注、解读、协调解决教职工切身利益相关的政策、热点和问题，及时进行权威信息发布和有效引导，及时向教代会代表、工会委员通报涉及教职工切身利益和学校民主管理的重大事项；其次，借助新媒体的"交互性"可在不特定的应用场景之下，开展更加丰富多样的娱乐活动，进而在最广泛的程度上调动起全体教职工参与的热情；同时，也可以利用新媒体社交账号独特的"私密性"，广泛听取群众意见，加强群众监督，构建全体教职工的"互联网+"便民服务体系，让信息多跑路，教职工少跑腿，打造高效便利、互联互通的服务模式；最后，可以通过新媒体传播的"广泛性"，使得信息能够得到最大范围的传播，扩大工会工作的影响力、感召力，建成全方位的交流平台。

参考文献：

〔1〕上海海事大学工会理论研究会编：《工会理论与基础知识读本》，上海交通大学出版社2009年版。

〔2〕李宏："中国高校工会的职能作用研究"，吉林大学2020年硕士学位论文。

〔3〕张瑞："发挥高校工会职能 促进青年教师成长——基于人文关怀视角"，载《山东工会论坛》2016年第2期。

〔4〕马婧雯、王鸽："高校工会在职能发挥中存在的问题及思考"，载《教育教学论坛》2019年第1期。

〔5〕邵素芳："新时代高校工会改革中的职能落实探讨"，载《智库时代》2020年第4期。

〔6〕赵丽敏："发挥高校工会维权职能 促进高校党的建设发展"，载《学校党建与思想教育》2012年第32期。

新时期高校工会职能建设路径

商学院 陈 璐 校工会 王 莹 姚 琴

摘　要：在新冠肺炎疫情和百年变局交织的复杂背景下，又恰逢"十四五"规划，新时代大背景下全面深化改革，高校工会也应当把握时代方向，顺应时代潮流，从"人"和"事"两方面吐故纳新，加强职能建设。"人"方面需要强调高校领导对工会工作的重视支持，优化校工会职工队伍的建设，以及充分发挥广大工会成员的主观能动性；"事"方面则应该一方面重视工会传统工作，发挥教代会民主管理、民主监督的职能，常规开展福利活动、文体活动，保障教职工切身利益。同时另一方面也应该赋予工会新时代的工作特色，大力推动岗位练兵、弘扬劳模精神，开展各项职工专业培训，发挥高校工会立德树人的独特作用，创新高校工作途径，打造"智慧工会"。高校工会在新时期的改革发展必须因时而动、顺势而为、乘势而上，不断提升高校工会工作的能力和水平，助力国家治理体系和治理能力的现代化。

关键词：深化改革；福利保障；劳模精神；智慧工会

一、百年变局逢今朝，改革发展主旋律

当今世界正经历百年未有之大变局，新一轮科技革命和产业变革深入发展，新冠肺炎疫情影响深远，又恰逢"十四五"规划，改革与发展仍然是不变的主旋律。高校工会工作在新时期大背景如何加强职能建设，助力"十四五"时期各项事业高质量发展是时代的课题与难题。十九大报告中，习近平总书记就工会工作做出重要指示：必须高度重视群团工作，增强群众工作本

领，创新群众工作体制机制和方式方法，推动工会、共青团等群团组织增强政治性、先进性、群众性。工会作为联系群众的桥梁纽带，具有显著的群众性特点，如何立足新时代党建思想政治纲领，贯彻依靠群众、为群众谋福利的根本理念，构建全新的现代化工会治理体系，推动全面深化改革中的工会改革是时代的责任与重担。新时期的工会必须提升政治站位，创新工作方法、不断进取、勇于开拓、立足党旨、面向基层，用灵活的方法提高工作质量和效果，深入宣传宣讲习近平总书记关于谋划"十四五"时期我国改革发展的一系列重要思想，引导广大职工群众听党话、跟党走，在党的带领下与人民群众同舟共济、奋力前行。

党的十九届四中全会提出了坚持和完善中国特色社会主义制度、推进国家治理体系和治理能力现代化的总体目标，全面实现国家治理体系和治理能力现代化。而高校治理体系作为国家治理体系的重要组成部分，在新时代大背景下更应该遵循党的十九届四中全会精神，助力教育强国工程与"双一流"建设，而高校工会在此风口应当最大程度地发挥自身的桥梁纽带作用，从维护广大教职工合法权益，建设完善高校职工服务体系，参与学校党政思政工作、培育立德树人，好学笃学的校风校纪等方面出发，推动高校治理体系现代化，助力实现国家治理体系和治理能力的现代化。

二、打铁必须自身硬，队伍建设"人本位"

（一）兵随将领草随风，众星拱环北辰居

在中华全国总工会机关 2021 年党的工作暨纪检工作会议上，陈刚书记强调，全总机关各级党组织要按照王东明同志要求，以深入贯彻落实习近平总书记在中央和国家机关党的建设工作会议上的重要讲话精神为主线，围绕队伍建设抓党建，用"好干部"的标准培养塑造党员干部，汇聚担当作为、干事创业的智慧力量。高校领导是高校工作的领头人，是事务管理者，也是方针决策制定者，领导的重视对高校工会工作的开展有着至高重要的作用，只有领导重视工会的作用，并且在各方面给予巨大的支持，工会工作才能顺利开展。各大高校领导都有直接负责工会工作的直属领导，还需要其他领导多多参加工会活动，支持工会工作，起好带头作用。高校工会可以组织高校领导以及校内专家学者，深入到工会工作一线了解工作中的困难，提出工作建议，解决工作难题，以及为工会工作的开展提供一切可利用的资源，创造出

良好的内外部环境。同时各级工会领导也需要担负起政治责任，充分发挥表率作用，坚持带头学习、学深一层，利用下基层调研、督查指导、组织培训和送温暖等时机，面向基层工会和一线职工开展有特色、接地气的宣传宣讲；利用报刊和各类网络平台，统筹开展网上网下宣讲活动，切实扩大覆盖面、增强实效性。

（二）把握高校独特性，群策群力更主动

高校工会与普通工会尚有差异，高校工会由高校广大教职工组成，在学历水平、知识阅历以及文化水平上都相对较高。因此在工作开展时应该尽量避免填鸭式、安排式活动，尽量调动广大教职工的积极性、主动性和创造性，鼓励广大教职工参与工会各项活动的设计、管理、运营，积极落实党中央工会工作精神，探索适合高校工会工作的新方法，将先进理论和研究成果应用到高校工会的实际工作中。自办学自治权的有效落实，高校工会的自我意识、自我精神逐步显现出来，受知识分子具备的独特性作用影响，高校职工的自主意识与崇尚自由的精神变得更加强烈，在工作与生活中更加希望展现个性，所以工会工作与行政机关存在明显的差异，高校工会应从教职工的特点出发，了解高校工会的实际要求，选择多样化的工作方式，使各项工作的开展更具艺术性，促进教职工团队凝聚力的提升，促进教职工自我认识提升，实现教职工的自我教育和自我发展，充分尊重教职工的主体性、个性化与自尊心。

（三）人才队伍高水平，上情下达高效率

推动高校治理体系现代化，高校工会工作队伍水平的提高不可或缺。一支高水平的工会团队，首先需要保证职工所占比例，如此方能充分了解职工诉求，各项工作安排专职人员跟进负责，一一对应，有条不紊，以切实保证各项工作的贯彻落实；其次需要优化内部结构，增加工作人员的数量，一方面要尽量提高年轻一代工会人员的比例，另一方面需要提高工会团队的多样性。各种专业人员，如此便于举办各色活动；各种年龄阶段，如此便于与全校各个年龄段的教职工打交道；最后需要弱化传统工会组织"行政化"色彩，合理调整工会组织中教职工的人数与比重，应尽量减少具有行政职务的干部，提高一线教师比例，鼓励沟通能力强、有亲和力并热衷工作的教师加入工会干部队伍中。同时还应保证男女性别的平衡，领导干部与职工人员的平衡，教学岗、行政岗、职工岗各方相关人员的平衡，年轻人要占一定比例。高校工会工作是全局性工作，工作开展时需要统筹上下，兼顾全局，考虑多样性、全面性、完整性，万不可局限单一。一支全面丰富的工会工作队伍，在党委领导下工作，与领导层同心同向同行，能更好地做好上情下达，沟通领导背后的"苦心"与教职工的诉求，保障学校的决策顺利执行。

在保证人才队伍组成的科学性、合理性的前提下，也应加强人才队伍的管理工作。首先，提升队伍制度自觉，作为高校工会工作的干部职工，要切实加强内部管理，突出一个"严"字，用科学制度管理人，用岗位职责要求人，用工作成效考核人，在执行制度面前一视同仁，只有这样才能维护制度的严肃性，提高执行各项规章制度的自觉性。其次，提升队伍廉政素质，工会工作常与钱物打交道，为此必须加强廉政建设，增强法纪意识，认真落实习近平总书记廉政思想建设，在思想上和行动上筑牢拒腐防变的"堤坝"，把自我价值观与工会工作价值观紧密结合起来，真正树立起淡泊名利、爱岗敬业的精神追求，抛弃个人私利，树立全心全意为人民服务的思想。最后，增强队伍创新素质。当前新的形势对高校工会工作的服务质量、服务内容、服务方式等都提出了新要求，工会工作队伍必须不断研究新情况，解决新问题，探寻新方法，常学常新，自我突破，才能使高校工会工作不断进步，更好地服务广大教职工群体。

三、吐故纳新重基础，高屋建瓴新方向

（一）扎根民主管理，开展重点工作

党的十九届四中全会公报提出，全心全意依靠工人阶级，健全以职工代表大会为基本形式的企事业单位民主管理制度，探索企业职工参与管理的有效方式，保障职工群众的知情权、参与权、表达权、监督权，维护职工合法权益。高校工会工作推进以教代会为基本形式的校务公开民主管理是党和法律赋予工会的神圣职责，同时教代会也是党委领导下教职工群体参与学校民主决策、民主监督的基本形式，不仅具有法律赋予的参与民主管理和民主监督的天然优势，还代表着高校治理最广泛群体的根本利益，具有强大的群众基础。新时期高校工会发挥教代会的职能，是完善新时代高校治理体系的重大突破口，将其当做基于章程和法治的多元善治的机制创新突破口，然而目前高校的教代会尚未完全发挥其作用，存在一定的局限性，考虑其影响，包括但不限于以下因素：（1）教代会制度的基础法律法规未曾与时俱进，较为落后，无法反映最新的时代精神，多为规范性法律文件，法律效力较低，效

力层级较高的法律规定较为宽泛；（2）在高校治理行政化色彩较浓的背景下，教代会与党政机关并非属于对等关系，无法切实参与到高校决策的制定与执行中，进而无法通过权利的合法保障有效制约权力的行使；（3）教职工对高校民主治理的参与度不够高，在民主管理与民主监督一事上，部分教职工代表不甚关心，导致教代会工作流于形式、不注重实质内容等。

推动新时代高校治理体系的发展，教代会职能的充分发展是重中之重的，其不仅是联系高校与教职工群体的重要桥梁，也是构建和谐校园、推进高校治理现代化的关键所在。对目前教代会工作中存在的问题，要着重关注且提出针对性解决方案，首先必须保证教代会各项工作的独立性，弱化教代会的行政色彩，提高教代会工作的地位，减轻党政行政的干预和干涉，充分发挥其民主监督的职能；其次要简政放权，给予教职工充分的权利，保障其自下而上地参与学校民主管理与民主监督；最后需要建立健全教代会代表提案工作机制，通过奖惩结合激励教职工代表认真履行工作职责，保证教职工代表撰写提案的积极性与提案内容的可操作性，要在提质增效上见实力，见真招。通过教代会机制的创新发展不断发挥教代会在新时代高校治理体系中的作用，既是对我国教育强国工程与"双一流"建设的助力与推动，又是推进国家治理体系和治理能力现代化的必经之路。不过按照党的十九大报告中提出的对工会组织增强"三性"、去除"四化"要求，目前来看，高校工会的工作尚还有一段路程需要行进。

（二）落实后勤保障，优化服务供给

高校工会首要工作即做好广大教职工的服务保障和权益维护。维护好各岗位职工合法权益，不断提升他们的获得感、幸福感、安全感。切实履行此项基本职责，首先需要树立正确的服务观念，不断强化工会工作人员的服务意识，增强服务人员做好本职工作的责任感和使命感，牢固树立"群众利益无小事"的思想，从被动性服务向主动性服务转变，增强群众意识和大局意识，做到政治坚定。其次就是需要有针对性地做好做实维权服务工作。围绕改善职工生活品质、解决职工实际问题，积极构建以精准帮扶、普惠性服务为重点的工会服务职工体系，完善常态化送温暖机制，做实困难职工解困脱困工作，把党委关怀与工会组织的温暖送到广大职工心坎上。围绕广大教职工的"头等大事"和"关键小事"，在保障教职工的切身利益上下功夫，做好教职工美好生活的服务者、守护神。最后，除了保护教职工在工作中应有的劳动保护、福利待遇、劳动报酬、休假休息等权益，还需要针对教职工的生活需要给予其他服务、提供其他补给，例如保健服务、保险制度、法律服务、心理辅导等。

在服务供给方式上，应当以更加专业高效和社会化的手段向教职工提供维权支持和工会服务，提升职工群众对工会组织的认同感和归属感。比如在心理辅导上面，高校是为国家和社会培养人才的重要场所，高校教职工主要的任务就是教书育人，但又由于当今社会因各种压力较大，容易产生心理方面的问题，高校教师的教学科研压力也日益加大，而教师的心理状态会直接影响学生状态，因此高校工会需要注重员工心理健康方面的问题，可以开展建立教职工心理咨询平台，同时配备专门的心理专家，设立专门的心理咨询场地，定期开展心理健康讲座和论坛，有针对性地进行心理疏导和心理干预，开展轻松的文体活动或者户外活动等来释放压力，使其积极乐观地面对工作和生活，只有拥有健康的身心才能投入高校的教学和科研工作中。

（三）促进多方合作，构建育人格局

高校工会组织不仅需要为广大教职工群众提供服务工作，同时也应该围绕学校教学、科研、人才培养等中心工作展开，为高校立德树人工作提供强大精神支撑。首先，高校工会应当充分发挥与社会联系广泛的优势，加强学院党委和教职工等与地方和企业的联系和交流，开展实践活动，推动校企联合、校校联合、校地联合，促进科研项目合作，共同构建实践教学基地，使学院科研与实践发展相结合，让理论知识落地，丰富师生"第二课堂"，使学院师生能够理论结合实际，促进教学成效。其次，工会工作要注意积极打造工会育人品牌，广泛开展教师岗位练兵活动、青年教师基本功大赛等，组织各类竞赛活动，激发教学科研岗教师动力，增强工会服务教学成效。再其次，高校工会要发挥工会组织直接联系教职工作用，为教职工和学校交流提供平台，充分尊重教职工对于自身学科归属的意见和建议，做好桥梁与纽带作用，凝练学科方向，组建学术队伍，形成合力促进事业发展。最后，高校工会要发挥工会的组织协调能力和保障作用，为学术梯队建设、实验室建设和项目建设等争取优质资源，做好后勤保障工作，助力团队建设。高校工会在推进全员全程全方位育人中具有非常重要的作用。

习近平总书记在全国高校思想政治工作会议强调，高校要坚持把立德树人作为中心环节，将思想政治工作贯穿于教育教学全过程，实现全程育人、全方位育人。高校工会也应该立足新时代，要大力实施立德树人工程，充分发挥其在高校体系中的重要的地位作用和独特的工作优势，充分调动工会在育人方面的积极性，形成全校、全员、全程、全方位育人的格局。蓬生麻中，不扶自直；白沙在涅，与之俱黑，在好学尚学、格物致知的校纪校风中，自然而然地滋养师生心灵，涵养师生品行，达到以文化人、以文育人的效果。

（四）立足传统活动，拓展新型平台

高校工会经典活动就是大家所熟知的福利性活动以及文体性活动，高校工会工作可以有打球拍照，吹拉弹唱，但绝不仅限于此。开展福利文艺类活动能够调动职工积极性、增强团队凝聚力，进而强化广大教职工对于工会组织与活动的认同感和归属感，而其效果则与工会活动的内容与形式息息相关。千篇一律的活动形式、大同小异的活动内容，势必会影响教职工参与度和认同感，因此工会也应该跳脱出传统模式的桎梏，突破多数教职工认为工会就是"福利""文体"部门的局限观念，打造更加丰富多样的工会活动。

第一，工会工作作为高校党政工作的重要环节，可以广泛开展思政引领工作，切实承担起引导广大职工群众听党话、跟党走的政治责任，深入宣传宣讲习近平总书记关于谋划"十四五"时期我国改革发展的一系列重要思想；第二，工会活动可与职工技能与素质培训有机结合，在工会福利活动、团队建设活动中嵌入员工培训计划和方案，大规模、全方面地对全校包含非在编内的非教师职工进行专业知识培训和技能锻炼，提升其业务能力和专业素养，为其自我实现自我升华提供机会和平台；第三，充分利用现代科技手段和互联网平台，增强工会活动的管理筹划、宣传推介等，如线上投票的微信小程序，快速收集成员活动意愿，制作和记录工会历次活动的剪影并上传短视频平台，扩大工会活动的宣传覆盖面，吸引更多成员自发参与活动；第四，积极拓展工会活动的形式，增添多样的活动内容，一是在工会活动传统职能上更多地赋予工会活动家庭、公益属性和社会责任等，如开展植树节亲子活动等、捐献二手书籍，向偏远山区捐献闲置服饰与其他物资，二是在活动中加入竞争与激励元素，增强活动的趣味性和成员的积极性，比如记录每一学期或者每一年度各成员参与活动的完整度，设置如党史学习教育的答题活动，竞走健身的户外活动等，并据此给予员工部分奖励和表彰。

（五）弘扬劳模精神，做好思政工作

习近平总书记在全国劳动模范和先进工作者表彰大会上的重要讲话提到

要组织动员广大职工学先进赶先进，大力弘扬劳模精神、劳动精神、工匠精神，将辛勤劳动、诚实劳动、创造性劳动作为自觉行为。牢牢把握我国工人运动时代主题，围绕国家重大战略、重大工程、重大项目、重点产业，深入开展"当好主人翁、建功新时代"主题劳动和技能竞赛，提升广大职工劳动技能和素质，发掘和弘扬各基层、各行业爱岗敬业的劳动模范，是工会日常工作的职责所在，是工会组织与活动内涵的应有之义。对于高校工会而言，不能把重点工作只放在教学岗位上，同时也要关注重视在学校各个岗位默默无闻的职工们，他们同样立足本职岗位，专注与坚守、无私与奉献。工会应该为当代所有平凡又伟大的英雄提供展示、记录和传播的平台，让他们从幕后走向台前，从看客成为主角，让每一位职工，都能在工作中得到锻炼、提升的机会，让每一位代表模范，都能充分发挥旗帜和坐标的作用。

高校工会弘扬劳模可以充分发挥高校的独特性，将学生教育工作与劳模精神相结合，开展系列"劳模工匠进校园"活动，让高校工会的育人工作以及劳模工作齐头并进。劳模工匠与学生之间交流自己的故事，交流自己内心的坚守与工作的感悟，同时也让学校师生们近距离地接触劳动模范、聆听劳模故事、体悟劳模精神，有效地让"爱岗敬业、争创一流、艰苦奋斗、勇于创新、淡泊名利、甘于奉献"的劳模精神，"崇尚劳动、热爱劳动、辛勤劳动、诚实劳动"的劳动精神和"执着专注、精益求精、一丝不苟、追求卓越"的工匠精神在尚未走向工作岗位的学生们心中扎根发芽。劳模工匠走进校园、走近青年，参与到教学中，是当下很多工会的重点工作，劳模讲述奋斗故事，分享成长经历，使劳模精神、劳动精神、工匠精神在校园里、在同学中落地生根、开花结果是此项活动的初衷与意义，高校工作在此项工作的开展上具有得天独厚的优势，更应该迅速开展，不断推进，创新发展，推动高校工会的育人工作和职工思想政治工作再上新台阶。

（六）创新工作途径，打造"智慧工会"

2015年，《全国总工会改革试点方案》出台，提出要适应"互联网+"的发展，打造全国工会系统服务职工网络载体，推动网上网下互动融合，实现服务对象全覆盖、服务时间全天候的目标，并要求广大工会干部学会用职工群众易于接受的语言和形式，提高运用新媒体能力。2018年，中华全国总工会十七大的报告中提出，进一步强化互联网思维，推进工会工作，促进互联网和工会工作融合发展，构建网上工会工作平台，积极建设"智慧工会"的新要求。而构建"智慧工会",需要主动融入"智慧社会"的建设大局,进而真正推动工会工作的创新发展。新时代背景下,充分认识"智慧工会"的历史定位和创新意义是从根本上借力"互联网+"发展机遇的必要前提,同时对于落实党中央对工会组织工作的要求以及精准服务职工群众的迫切需要也具有重要意义。"智慧工会"建设一方面是调动广大职工建功立业积极性、联系和服务职工群众,不断增强工会工作活力的重要渠道,另一方面也是立足以人为本理念,重构工会创新体系、挖掘工会创新活力的核心机制。

世易事移,事因于时而备适于世。充分发挥"互联网+"优势,打造"智慧工会"管理模式的重点是将传统的管理"人"转变为管理"数据",构建会员"信息采集""交流互动""线上服务""信息共享""业务协同""困难帮扶"等功能。新时期工会工作开展的独特优势就是可以采用新技术、新方法。互联网时代高校工会工作需充分利用新媒体平台,创新高校工会工作方式,常规做好工会门户网站和微信服务号、订阅号,畅通活动工作的通知传达;构建学院工会、学校工会多级工作共享平台,保障工作高效便捷开展;创设工会工作论坛版块,畅通教职工建言献策渠道,发挥教职工的积极性、主动性;设置工会活动参与、福利选择模块,最大程度满足教职工的知情权、选择权;完善工会工作电子存档制度,使每项工作与活动有迹可循,有记忆、有材料、有档案。加快打造"智慧工会",提高工会工作队伍的综合技术水平,促进互联网和工会工作融合发展,借助互联网技术实现工会工作质量的跨越发展,满足高校发展的现代化、多元化需求,推动高校治理能力和治理体系的现代化。

四、好风借力应时代,百尺竿头进一步

在新冠肺炎疫情和百年变局交织的复杂背景下,又恰逢"十四五"规划,深化新时代高校工会工作改革在全面深化改革工作中不可或缺。高校工会应当顺应时代潮流,把握时代方向,从高校工会工作的"人"和"事"两方面着手改革创新,推动高校工会工作的发展。"人"方面首先需要强调高校党委对工会工作的重视,高校领导对工会工作的支持;其次需要从年轻人员、技术人员、教学人员等多成分人员方面优化校工会职工队伍的建设;最后需要认识到高校工会的独特性,充分发挥学校广大教职工的广大的主观能动性;"事"方面则是工会工作的开展,一方面必须重视工会传统工作,重点把握教代会基础工作，发挥教代会民主管理、民主监督的职能；常规开展工会福利活动、文体活动，给予广大教职工归属感、幸福感；落实后勤保障工作，精准帮扶，切实解决，最大程度完成教职工所需的，工会能给的目标。同时另一方面也应该赋予工会新时代的工作特色，大力推动岗位练兵、弘扬劳模精神，开展各项职工专业培训，发挥高校工会立德树人的独特作用，适应"互联网+"发展，创新高校工作途径，打造"智慧工会"。

高校工会在新时代的新发展应当充分发挥工会"维护、建设、参与、教育"四项职能，做好工会参与全员全程全方位服务的场地、资金、物资等保障工作，加强工会自身建设的力度，筑牢育人的物质基础。找准高校工会在服务、育人工作中的角色定位，争做服务工作的引领者、承担者和协调者。准确把握高校工会在推进高校工作深化改革工作格局中的地位和作用，因事而谋、顺势而为、乘势而上，不断提升高校工会在全员全程全方位服务育人工作中的能力和水平，全力推进学校"十四五"时期各项事业高质量发展，以良好的工作状态和优异的工作成绩走向下一个历史节点。

参考文献：

〔1〕邱婷婷："切实做好新时代高校工会工作"，载《芜湖日报》2021年9月29日，第007版。

〔2〕贾盈荣、张景："新时代高校工会弘扬工匠精神作用初探——以陕西省高校为例"，载《兰州职业技术学院学报》2021年第4版。

〔3〕王坤："新时代高校工会工作创新理念思考"，载《辽宁工业大学学报（社会科学版）》2021年第4期。

〔4〕游优、赵飞："高校工会推进全员全程全方位育人作用发挥和实现路径探析"，载《经济研究导刊》2021年第20期。

〔5〕刘津升、杨降龙："我国人才队伍建设之高校工会队伍建设策略分析"，载《中国市场》2021年第19期。

〔6〕赵秀波："对如何做好新时代高校工会工作的几点思考"，载《大庆社会科学》2021年第3期。

〔7〕吕锐婵、唐建旺、陈朝晖："高校工会教职工权益维护和保障机制研究"，载《北京市工会干部学院学报》2021年第2期。

〔8〕袁静："新时期高校工会工作创新发展的探索与实践"，载《大学》2021年第30期。

〔9〕王祥修、王艺颖："教代会在新时代高校治理体系中的机制创新研究"，载《山东工会

论坛》2021 年第 4 期。

〔10〕马婧智闻、丁希忠、郭一萍："'三全育人'视域下高校工会在育人工作中的定位及实现路径研究",载《知识经济》2020 年第 7 期。

〔11〕江先锋："高校工会推进'全程育人、全方位育人'的内在逻辑与现实路径",载《山东工会论坛》2017 年第 6 期。

〔12〕陈叶斐："从'互联网+'到'智慧'的高校工会工作模式探析",载《改革与开放》2021 年第 17 期。

〔13〕郭孝实："'智慧工会'的特征、问题与对策研究",载《中国劳动关系学院学报》2019 年第 5 期。

工会在高校教学改革中的职能定位与实现

法律硕士学院　　刘智慧

摘　要： 工会有维护、建设、参与和教育四大职能。高校教学改革对工会工作提出挑战，要求高校工会需随着改革进程，发挥应有功能，适应改革发展的需要。本文旨在分析工会在高校教学改革中的功能实现问题。

关键词： 高校教学改革；工会职能定位；职能实现

依《工会法》的规定，工会有维护、建设、参与和教育四项职能。[1]党的十九届五中全会通过《中共中央关于制定国民经济和社会发展第十四个五年规划和二〇三五年远景目标的建议》，该建议的第44条明确提出要建设高质量教育体系："全面贯彻党的教育方针，坚持立德树人，加强师德师风建设……提升教师教书育人能力素质……提高高等教育质量，分类建设一流大学和一流

---

〔1〕《工会法》第5条规定："工会组织和教育职工依照宪法和法律的规定行使民主权利，发挥国家主人翁的作用，通过各种途径和形式，参与管理国家事务、管理经济和文化事业、管理社会事务；协助人民政府开展工作，维护工人阶级领导的、以工农联盟为基础的人民民主专政的社会主义国家政权。"

第6条规定："维护职工合法权益、竭诚服务职工群众是工会的基本职责。工会在维护全国人民总体利益的同时，代表和维护职工的合法权益。工会通过平等协商和集体合同制度等，推动健全劳动关系协调机制，维护职工劳动权益，构建和谐劳动关系。工会依照法律规定通过职工代表大会或者其他形式，组织职工参与本单位的民主选举、民主协商、民主决策、民主管理和民主监督。工会建立联系广泛、服务职工的工会工作体系，密切联系职工，听取和反映职工的意见和要求，关心职工的生活，帮助职工解决困难，全心全意为职工服务。"

第7条规定："工会动员和组织职工积极参加经济建设，努力完成生产任务和工作任务。教育职工不断提高思想道德、技术业务和科学文化素质，建设有理想、有道德、有文化、有纪律的职工队伍。"

学科……发挥在线教育优势，完善终身学习体系，建设学习型社会。"〔1〕在这种背景下，高校教学改革势在必行。因此，如何在高校教学改革中定位并实现工会职能，适应不断变化发展着的实践需要，是高校工会即将面临的挑战。

一、维护职能的实现

高校工会的四项职能是一个辩证的统一体。其中，因为高校工会是广大教职工权益的维护者和代表者，所以维护职能是高校工会最核心的职能，也是工会工作的生命所在，统领其他职能。

在教职工各项权益中，人事关系的调整引发的权益变动几乎是最易招致关注的领域，随着我国事业单位体制改革的深化，这种关注会更甚。在高校教学改革中，这必然会成为高校工会工作的重心之一。要实现工会在这个方面的维护职能，在积极推动学校教学改革的前提下，工会应当积极参与教职工聘任制及人事分配制度的制订及监督，确保各项制度在制订、实施过程中的公正、公开、合理合法，使广大教职工的合法权益从起点开始得到平等保护。当然，维护教职工权益不等于"无事生非"，这就需要工会主动体察广大教职工所关注的问题，及时反映教职工的呼声，同党政部门协调好，争取让教职工的权益得到学校规范化、制度化的保障。

二、建设职能的实现

在"双一流"高校建设中，高校的办学声誉和社会影响对于学校的发展相当重要，对于身处于学校的全体教职工，包括校长、各级行政机构负责人和所有普通的教职工，也相当重要。为提升高校的办学声誉和社会影响，在激烈的竞争中取得优势，必须建立一支稳定的师资队伍。要想有一个稳定的师资队伍，必须有很强的向心力和凝聚力。因此，在高校教学改革中，加强凝聚力建设是高校十分重要的任务。高校工会与广大教职工有广泛而密切的联系，是学校党政同教职工联系的纽带与桥梁，在学校的凝聚力建设中有着独特的优势。为此，在高校教学改革中，高校工会应该立足学校发展的大局，

---

〔1〕 "中共中央关于制定国民经济和社会发展第十四个五年规划和二〇三五年远景目标的建议"，载 http://www.gov.cn/xinwen/2020-11/03/content_ 5556991.htm，最后访问日期：2022 年 1 月 19 日。

充分发挥其作用，围绕学校教学科研这一中心任务，增强教职工的归属感，汇聚广大教职工的力量，吸引和组织广大教职工以主人翁精神关心学校发展，积极参加学校建设，以实现高校改革和发展的任务。

在凝聚力建设方面，近年来各高校工会根据教职工不同的兴趣爱好，精心组织的各种文体协会，如教职工合唱团、舞蹈团、羽毛球协会、篮球协会、摄影协会、棋类协会等，依托各协会积极组织开展各类活动，以及针对不同性别年龄等举办的活动，如对老教师组织重阳节活动，对有小孩的教职工组织"六一"亲子活动，对女教师组织"三八"妇女节活动，这对于增强教职工的凝聚力无疑具有重要意义。但毋庸置疑，工会深入了解教职工，以人为本，真正关心教职工的工作和生活，努力解决好他们工作、学习、生活中遇到的实际困难，这是增强学校向心力和凝聚力的重要基础。比如，在政策允许的范围内，帮助教职工解决好医疗、住房以及子女上学等实际问题；对生病或有困难的教职工进行慰问，为教职工的学术发展创造条件，开展未婚青年教职工的联谊活动等。而且，有时候一个细节也可以体现对教职工是否有真正的人文关怀。比如，邀请教师的家属参观学校，了解教师的工作场所和工作要求，体验教师的工作场景和工作特点，也可以促进教师家人对教师工作的后勤支持。再如，每年对教职工的体检，各高校的花费也都不菲，但教职工个体差异很大，在体检项目上的关注度也不一，如果将传统的教职工按照年龄进行的统一体检项目改革为"自主菜单式体检"，由职工根据自己的需求进行选择。这两种方案体现的关怀程度及效果，就可能有差异。

三、参与职能的实现

参与职能是工会工作的职责，也是实现维护职能的保障，因为多数维护职能都是通过参与的方式进行的。为保证高校工会参与职能的实现，需要充分调动教职工参政议政的意识，通过教代会、职代会，代表和组织教职工参与学校的民主管理，讨论审议学校重大决策、改革方案以及涉及教职工切身利益的重大问题。

《学校教职工代表大会规定》专门规定了教代会的职责。众所周知，教代会制度是学校实现民主管理的重要载体，能够集中反馈教职工关心的热点、当前面临的难题，也是教职工了解学校重大事务和决策的重要窗口，还是学校充分听取教职工的意见和建议，集思广益的重要通道，因此，工会不仅必须做好教代会代表的选举和换届工作，保证教职工代表应来自学校教学、科研、管理、服务等岗位的各个方面；还需要做好教代会提案的征集、反馈和落实工作，让提案从成型到解决都能够找到根源和依据。

在高校教学改革实践中，尤其要注意避免让教代会流于形式或者摆设，努力促进教职工代表大会民主管理、民主监督职能的发挥。近些年来，一些学校推行的教代会代表接待日、教代会代表列席校长办公会、校务公开、专门委员会、重大事项通报制度等，对于畅通学校的信息渠道颇具成效。在高校教学改革中，高校工会还应继续探索和创新更为丰富的高校民主管理形式。在具体工作程序设计上，也可以采取多元化的形式，如设立专门委员会，健全组织网络，设立工会微信公众号、公布工会电子邮箱等，目标主要在于拓展参与人员的范围，发挥规模效应，最大程度上扩大工会在学校整体工作中的影响，使得高校教职工能够在学校日常管理中实现工会的参与功能。

四、教育职能的实现

国家发展需要创新性人才，而高等教育作为创新性人才培养的重要阵地，在教育教学改革中就需要创新性思维。《中国教育现代化 2035》提出，到2035 年，我国要"总体实现教育现代化，迈入教育强国行列""高等教育竞争力明显提升"的发展目标。高校人才荟萃，高校工会的主要工作对象是广大的教学和科研人员，在高等教育中，教师无疑是人才培养的关键，同时也是教学改革的主体，在高等教育教学改革中具有核心作用。

在高校教育教学改革中，尤其要注意提高教师的综合素质。因为教师在教学、科研的第一线，承担着学校大量的教学、科研工作，他们的素质对于学生的质量有着决定性作用。《中国教育现代化 2035》重点部署了面向教育现代化的十大战略任务，其中之一就是"大力加强师德师风建设，将师德师风作为评价教师素质的第一标准，推动师德建设长效化、制度化"。因此，在高校工会教育职能实现过程中，最重要的是要加强师德建设。高校工会可以通过组织岗位培训、报告会、座谈会等形式，营造有利于师德建设的文化氛围。另外是应立足教学。高校工会可以通过定期举办论坛、教学观摩、教学基本功竞赛等活动，邀请各层级教师一起进行教学经验与教学方法交流，提高青年教师授课技能，尤其要注重资深教授的"传帮带"作用。

高校教师的专业知识强，理论素质高，知识面广，综合素质一般都比较高，但因为科技的发展日新月异，新理论层出不穷，只有与时俱进，及时更新其自身的知识结构，才能跟得上时代发展的步伐和教育的需求。为此，促进科学研究与高等教育的融合发展，是建设创新型国家的、培养高层次人才的必然选择。为此，在高校教学改革中，高校工会应当加强教育和培训，探索更多的教育形式，丰富教育内容，同学校党政部门共同努力，端正学校政风、教风和广大教职工的工作作风，把广大教职工的注意力吸引到学校的改革和建设中来，共同致力于学校的长足发展。在高校工会工作中，特别要注意为青年教师提供更多的学习空间，鼓励青年教师参与各类学术交流活动，帮助他们获得前沿的学术动态，为实践经验不足的青年教师提供实践锻炼的资源，为青年教师的小型学术交流会提供一定的场地和后勤支持，促进青年学者间的交流与合作。

新时代教代会功能定位及其实现路径研究

纪委办公室　刘江涛

摘　要：党的十九届四中全会报告明确提出了坚持和完善中国特色社会主义制度、推动国家治理体系和治理能力现代化发展的目标。到2035年，将基本实现国家治理体系和治理能力现代化；到中华人民共和国成立100年，将全面实现国家治理体系和治理能力现代化。而高校治理体系和治理能力现代化本身也是国家治理体系和治理能力现代性的主要部分，其中，教代会作为党委领导下教职工群体参与学校民主决策、民主监督的基本形式，其职能的落实无疑是完善新时代高校治理体系的重大突破口。通过教代会制度的改革创新，进一步实现高等学校教职工代表大会在新时期教育管理体系中的重要角色，同时也是对社会主义高等教育强国工程和"双一流"工程的助力和推进，更成为进一步推动中国教育管理体制和社会治理能力现代化建设的需要。

关键词：教代会；新时代；功能定位

一、新时代教代会的功能定位

为进一步发挥教代会的职权效应，首要之举便是对新时代教代会的功能作用加以明确。根据各法律法规的规定，现总结为以下几点：

（一）维护教职工合法权益

《工会法》第2条明确确定了职工组织的团体性质，即职工组织是由全体职工自觉组成的代表企业工人阶层的社会群众团体。第6条中，规定了工会的基础职责，即工会应当密切联系职工，听取和反映职工的意见和要求，关心职工的生活，帮助职工解决困难，全心全意为职工服务。具体到学校的教职工委员会，其基本工作就是保障教职工的正当权益，主要体现在联系教职工、倾听并表达教职工的建议与诉求、关注教职工的日常生活、帮助教职工缓解困境、全心全意为教职工群体服务等方面。另外，《中共中央关于加强和改进党的群团工作的意见》指出："维护群众合法权益是群团组织的重要工作。各级党委和政府要把群团工作纳入党政主导的维护群众权益机制，支持群团组织在维护全国人民总体利益的同时更好维护各自所联系群众的具体利益。"教代会作为高校工会组织行使职权的重要形式，其基本作用当然是代表教职工群体，维护教职工的合法权益。具体而言，应当体现在以下几个方面：第一，牢固树立以人为本、以教职工为本的工作理念，构建和谐的校园环境和工作关系，通过协调学校有关部门，建立健全教职工维权机制，及时跟进教职工的利益诉求；第二，关心教职工群体的健康，组织开展有效的减压活动和定期体检，提升教职工群体的身心健康水平；第三，关心女性教职工的特殊需求，根据《中华人民共和国妇女权益保障法》（以下简称《妇女权益保障法》）、《中华全国总工会关于加强企业工会女教职工工作的意见》等法律法规的有关条款，为女职工提供便利的服务，并保障女职工在经期、孕期、哺乳期等特定时期内的权益；第四，提供有利条件，以鼓励教职工职业与专业的发展，动员和教育教职工以主人翁态度对待教学教育，爱护国家和校园的财产，遵守教学纪律，发动和组织教职工努力为社会主义教育事业作出贡献。[1]

（二）民主管理和民主监督

民主管理工作与民主监督工作，是全体教职工群众通过教代会参加学校教育行政管理活动的基本权利，也是现代大学制度的重要组成部分，我国法律法规对此有明确规定。首先，根据《中华人民共和国宪法》（以下简称《宪法》）第2条，人民依照法律规定，通过各种途径和形式，管理国家事务，管理经济和文化事业，管理社会事务。法律也规范了人民参与监督管理国家事务的基本权利，这是教代会权利得以保障实行的根本法律依据。其次，《学校教职工代表大会规定》按照民主集中制原则，确定了学校教代会代表参加

---

[1] 参见吴岚、胡劲松："'双一流'大学建设中的工会教代会职能"，载《高教探索》2017年第7期。

学院内部治理、民主管理和民主监督工作的基本权利，包含但不限于听取学校工作汇报、评价领导干部、参加会议决定工作、监督决策落实。在具体实施上，一方面要从源头参与涉及教职工基本权益的重要事项的决策与执行，包括源头参与制定学校基本制度、源头组织制订学校发展计划和重要的管理标准、源头参与学校财务预算、源头参与其他学校重大事项决策等；另一方面是以权利制约权力，通过教职工群体的切实参与，确保权力的正确履行和合理限制。可以说，民主管理工作是民主监督管理的最有效前提，而民主监督管理也是民主管理工作的重要保障。二者相辅相成，构成教代会在新时代高校治理体系中的重要纽带。

（三）推进高校治理体系现代化

中共十八届三中全会审议通过的《中共中央关于全面深化改革若干重大问题的决定》明确提出了"推进国家治理体系和治理能力现代化"，这是中国首次将管理工作着眼于现代性构建，其实质是坚持党的领导，强调各方积极参与，充分发挥体制优势和人民优势，逐步达到国家管理工作的规范性、程序式、民主化。党的十九届四中全会上更进一步明确提出了推动国家治理体系和治理能力现代化发展的目标。高校管理作为中国社会综合治理的重要部分，必须严格遵守法治规范，顺应国家治理体系和治理能力现代化的需要，以促进自身治理体系和治理能力的不断进步。而教代会是党委领导下教职工群体参与学校民主决策、民主监督的基本形式，不仅具有法律赋予的参与民主管理和民主监督的天然优势，还代表着高校治理最广泛群体的根本利益，具有强大的群众基础。可以说，教代会职能的履行与我国政府管理体制和社会治理能力的现代化需要高度结合。如果教代会形同虚设，教职工听取、审查、讨论、建议和监督学校章程、重要变革和重要问题的解决方案、专项技术工作报告、教职工待遇等各类事项的合法权利无法落到实处，那么高校管理部门便无法进行党的十九大报告中对工会组织明确提出的加强"三性"、去除"四化"等要求，无法代表广泛的群众利益，从而也就不可能实现高校治理体系和治理能力的现代化。

二、实现教代会功能的机制变革

教代会职能的落实是完善新时代高校治理体系的重大突破口，但制度体系在运行的过程中却存在着诸多问题，例如法律法规滞后、教职工或教代会代表参与度不高、民主意识不强、监督职能失灵等。为保障新时代高校治理体系的发展，教代会的机制变革迫在眉睫。因此，针对上述现实问题，提出以下建议：

（一）坚持党的领导，提升民主政治站位

强化党的领导是必须之举，通过高校党委领导教职工代表大会，以保障教职工代表大会正常执行职能，在积极参与高等院校的民主集中制管理工作和民主集中制监督机制、保障广大教职工的权益等工作方面起到了作用。同时，高校党委把教代会决议的落实工作作为管校治校的重要工作内容，并采取切实措施予以保证。另外，全国高等学校教职工委员会要坚持党的路线和方针政策，围绕高等教育强国战略和"双一流"的建设，切实代表全国广大教职工群体，积极开展有益于保障广大教职工合法权益的工作，持续推动高等教育管理体制和管理能力的现代化进程。[1]此外，高等学校董事会还将着重增强民主管理与民主监督的意识，并针对教代会代表在学校工作流程中的重点与难点问题，进一步细化教代会职责并进一步健全校务公开机制，以维护教代会代表积极参与高校管理的权益，并调动教代会代表积极参与高校内部事务管理工作的积极性和主动性。总而言之，只有不断加强高校党委对教代会的领导，提高学校领导对教职工群体参与民主管理与民主监督的重视程度，才能使教代会发挥其应有作用，打造充满人文气息的和谐校园。

（二）完善相关制度，优化顶层设计

首先，要及时修订相应法律法规和制度政策。按照新时期国家治理体系和治理能力现代化的总体目标，明确高校与教职工群体、教代会的法律关系，为后续工作的开展奠定基础。同时，针对法律法规中未能明确规定的内容，严格依据职权进一步细化完善，使教代会开展各项工作有法可依。其次，要明确权力界限。目前，学校管理中存在党政机构、教育专业组织及参加民主管理和民主监督的教代会等，不同机构依照多元说理论共同参与高校治理。因此，应当进一步明确权力结构，划分各自权力界限，避免职能冲突、职责混淆等不利于高校治理的现象发生。最后，要完善制度设计。一方面，要适时按照上级机关规定制定校务公开规章制度，并按照学院规定适时修改院级

---

〔1〕 参见张瑶宁："高校教代会制度建设有效途径初探"，载《中国劳动关系学院学报》2016年第5期。

教代会会议工作细则、教代会提案工作细则等规章制度文本，以融入新时期管理精髓，并规范教代会各项管理工作的有序进行；另外，还要研究形成新型的社会民主管理工作机制，如我校教代会政务公开机制、我校教代会代表日常管理工作监察保障制度等，以扩大教职工代表参加我校民主管理和民主监督工作的途径，以保障我校教职工人群体知情权、参加权、监督权等各种社会民主权利的有效履行。

（三）增强教代会代表和教职工参与度，增强权利保障

对于教职工权利保障的理论探索，可以从权利行使、民主意识、监督复位等方面逐一破解。首先，继续坚持高校政务公开工作，拓宽教职工群体知悉学校改革建设和涉及自身合法权益等事项的信息渠道，为教代会代表参与高校民主管理与民主监督提供强有力的支持。其次，应当拓宽教职工群体的发声渠道，通过线上互动平台、宣传栏、线下研讨等各种途径继续强化对教代会的认识与了解，鼓励教职工群体积极投入高校治理的法治化建设。再次，注重培养教职工群体的法律意识，提高其对组织机构权利义务的认识以及新时代社会治理法治化的建设觉悟，通过劳动权益保障与维权的知识普及，为职能部门、领导干部和教职工代表做到依法治校提供认识基础。最后，政府应真正重视教代会民主监督职责的履行，通过高等教育管理的民主化和管理方式的多元化防止权力的滥用，不断完善高校的管理结构，积极推进高校民主管理。

（四）不断创新工作体制，优化组织架构

习近平总书记在和全国劳动模范代表座谈时曾表示，"时代在发展，事业在创新，工会工作也要发展，也要创新。"[1]为顺应新时代"中国之治"的新境界，教代会在服务高校治理中应当围绕理念和方法两个角度革故鼎新，不断完善高校治理体系。第一，从工作宗旨上，必须贯彻以人为本的思路，履行基本职能，保障教职工群众的合法权益。例如，利用线上线下多种平台，关注教职工群体所面临的现实问题，及时做好疏通交流，避免矛盾的进一步激化，如联合学校相关部门，建立申诉调解机制，协调化解纠纷矛盾、消除

---

〔1〕 习近平："在同全国劳动模范代表座谈时的讲话"，载《人民日报》2013年4月29日，第002版。

误解，促进劳动关系和谐化。[1]又如，有针对性地关注女性教职工的职场难题，为其提供人性化服务，打造"妇女之家"等场所，帮助女性教职工缓解心理压力，缓解其在哺乳期、产期等各阶段所面临的职场压力与相关难题。第二，在工作方法上，一要保证教代会开展各项工作的独立性，避免其他组织或个人的干预；二要充分发挥院系教代会作用，自下而上地保障教职工群体参与高校民主管理与民主监督；三要建立健全教代会代表提案工作机制，通过制度保障激励教职工代表认真履行工作职责，保证教职工代表撰写提案的积极性与提案内容的可操作性；四要创新工作方式，利用互联网和新媒体推进"互联网+创新"，不断满足高校发展的多元化需求。

三、结语

教代会在新时代高校治理体系中的重要作用是毋庸置疑的，其不仅是联系高校与教职工群体的重要枢纽，也是构建和谐校园、推进高校治理现代化的关键所在。针对教代会在现有高校体系运行中所暴露的现实问题，高校治理的下一步发展应当依照多元说理论，不断完善教代会的工作制度，着眼于加强党委领导、完善制度设计、增强权利保障、创新工作机制、优化组织结构。以全国高校教职工代表大会作为基于章程与法律规定的多元善治的制度创新突破口，审时度势、顺势而为、乘势而上，持续推动中国高等教育管理体制与管理能力现代化建设，让中国高等教育真正成为培养人才的摇篮、教书育人的胜地、教师生活的乐园、社会改革示范的典范。

参考文献：

〔1〕翁松栩："现代大学制度下高校工会角色定位的研究"，载《中国教育学刊》2015年第S1期。

〔2〕蔡连玉、李海霏："我国高校内部治理的制度变迁（1949—2018）：基于历史制度主义的分析"，载《清华大学教育研究》2019年第2期。

〔3〕李福华："新时代我国大学治理的基本特征、优势特色及推进路径"，载《高等教育研究》2018年第4期。

---

〔1〕 段龙龙："和谐劳动关系构建视域下高校工会面临的新挑战及应对策略研究"，载《山东工会论坛》2019年第4期。

论高校教职工维权中存在的问题及解决对策

学生处　王子嫣

摘　要： 高校工会是由广大高校教职工凭借自愿的原则组织在一起的，担任的角色和高校工会的职能赋予也是秉承工会性质的。本文立足对高校广大教职工的合法利益进行维护，根据高校工会的现实情况展开研究，发现其中存在的问题，分析深层的原因，克服不便于发挥高校工会职能的困难，以期对维护教职工的合法权益的力度进一步加强，对逐步完善和拓展高校工会的维护职能发挥一定作用。

关键词： 高校教职工；维权；高校工会

一、高校教职工特点及权益侵害的风险分析

（一）高校教职工特点

对于高校阶段的教职工来说，其工作的重点是最大限度地体现自我价值，追求自主性、个体化、多样化和创新精神等方面。高校阶段与传统职业的发展阶梯和以晋升为主的激励系统相比，更具使命感与自豪感，具体表现为：①思想政治工作复杂多变。对教职工的思想政治教育缺乏说服力，活动缺乏感染力，在观念、内容、方法、体制及队伍的创新方面显现出一定的滞后性。②教职工的需求不断增长。教职工希望思想政治工作能够发挥和体现作用的重点，都是与经济利益直接联系或密切相关的方面，表现出很强的功利性和务实性。③教职工的个性呈现多样化发展态势。随着和谐社会的建设，社会民主化氛围更加浓烈，人们的自主意识、独立个性和人格得到凸显。

（二）高校教职工权益侵害的风险分析

1. 科研、学术活动受到侵害

科研活动本应是科研人员一种内在的价值追求和自我实现，但是，由于社会功利心态和物质利益影响，很多人把科研看成是职称、职级晋升的砝码。教师职称评定、先进评选、晋级与福利待遇都和承担科研项目的级别和数量、科研论文的多少或发表的刊物等级相关。这种现象导致教师很难静下心来做学问、搞研究，常常为了评职晋级搞短促突击，写出不切实际、脱离实际的所谓"论文"，以求达到或超过评职晋级的硬性指标。在功利主义泛滥的情况下，学术不端也就相应产生。所以，高校教师自身合法权益受到科研数量考核的侵害比较严重。

另外，高校行政管理部门在各种科研评估、检查中，通常都是把科研课题和科研论文的数量作为评估的基本条件加以量化，致使各高校在教育科研上重数量、轻质量，把片面追求科研成果的数量当做学校迎检的重要任务，很难产生高质量的基础理论研究成果和为地方经济社会发展起理论支撑及应用服务的研究成果。这种科研量化管理机制是跟职称、地位、名誉等利益挂钩的，从而出现急功近利、粗制滥造的低水平文章重复发表等现象，使得科学研究失去了自身的价值。[1]

2. 知情权、参与权受到侵害

案例：某校人事部门关于教职工津贴发放规定中按照职称等级不同，发放金额不同的津贴办法不合理，向高校教职工做出调查问卷，问卷结果显示，90%的教职工同意修改规定，并赞成新的办法。人事部门随后向高校工会提出修改后的津贴发放规定，申请新的规定经过教代会通过并颁布实施，高校工会批准并提上会议议程。在工会上人事部门宣读新的关于津贴发放规定，并做出修改解释。按照工会会议议程，在人事部门宣读新规定后，教职工代表听取规定并进行表决，表决结果为同意修改原规定并按照新规定颁布并实施。按照工会的结果建议人事部门将新的办法进行公示，但是人事部门并未将新规定公示，而以规定尚未成熟、没有得到所有教职工赞成为由，拒绝实施新的津贴发放办法，高校工会对人事部门的答复没有做出相应措施，最终

---

[1] 参见俞静芝、周燕："高校工会工作在校园文化建设中的作用分析"，载《现代职业教育》2022年第1期。

新的津贴办法没有颁布实施。[1]

上述案例说明了高校工会存在着办学开放度不高、教职工很少参与学校管理、职工代表大会可有可无等问题。这都侵犯了教职工的知情权、参与权和建议权，在一定程度上说明学校缺乏监督部门，工会对新修正的工会法了解不全面。新工会法除了侧重维护职工经济权益外，在维护职工民主管理权利方面也作了规定，但是却缺乏相应的具体措施与明确的方式。

3. 人事方面的诉求受到侵害

案例：高校某职工在校工作 6 年，为提升自身要求，也是发展需要，向人事部门提出报考读取法学类博士学位的申请，人事处以目前校内只允许思想政治类在职博士点，不允许其他的在职博士点为由将该申请驳回。按照人事部门关于在职教职工就读硕士、博士等规定，符合在校工作满 3 年，可以向人事部门提出报考在职硕士、博士学位的申请。该职工向高校工会提出人事争议调解，经多次会议协商人事部门依然以规定为由拒绝申报，最终该职工离职报考博士学位。通过本次人事事件显现出两个重要问题：其一，关于教职工报考硕士、博士学位的规定是比较陈旧的规定，无法满足新时期高校教职工的需求；其二，人事部门没有根据现实情况，合理地做出决定。[2]

通过案例可以看出，人事部门的诸多规定无法满足新时期高校教职工的现状需求，高校工会缺乏对相关政策规定的认识，没有及时将问题反映给相关职能部门，导致教职工的利益受到了损害。高校工会维权制度存在缺陷，导致人事争议事件结果的不理想，无法做到维护教职工的合法权益，作为教职工权益的维护部门，当问题出现时，没有第一时间了解情况，对教职工进行调解维权。

（三）高校工会自身维权存在的问题

1. 教职工对工会信任度不够

高校工会受上级工会和同级的党组织的领导，想要更好地履行维权职能则需要相关部门的配合。但是在现实中，行政部门往往认为教职工开展文化

---

[1] 参见高喜军："加强高校教师思想政治引领工作研究——基于工会工作视角"，载《北京教育（高教）》2021 年第 2 期。

[2] 参见贾晓敏："新时代高校工会加强思想政治工作研究"，载《办公室业务》2021 年第 7 期。

体育活动才是高校工会的任务，把教职工的社会保障福利以及文化宣传活动搞好，认真完成上级下达的任务就可以了，一旦出现劳动争议则由劳动部门进行协调。因此，高校工会的维权职能所处的地位很尴尬。正是因为这样，教职工在自身权益受到侵害的时候，通常情况下都不会找高校工会求助，要么直接找领导，要么找别的方法，对高校工会的维权职能表示不信任。

2. 工会角色的错误定位

从性质上来说，高校工会是学校教职工自愿结合的群众性组织。高校工会是完全独立的法人，这是法律明文规定的。但现实情况是，高校工会一方面在学校经费上受到制约，另一方面高校工会没有人事权力，对高校有很强的依附性，这些原因造成高校工会严重行政化。所以在调查问卷中选择高校工会是学校的行政部门的教职工占了很大比例，他们认为高校工会是行政部门而不是教职工权益的代言人，出现了维权角色的错位。

3. 维权执行力不足

结合实际不难发现，高校工会的维权范围越来越小，主要体现在保障教职工生活，提高教职工综合素养，提升教职工福利待遇，组织教职工参与文化体育活动，组织教职工学习培训上，在关系教职工切身利益的民主参与管理学校事项和劳资关系的协调上没有充分发挥作用。

二、高校工会维护教职工权益原因分析

（一）内部原因

1. 维护权益范围狭窄

法律赋予高校工会维权的范围，高校工会依据法律开展维权行为。正当维权的定义认为高校工会在教职工以及党政之间起到承上启下的桥梁作用，把开展好文化体育活动，做好职工福利待遇看作是高校工会的主要维护职能。其一，对于参与管理高校，高校工会没有多过的关注；其二，高校工会把眼光停留在教职工部分利益的维护上，而忽略了整体的利益维护，没有真正发挥其维权职能。

2. 工会存在依附性

高校工会的依附性主要表现在人事权力上有较强的依附性，高校工会的法定代表人为工会主席，与高校工会权利的行使及教职工维权有着紧密的联系。虽然工会人员在名义上有自主选择主席和副主席的权利，然而在实际选举过程

中却强行加入了党委的意志。在这种模式下，存在的弊端是非常明显的：高校工会主席的权力是同级党委以及行政给予的，所以才造成高校工会主席的行为偏向于行政以及党委，使高校工会代表广大教职工的利益受到一定程度的弱化。

3. 经费得不到保障

高校工会的经费的作用是举办活动、维护广大教职工基本权利，保障社会矛盾的调节和社会主义和谐社会的构建。其一，没有明确的工会经费来源，工会经费的收取没有完全制度化。根据中华全国总工会、财政部《关于新〈工会法〉中有关工会经费问题的具体规定》，我国工会经费的收取是按教职工每个月工资总额的 2% 提取，具体拨交手续，按照全国总工会和中国人民银行工总财字 [1989] 16 号通知的规定办理。但是，我国高校教职工的收入以及分配方式有许多种不同的形式，此收取方法不能够完全保证工会经费的全部收缴。其二，缺乏监督制度，在工会经费的管理上没有较公开透明的信息制度，导致浪费或滥用工会经费的情况严重。不能科学系统地管理工会经费，工会经费超支、多支现象较多。

（二）外部原因

1. 缺乏维权的思想基础

高校工会受党政的下属部门的思想影响，认为党政工作是高校工会工作的中心，坚决以党的思想方针来开展高校工会的工作，对教职工的思想教育和开展文化体育活动较为关注，没有全面系统地了解高校工会的职能，严重的还会出现认知错位的现象。因为这样，如果教职工权益受到侵害，就不会依托高校工会来进行维权。高校工会被教职工看成是行政部门、学校管理的助手，而不是维护他们权益的代言人。

2. 缺乏维权的法律手段

新工会法中明确规定工会的义务就是维护职工的合法权益。然而在该法中，只是表述了维权的基本问题，就像《工会法》第 21 条第 3 款中有这样的表述：企业、事业单位、社会组织违反集体合同，侵犯职工劳动权益的，工会可以依法要求企业、事业单位、社会组织予以改正并承担责任。[1] 从这一法律条款来看，不难说明，交涉权，协调权，建议权是工会的维权表现，这中间是不存在决定权的。这使得教职工的合法权益受到侵害时高校工会无法

―――――――――

〔1〕 参见 2021 年《工会法》第 21 条。

用法律手段对其维权，造成维权乏力。

3. 法人地位名实不符

独立法人的身份只有在对自身财产独立以及完整的维护时才被强调，在广大教职工的合法权益的维护上却发挥不了独立法人资格的作用。这一现象的产生的主要原因是工会不能独立承担法律责任。《工会法》第六章中，对于工会工作人员对工会法不履行时需要承担的法律责任只反映在第 56 条："工会工作人员违反本法规定，损害职工或者工会权益的，由同级工会或者上级工会责令改正，或者予以处分……"〔1〕对于合法权益的侵害发生在工会以及工会成员上的法律责任则通过剩下的条款进行说明。通过上面的内容不难发现，法律法规里面有规定来维护工会或者员工的权益不遭到侵害。然而，如果工会不维护广大职工的利益的时候，在法律规定上却没有相关的处罚，也可以这样来理解，工会只是享受权利却不用承担相应的法律责任。

三、高校工会维护教职工权益的建议和对策

（一）基于内部改善的策略

1. 依法维护教职工的权益

在维护职工权益的过程中，高校工会首先要把握好维权的边界，依法维权，做好工会与教职工在法律方面的培训与宣传，维护教师的学习权、发展权、知情权。〔2〕其次，高校工会的维护服务人员要依据法律建设和完备的工会源头参与机制，把教职工组织起来参与到学校的发展、制定改革方案中，维护教职工的建议权，充分听取广大教职工的意见和建议。最后，强化法律援助机制建设，中国工会的十六大报告里面提到，要依据法律建会、依据法律管会、依据法律履职、依据法律维权。对高校工会来说，一定要把维权工作纳入法治的轨道。

2. 改革工会干部的任命方式

《工会法》第 10 条规定，工会各级组织按照民主集中制原则建立，各级工会委员会由会员大会或者会员代表大会民主选举产生。各级工会委员会向

---

〔1〕 参见 2021 年《工会法》第 56 条。
〔2〕 参见郭静琰："高校工会政工干部创新素质的培养与提升"，载《佳木斯职业学院学报》2021年第 5 期。

同级会员大会或者会员代表大会负责并报告工作，接受其监督。工会会员大会或者会员代表大会有权撤换或者罢免其所选举的代表或者工会委员会组成人员。高校工会这一特殊的任命方式也要遵循工会法要求，如下所示：

（1）普及高校直接选举工会主席

其一，高校工会会员的主体地位需得到突显。直接选举使任何一个会员都具有选举权，使民主以及会员选举权得到加强，使会员的主人翁感加强。其二，高校工会主席的维权意识应得到强化。工会主席通过直接选举的方式进行确立，党政部门则不能对其进行操控，工会主席的去留由全体会员决定，工会主席以及干部的工作压力得到强化，这样一来不光对工会干部有激励作用，还会使工会主席的责任感得到加强，使教职工的合法权益得到较好的维护。[1]

（2）规范高校工会干部的任职资格

规定高校工会干部的任职资格，并通过民主选举方式确定人选。第一，具备个人素养，要求工会干部具有相关的能力及知识，提供服务。第二，在学校担任管理人员的人不能担任高校工会的干部。管理者的职务以及权力都是学校赋予的，代表的是学校。一旦存在学校跟广大的教职工之间发生矛盾，对合法利益进行维护是很困难的。

3. 完善工会经费管理制度

新工会法对工会经费的来源与监督制度进行了明确，除了工会会员缴纳的会费外，建立工会组织的全民所有制和集体所有制企业、事业单位、机关按每月全部职工工资总额的2%向工会拨交的经费；工会所属的企业、事业单位上缴的收入；人民政府的补助。我们国家是世界上唯一一个在《工会法》当中明确规定工会经费必须由用人单位进行缴纳的国家，正是这样，高校工会在经济上过于依赖学校，不能有力发挥高校工会维权的职能。可以从两个方面来改善这种情况：一方面，高校工会的经济来源应脱离学校，创造一种新的经费来源，使经费来源不依赖于学校，拥有独立性。《工会法》第45条第1款规定："工会应当根据经费独立原则，建立预算、决算和经费审查监督制度。"对于高校工会这一特殊的工会来说，提倡采用税收托管的方式收取费

---

[1] 参见许明、贾亚丽、张莉："新时代高职院校工会建设的困境及对策"，载《职大学报》2021年第2期。

用。税务机关接受所在地方的总工会的要求，来收取企业以及事业单位缴纳的工会经费，这就是税收托管的方式。

（二）基于外部改善的策略

《工会法》第三章对工会的权利与义务进行了明确，如第22条规定，企业、事业单位、社会组织处分职工，工会认为不适当的，有权提出意见。用人单位单方面解除职工劳动合同时，应当事先将理由通知工会，工会认为用人单位违反法律、法规和有关合同，要求重新研究处理时，用工单位应当研究工会的意见，并将处理结果书面通知工会。职工认为用人单位侵犯其劳动权益而申请劳动争议仲裁或者向法院提起诉讼的，工会应当给予支持和帮助。第23条规定，企业、事业单位、社会组织违反劳动法律法规规定，侵犯职工劳动权益的，工会应当代表职工与企业、事业单位、社会组织交涉，要求企业、事业单位、社会组织采取措施予以改正；企业、事业单位、社会组织应当予以研究处理，并向工会作出答复；企业、事业单位、社会组织拒不改正的，工会可以提请当地人民政府依法作出处理。

1. 构建维权履职监督机制

高校缺乏有力的监督机制来衡量和监督工会维护教职工权益能力水平，以及维护教职工权益的作用发挥的好坏等，如果有监督机制，就可以起到监督和管理的作用。[1]针对监督工会工作，高校应成立专门部门负责此项工作。实际情况是教代会可以对工会工作起到监督作用，但是在许多高等学校，教职工代表大会的制度还不健全，如果成立专门的部门来对高校工会的工作以及职能履行情况进行监督，就可以促使高校的工会在职能履行方面发挥更大的作用，促使高校工会更好地维护教职工的合法权益。监督部门甚至可以以强制方式来实施监督工作。

2. 加快高校管理体制改革

建立明确的考核制度。考核制度就是将工作目标进行详细说明，把工作任务逐条分解，使具体的工作可以进行量化，加强考核力度，使工作业绩对应相应的奖励和惩罚，考核的结果可以为以后获得奖惩以及进步提供依据。监督机构的初衷应该考虑广大的教职工，尽量不被学校控制，这样才能具有

---

〔1〕 参见赵秀波："对如何做好新时代高校工会工作的几点思考"，载《大庆社会科学》2021年第3期。

第三方的公正性。

3. 明确工会法律责任

第一，维护职工合法权益是高校工会需要履行的义务，不是可以随意放弃的，如果没有进行维权，就应该依法接受相应的制裁。

第二，如果工会工作人员违法，工会用不用承担责任这一问题可以从以下两个方面来解释：第一方面，工作人员在工作的过程中有违背新修正《工会法》规定的，所需要承担的法律责任应该由工会承担。因此应在《工会法》里加入工会对劳动者的合法权益侵害的情况，工会应以自身的法人财产进行赔偿。第二方面，工作人员并不是因为工作原因而违反法律规定的，相应的责任就应该自己承担，与工作人员所在的工会没有关系。

第三，针对不同用人单位工会应承担相应的法律责任。新修正的《工会法》中有规定工会是职工的代表，与用人单位开展平等协商以及签订集体劳动合同。假如企业侵犯职工合法权益违背了劳动合同，工会就可以依法迫使企业来承担相应的责任。然而若是工会违反了劳动合同，同时又组织职工集体罢工等行动，就没有法律规定其应当承担责任。因此，应该在《工会法》中加入此项内容。

四、结论

对高校工会展开的理论研究以及社会实践中，都需要解决的一个核心问题就是教职工合法权益的维护。当下是市场经济不断发展的时代，教育领域也随之发生变革，对高校工会维护教职工权益的研究，具有重大的理论意义和实践作用。希望本文的研究可以为进一步丰富工会的理论基础作出一定的贡献，为探寻在社会制度改革下维护教职工权益的新途径以及新机制提供思路和理论依据。

换届聘任与员工职业发展

——高校行政管理人员职业发展权益维护的再思考

学生处　解廷民

　　摘　要：以高校换届聘任工作为切入点，通过总结分析高校行政管理人员换届聘任中一些现象和不足，结合新时代高校工会工作的新形势、新要求，从工会权益维护职能的视角提出关注高校行政管理人员职业发展的必要性和相应建议，以促进学校人事制度改革和中心工作的正常开展。关注行政人员职业发展高校工会可以有所作为。

　　关键词：行政管理；职业发展；维护职能

　　全面推行聘用制，建立符合高等学校办学规律、充满生机与活力的用人制度，是深化高校人事制度改革的重要内容。高校每四年进行一次的换届聘任已成常态，逐步为人们所接受。对涉及的学校行政管理人员来讲则无异于是职业发展中的大事情，处理是否得当对个人职业发展、学校工作的正常开展都有可能产生一定的影响，甚至会改变自身今后的职业发展走向。从工会权益维护职能的视角来看，或许需要对学校换届聘任工作予以一定的关注、参与，从而行使好维护职能、切实促进学校人事制度改革和中心工作的正常发展。

一、新时代高校工会工作的新挑战

　　2018 年 10 月，中国工会第十七次全国代表大会在北京召开。习近平总书记在同中华全国总工会新一届领导班子成员集体谈话时指出，工会要坚持以职工为中心的工作导向，抓住职工群众最关心最直接最现实的利益问题，认真履行维护职工合法权益、竭诚服务职工群众的基本职责，把群众观念牢牢根植于心中，哪里的职工合法权益受到侵害，哪里的工会就要站出来说话。[1]

维护职工合法权益无疑是工会的基本职责。近年来，对于职工合法权益内容的理解，已经不仅仅是通常意义上的政治权益、经济权益和发展权益。发展权除了包括职工的选举权、知情权、表达权、参与权、监督权外，也包括职业发展权。从工会维护职工权益的传统做法来看，工会往往更加侧重于维护职工的政治权益和经济权益，而对职工发展权益及其维护存在一定的认识不足、维护不够。在当前"双一流"建设的背景下，如何更好地发挥教职工的主体作用、更加充分地维护和促进教职工的职业发展，对于高校而言无疑具有重要的现实意义。关注教职工的职业发展、维护好教职工发展权益应成为高校基层工会工作改革创新的重要内容，在学校整体工作中应加以完善和体现。

二、高校行政管理人员换届聘任中一些现象与产生这些现象的原因

作为高校的组织管理者，行政队伍是一个不容忽视的重要群体，能否各司其职、发挥出强大的聚合力和高效率，关系到高校内部生态的良性发展。学校换届聘任工作中一般存在如下一些现象：从应聘者个人心态上看，有的人早已萌生去意，"身在曹营心在汉"；有的人在现有岗位多年，职业发展遭遇"瓶颈期"，如遇有一定发展前景的岗位不妨会去试一试；有的人限于子女上学等实际的考虑，也想趁机寻找有没有适合的岗位。从部门领导心态上看，有的领导对下属提出转岗出乎意料，匆忙应对；有的不满意下属的工作状态，认为其投入不够或是不能胜任，期望其适当调整、尽快到位。从表现上看，貌似有条不紊，实际存在"乱象"，如尽管要求各部门将调整需求信息各自公开，但缺乏统一发布平台，调整意愿和需求岗位信息不对称；部门间存在"不平等""抢人""挖人"现象，从学校整体工作来看，无异于拆东墙补西墙，纯属"无用功"，诸如此类。以上情形一定程度上影响了有关部门乃至学校整体工作的稳定、健康开展，对是否有利于相关人员职业发展恐怕也存在

---

[1] 参见"习近平同中华全国总工会新一届领导班子成员集体谈话并发表重要讲话"，载 http:// www.gov.cn/xinwen/2018-10/29/content_ 5335515.htm。

一定的未知数。

产生上述现象的原因，主要有以下方面：

一是行政管理人员职业发展遭遇"瓶颈期"。主要是指行政管理人员在入职后经过一段时间的工作适应、成熟后，自身发展左右徘徊或停滞不前，导致其在工作中表现为懈怠、缺乏创新、不思进取等情形。导致这些情形可能与诸多因素有关，但人岗匹配度不高可能是其中重要的因素。尽管学校补充人员时公开招聘、严把"进人"关，但难免招聘机制存在一些不尽完善的方面。同时，人员招聘是一个非对称的双向选择过程，既要做到学历、能力与岗位相符，还要适应未来工作环境和新的人际关系。部分应聘者学历高、期望值高，其应聘行政管理岗位只是基于现实的考虑，缺乏适当的发展规划，或并非自身真实意愿，仅仅作为权宜之计。客观上存在一定的岗位不适应、人岗匹配度不高的情形，一定程度上影响了他们自身的发展。

二是对行政管理人员职业发展关注不够。行政管理人员的职业发展往往有两个诉求，工作待遇和晋升空间，这直接影响着他们的工作积极性和个人发展。高校人事制度改革也使得行政管理人员在竞聘上岗和职位晋升上面临着越来越激烈的竞争，一定程度上也催生了员工对其职业发展的内在需求，对其职业发展提出了更高的要求。在高校"双一流"建设的时代背景下，高校教学科研人员队伍建设成为人事制度改革和管理的重点，得到前所未有的关注和重视，一些高校纷纷成立教师发展中心、党委教师工作部，并健全相应工作机制。[1]相对而言，对高校行政管理队伍的建设存在一定的忽视和重视不足。一方面，高校中层以上的管理岗位都是有限的，呈金字塔走势，很多高级管理岗位客观上都是选拔自高学历、高职称的"双肩挑"人才；另一方面，高校管理岗评定也存在一定的主观性强、较为笼统现象，自由裁量空间很大，因此又会面临人情关系等问题。[2]因此，中层以下行政管理人员通过管理系统内部晋升的希望非常有限。

基于上述分析，高校工会作为维护职工权益、保障员工发展的重要组织，有必要对教职工职业发展中出现的现象予以关注，结合新时期高校工会的新

---

〔1〕 参见"法大教师发展中心：探索教师发展新模式，助推青年教师成长"，载 http://www.sohu.com/a/195849428_407288。

〔2〕 参见王真真："高校行政人员职业生涯发展及对策"，载《四川旅游学院学报》2015 年第 1 期。

形势、新课题、新要求，加强研究、不断探索，力争有所作为。

三、高校行政管理人员职业发展权益维护的建议

（一）关注员工职业发展、提升人员能力素质

一般来说，高校行政管理人员具有高学历、高素质的基本特征，但进入行政工作岗位后，对其能力水平和综合素质提出了新要求。适应相应的变化、积极参加相应的培养和培训，对行政人员职业能力提升和发展都有很大的帮助。首先，在行政管理人员应当具备的素养中，政治素养无疑处在最核心的地位，行政管理人员需要具有坚定的政治立场、良好的政治品质。工作中他们既要以政策制度为依据，严格开展工作，同时又要结合面向师生、为群众服务的特点，以良好的精神风貌和思想境界，不断提升工作活力和改善工作作风。其次，对于高校行政人员来说，工作素养是行政工作中最为重要的方面，包含工作能力、协调能力和礼仪等内容。行政人员承担着承上启下的职能，面临纷繁复杂的业务内容，需要充分了解工作流程、制定贴合自己的工作方法，以经验和细心对待工作，并保持不断学习的态度。此外，上下关系、校内校外、部门间、同事师生各种关系角色纷繁，这要求行政人员能够妥善协调，公私分明，给自己创造一个少受干扰、相对清明的工作环境，这考验着行政人员的协调能力。工会有责任去了解各岗位的执行情况，倾听人员问题，从局外角度进行经验指导，帮助新人员顺利度过适应期，协助老员工解决新问题、学习新知识。再其次，高校行政人员需要具备较高的文化素质水平，不仅应当熟知基本的行政管理知识、政治知识、职业知识等，还要了解经济常识、人际交往知识、心理学等知识，如此才能正确理解高校中出现的各类问题，并针对性地做出正确处理。[1]最后，行政管理人员需要不断学习新事物，良性的学习驱动力和学习能力有利于工作人员更快适应行政工作并不断提升工作水平。工会可以发挥自身相关职能，开展相应培训、普及和指导，帮助行政管理人员提升自身素质和能力使其良性健康发展。

（二）健全完善资历与绩效的二重考察机制

行政管理系统往往以资历作为评价导向，造成同岗不同酬、资历优于能力等问题，基层行政人员中年轻、勤奋工作的行政人员很容易被忽视；另外，

---

〔1〕 参见高建宁："高校行政管理人员素质建设探究"，载《现代商贸工业》2017 年第 11 期。

行政人员通过职称评定来晋升又会受行政工作自身的限制，效果不好。为了达到激励效果，调动基层行政人员的积极性和学习热情，高校应当引入非单一的评价体系，将行政系统看重的资历和对工作全面评价的绩效结合起来，形成更为科学、更利于行政系统自身完善的考核评价体系。帮助建设更为人性和科学的考评机制、发挥自身建设和培养职能，工会组织可以有所作为。

（三）拓宽行政管理人员的职业发展渠道

行政工作在控制规模、保证效率的前提下，可以根据新政策和新问题对基层工作设置和结构进行适当改进，使人员的垂直晋升压力和路径横向分散，这并非因人设岗，而是通过创新工作内容，扩大职业发展的空间和路径，给基层行政人员充分发挥自己热情和工作兴趣的机会，这不仅能够提高行政人员工作积极性，还能使其获得事业成就感。另外，教学岗位和行政岗位之间可以适当互通，以人为核心，通过评价行政人员不同特质，分配对应事务。例如：有学术能力、有余力和科研特质的行政人员可以参与教学科研、担任基层任务，并予以科研、教学成果评定；组织管理能力强的可以委任领导工作等。工会可以在其中担任发掘特质、匹配特质的任务，做到真正人尽其才、工作满意的双赢效果。

高校非在编人员入会及权益维护情况的分析与思考

网络安全和信息化办公室　刘鑫淼　王　旭

摘　要：随着高校人事制度的改革，高校非在编人员比例不断攀升，维护好非在编人员的合法权益成为高校工会的一项重大任务。解决好非在编人员的入会及权益维护才能保证高校各项工作的顺利开展，保证高校和谐校园的建设。

关键词：非在编人员；高校工会；权益维护

随着我国高校教育事业的发展与办学规模的扩大，以及高校人事制度改革的不断深化，高校机构由过去单一的行政事业型向多元化的社会型转变，由过去的封闭型逐步向开放型转变。非在编人员比例在不断提高，并为高校的长足发展作出了很大贡献，日益成为高校持续发展中的一支不可忽视的力量。如何维护好非在编人员的合法权益，调动其工作积极性和主动性，增强其责任感与归属感，成为全国高校面临的普遍问题。本文在对中国政法大学部分非在编人员入会及权益维护问题进行实地调研分析的基础上，通过思考提出了相关解决对策。

一、非在编人员基本情况

此次接受调查的高校非在编人员总数为 69 名，其中男性 33 名，女性 36 名，在高校机构中主要从事教学服务、管理等工作，以及后勤、饮食、物业、电信服务等辅助性工作，而且绝大多数非在编人员并没有加入工会，其合法权益也得不到切实维护，因此引起的一系列问题对和谐校园建设产生了负面影响。这部分人员在进入系统工作时都经过了严格的挑选，在后续工作过程中也接受过相关专业培训，因此总体组织纪律性较强，具有重责任、守纪律的良好素质，懂得依靠工会组织维护自己的权益，大部分人的入会要求强烈。

二、非在编人员权益维护中存在的主要问题

（一）非在编人员缺乏对相关法律的了解

长期以来，高校主要依靠事业单位的管理办法来进行人事管理，随着高校人事制度改革的深入，《工会法》《中华人民共和国劳动法》（以下简称《劳动法》）等法律对于非在编人员权益的保护有着极其重要的作用，但是调研结果显示，在被调查的非在编人员中，一半以上人员都对《工会法》《劳动法》《北京市劳动合同规定》以及《中国工会章程》不了解，很多人员甚至从来没有意识到可以加入工会。这说明工会在指导和帮助非在编人员入会，以及维护劳动者的各项合法权益等方面还有很大的空间。另外，上级工会对非在编人员入会问题也缺乏足够重视。

（二）非在编人员了解工会组织的情况

非在编人员对于工会组织的了解程度越高，他们依靠工会组织维护自己合法权益的效果就越明显。通过调查显示，有超过一半的非在编人员表示有必要加入工会组织，认为通过加入工会组织可以方便其获得组织认同，自己的合法权益也可以通过工会得到保护。也有三分之一的人员对加入工会组织的看法是"别人加入我就参加"，也有少数人员表示因为流动频繁并没有考虑加入工会组织。

（三）保障非在编人员的合法权益情况

非在编人员在学校基层单位工会代表大会和教职工代表大会中的代表比例明显偏低，使得非在编人员通过工会、教代会等民主渠道表达和维护各项合法权益十分困难，通过党政部门不仅给党政部门增加了工作压力，而且提高了非在编人员维权成本，并且极易造成矛盾的激化，给校园和谐与安全带来不确定因素。通过调查表明，85%的被调查人员认为个人维权意识弱，92%的被调查人员认为非在编人员薪酬偏低，另外，大家普遍反映自己的人格尊严受到歧视。由此可见，非在编人员不仅需要获得工资、福利等方面的提升，而且还非常希望获得所在部门、单位组织的认同，在自身遇到困难的时候组织能够伸出援手维护其合法权益。

三、非在编人员入会面临的主要问题分析

《中华人民共和国劳动合同法》第 78 条规定："……劳动者申请仲裁、提起诉讼的，工会依法给予支持和帮助。"工会作为代表职工利益的群众组织，基本职责是依法维护职工的合法权益，因此，非在编人员可以通过加入工会组织，依靠工会组织保障自身合法利益。目前，有诸多因素制约着非在编人员的入会问题，主要问题如下：

（一）会籍管理制度的制约

工会的会籍管理制度相对稳定，与非在编人员流动频繁、工作状况不稳定等现象存在着矛盾。例如在实际工作中工会吸收了部分非在编职员，但是在短期工作后便离开了单位，且未办退会手续，造成会员在到了新的工作单位后会员身份难以确认的后果。另外，工会在制度方面的不完善因素也会造成非在编员工对工会的信任与依赖程度较弱，因此工会自身需要根据实际做出相应的调整，并根据实际情况对非在编员工进行教育、引导和管理。

（二）现行管理体制的约束

在现行高校用人体制的管理下，高校教职工的身份日趋多元复杂化，各类人才的流动性较大，虽然高校体制依据现实有所调整，但与非在编人员相关的管理方面的法律、法规以及相关文件还存在很大不足。尤其是我国户籍制度与公共资源分配以及社会保障体系之间存在的冲突，给非在编职工的工作带来了一系列问题。对于外地户籍的教职工在组织中的地位远不及正式职工优越，他们的收入、福利也和正式职工有很大差距，权益也缺乏一定的保障，这些都是体制改革过程中不可避免的现实问题。

（三）经济利益的约束

高校的经济成本和利益格局限制了非在编人员的入会。非在编人员的入会所享受的基本社会保险和相应的待遇会增加高校运行成本，给高校的财政运行带来一定压力，因此高校出于经济上的考量会限制工会成员的增加，只限在编人员、符合条件员工加入，缩小了工会工作的覆盖率，对非在编人员的入会造成了一定影响。

（四）缺乏政策性指导

上级工会组织对非在编人员如何加入工会缺乏具有明确指导性的法律文本以及相应规定，缺乏积极的宣传指导，因此非在编人员加入本单位工会，

以及系统了解工会组织的目的、意义、权利等都容易受阻。另外，单位的基层工会组织在面对要求加入工会组织的非在编人员时，由于用工类型复杂，对于是否能入会、何时入会、享受何种福利和权利等问题并不能准确把握，在一定程度上影响了非在编人员加入工会组织的步伐。

四、对高校非在编人员入会及维权问题的思考

首先，高校应该加强对非在编人员的重视与管理。非在编人员为学校的建设和发展作出重要的贡献，高校应"以人为本"，做到一视同仁，本着非在编人员的实际需要，逐步实现在编人员与非在编人员权利和义务的对等，按照社会主义公平正义的精神内涵，进行制度创新，修改制度中存在的在编与非在编人员区别对待的做法，高校应全面落实维护教职工合法权益的法律法规，"依法维权、积极作为"，克服非在编教职工难以入会、维权困难的现实。

其次，高校应该提高非在编人员对工会的认知程度，提升其维护自身合法权益的主动性。高校工会要充分发挥维护非在编教职工合法权益的主渠道作用，加强对非在编人员的工会认知教育、培训，使其对工会的性质、意义、目的、权利与义务有所了解，对职业道德、相关法律法规，例如《工会法》、《劳动法》、《北京市劳动合同规定》以及《中国工会章程》等都有所了解，使非在编人员认识到加入工会组织是维护其合法权益的一种重要保护方式，促使非在编人员积极加入工会组织，积极维护其合法权益。

再其次，高校应用实际行动为非在编人员谋利益。高校经费有限，因此学校在落实对非在编人员的福利上存在不同程度的困难，尤其在维护非在编人员合法利益时不应单纯停留在入会的形式上，高校工会应该根据实际情况，以工龄长短、用工类型、业绩成果等为依据，在待遇福利等方面分批实行、逐步到位。

最后，高校工会组织要创造性地开展工作。针对非在编员工组成情况复杂、流动性较大等实际情况，高校工会需要根据实际情况充分发挥创新精神，虚心听取各方面的意见，制定可操作性强、切合实际的政策和措施，对非在编职工入会的具体实施程序作出明确规定，努力解决好非在编教职工的入会管理与利益维护。高校工会组织也应该积极为上级部门制定相关政策提供有价值的参考意见和建议，使非在编职工的入会和权益维护走上法治化、制度化的轨道。

综上所述，高校非在编人员是参与高校建设与发展的重要组成力量，解决好非在编人员的入会、维权问题是高校各级工会干部义不容辞的责任，也是落实科学发展观，建设和谐校园的必然要求。

参考文献：

〔1〕于险波："中外合作办学高校内部运行机制探究"，载《大学教育》2014 年第 7 期。

〔2〕王颖："高校非在编人员入会及权益维护情况的分析与思考"，载《高教学刊》2016 年第 8 期。

〔3〕孔繁清："高校非在编职工入会现状及对策研究"，载《北京市工会干部学院学报》2007 年第 2 期。

高校工会关于女职工理论研究的现状分析

中国政法大学政治与公共管理学院　李明霞

北京市海淀区教师进修学校附属实验学校　全　敏

摘　要： 高校工会是高校广大教师职工自愿结合的一种群众性的组织，其中高校女职工是工会中一群特殊的知识型女性群体，是我国教育事业发展中一支不可缺少的生力军。本文通过分析研究工会女职工权益维护与保障现状及其工作现状，总结国内高校工会组织在维护女性教职工的合法权益方面的方向与作用，为高校工会切实维护女教职工的合法权益提供开拓性思考路径。

关键词： 高校工会；女工工作；女工权益

工会是中国共产党领导的职工自愿结合的工人阶级的群众组织，是党联系职工群众的桥梁和纽带，是国家政权的重要社会支柱，是职工利益的代表组织。工会组织广泛存在于社会生活的各个领域，发挥着重要作用，其中，高校工会作为工会组织中的不可忽视的组成部分，值得关注研究。

高校工会是高校广大教师职工自愿结合的一种群众性的组织，其中高校女职工是工会中一群特殊的知识型女性群体，随着高校教育体制和管理体制的深刻变革，如何更好地调动女性职工的积极性，使其适应新形势新时代的发展，维护女职工的合法权益，真正体现女性在社会发展过程中"半边天"的作用，对于提高高校职工队伍的整体素质、建设和谐稳定的工会环境意义重大，是工会研究的重要课题，本文以高校女职工为例展开研究，梳理国内关于该课题的研究成果，有助于推进这一课题的研究。

目前，关于高校女职工的研究成果主要集中在两个方面，一是关于工会女职工权益的研究，二是关于工会女职工工作的研究。

一、关于工会女职工权益的研究

这一研究主要基于分析女职工的身心现状，立足于女职工在工作和生活上的特殊需要，同时结合女职工在具体工作环境中面临的问题，提出保障措施。具体说来，可分为以下几个方面：

首先，研究集中在描述女职工权益保护的现状及存在的问题上。这类研究主要是从女职工权益受侵害的原因这个角度来分析高校中对女职工权益保护的现状。荣宝建在"浅谈新形势下工会女职工权益保护工作现状及对策"一文中认为，导致女职工权益受到侵害的原因主要有以下几点：性别歧视严重、女职工维权意识淡薄和对权益保护规章条款认识模糊不清、劳动法律法规的欠缺、工会中组织机构的不健全等。[1]耿忠萍在"浅议高校工会为女教职工维权的问题"一文中分析指出，由于工会组织不健全、高校维权机制不完善、女职工的维权意识弱、传统角色定位中男性占主导地位、法律制度的缺失等，高校女职工的合法权益受到侵害时往往被人们忽视。[2]

其次，从女职工自身的角度出发，研究如何引导女职工通过自身努力来保护合法权益，提高个人素质和竞争力，实现人生价值。具体而言，广大女性教职工要想在高校改革发展中占得自己的一席之地，必须努力提高自身素质，只有自身素质够硬，在自己的本职研究领域有着自己独到的思考与见解，才能有所作为，增强自身地位。再者，女教职工因其自身性别的限制，在提升自身素质时，还需妥善处理好家庭与事业之间的关系，努力做到两者兼顾，努力成为新时期工作上学识广博的多面手；同时，在具体工作上要善于应用科学的工作方法，努力提升工作效率，培育良好的职业道德与无私奉献的工作精神。比如张雪林在"新时期如何做好高校工会的妇女工作"一文中认为，广大女教职工要想在高校深化改革中站稳脚跟、发挥作用、实现价值，必须全面提高女教职工的自身素质，提高女教职工的竞争能力和发展能力，因为

---

[1] 参见荣宝建："浅谈新形势下工会女职工权益保护工作现状及对策"，载《行政事业资产与财务》2012年第24期。

[2] 参见耿忠萍："浅议高校工会为女教职工维权的问题"，载《管理观察》2013年第25期。

只有自身素质提高了，才能有作为有地位。[1]徐淑凤在"新形势下高校工会女干部应具备的素质"一文中指出，女教职工应努力成为具有广博知识的复合型人才，具备扎实进取的敬业精神、与时俱进的进取精神。[2]朱春辉在"科学发展观指导下加强高校工会女教职工工作的思考"一文中指出高校工会工作的重点是关爱女职工、帮助女职工全面提升自身素质、增强核心竞争力，工会应从提高女职工思想素质、文化素质、业务素质方面下功夫，同时建立培养女职工素养的长效机制和激励机制，增加对女职工的教育投资，使其掌握科学的工作方法和较强的工作能力。[3]

最后，客观分析高校工会女职工在维权过程中的现实需要，在此基础上提出工会对于保障女职工权益的具体对策和建议。洪环环在"高校工会女职工维权问题及对策"一文中指出，高校工会女职工政治权利的不平等性和经济待遇的滞后性是维权中存在的主要问题，女职工参政议政意识淡薄、维权意识不强、诉求渠道不畅通和部分高校对女职工权益保障相对滞后是导致这些问题产生的主要原因，所以高校应采取积极措施，贯彻落实新修正的《妇女权益保障法》，废弃一切含有性别歧视的条目，把男女平等原则落实到每项政策中去，让女职工充分发挥才干，切实保障女职工的权益。[4]唐慧在"发挥工会作用服务高校女职工维权"一文中指出，必须发挥高校工会对维护女职工合法权益的重要作用，明确工会中的各个维权框架体系，以问题结果为突破口构建工会女职工维权体系。在外部环境方面，加大工会维权的宣传力度，强化女职工与工会的沟通机制。[5]王恬在"高校工会女职工维权问题探索"一文中分析指出，必须充分发挥女工委在女职工维权中的作用：第一，从思想上高度重视女教职工维权；第二，区分对待不同女性的诉求，有针对性地开展工作；第三，建立健全教职工代表大会制度，教代会中要体现女性

---

〔1〕 参见张雪林："新时期如何做好高校工会的妇女工作"，载《工会论坛（山东省工会管理干部学院学报）》2005年第4期。

〔2〕 参见徐淑凤："新形势下高校工会女干部应具备的素质"，载《工会论坛（山东省工会管理干部学院学报）》2004年第1期。

〔3〕 参见朱春辉："科学发展观指导下加强高校工会女教职工工作的思考"，载《黑龙江科技信息》2008年第6期。

〔4〕 参见洪环环："高校工会女职工维权问题及对策"，载《长江大学学报（社会科学版）》2012年第8期。

〔5〕 参见唐慧："发挥工会作用服务高校女职工维权"，载《中国职工教育》2012年第16期。

的声音和诉求。[1] 王秀珍在"高校工会女职工组织维权机制探讨"一文中，分析了高校工会在维护女职工权益方面存在的机制弊端之后，提出女职工维权主要要加强制度建设，只有制度完善了，保护女职工的具体措施才能得到施行，女职工的权益才能得到保障。[2] 何佳在"高校女教职工维权与发展研究"中罗列出了维护女教职工合法权益的具体途径：制定和完善法规和条例，提供法律咨询与援助；增强高校女教职工的维权意识，确保女教职工的维权地位；加强妇女组织的自身建设，促进女教职工的全面发展。[3]

二、关于工会女职工工作的研究

女职工是高校建设与发展中不可忽视的重要力量和特殊群体，在各自的岗位上扮演着越来越重要的角色，这类研究主要基于女职工身份的特殊性，对高校女职工工作的现状进行分析思考。

首先，研究重点集中对高校女职工现状的描述性研究。杨莉在"浅谈如何加强高校工会女教职工工作"一文中指出高校中的性别歧视是女职工面临的主要问题，在保障个体平等性方面，高校要远远好于社会，但是高校中仍存在的男女竞争机会不平等的现象，女教职工在进修、独立承担课题、选拔参与高校管理等机会方面均少于男性；除此之外，女教职工还要面临来自生理、健康方面的压力和挑战。[4] 石军从数据的角度来呈现高校女教职工的现状，最后得出结论：女性进入高校教师队伍的难度越来越大，在职务晋升方面，女教职工的职位也呈现低层次化。[5] 常娟等人在"高校女工工作的现状及思考"一文中指出部分女性在工作中更加注重现实，她们往往把身体健康放在首位，关注爱情和婚姻生活美满，其次才是事业上取得成就；另外，受传统观念中男性占主导地位的影响，女教职工在科研工作中仍会出现高位缺席的现象。[6]

---

〔1〕 参见王恬："高校工会女职工维权问题探索"，载《产业与科技论坛》2016 年第 11 期。

〔2〕 参见王秀珍："高校工会女职工组织维权机制探讨"，载《四川文理学院学报》2008 年第 3 期。

〔3〕 参见何佳、冷培榆、李芳："高校女教职工维权与发展研究"，载《中国市场》2015 年第 40 期。

〔4〕 参见杨莉："浅谈如何加强高校工会女教职工工作"，载《电子世界》2012 年第 17 期。

〔5〕 参见石军："新时期高校女教职工工作现状分析及探究"，载《科技风》2015 年第 17 期。

〔6〕 参见常娟、郭玉霞、孙宇："高校女工工作的现状及思考"，载《科教文汇（下旬刊）》2011 年第 11 期。

其次，研究从工会工作的角度出发，探究工会如何帮助女教职工调动积极性，实现人生价值。王耀萍、王丽娟在"浅谈如何做好高校女职工工作"一文中提出做好高校女职工工作的方法与途径：加强高校女职工委员会的机制建设；女职工应该充分利用高校的学习阵地，坚持政治理论学习，掌握毛泽东思想、邓小平理论和"三个代表"重要思想、科学发展观等重要思想来提高自身素质。[1]郭良辉、李助南在"新形势下高校工会女工工作思路探讨"一文中指出将以人为本的指导思想贯彻到高校女职工工作中，加强女职工队伍建设，完善女职工工作机制；建立女职工长效保护机制，依法维护女职工合法权利；创建平等的工作、教学、科研环境，提高女教职工文化专业素质；发挥女职工优势，促进和谐校园建设。[2]朱丽亚在"高校工会女教职工工作的探析"一文中提出高校女职工工作的新思路：领导要高度重视、重新审视高校女教职工工作；完善联系机制，实现女工委与基层组织的良性互动；注重源头参与，建立女教职工维权机制；树立维权意识，提高法律知识，增强女教职工的自我保护能力；整合资源，做好维护女教职工的权益工作；以师德建设为载体，提升女教职工的思想道德素质；突出人文关怀，提高女教职工的心理生理素质。[3]郭莉、伍广在"加强新形势下工会女教职工组织建设"一文中指出，新形势下，女职工组织应朝着建设学习型、服务型、创新型女职工组织的方向努力，做女教职工的坚强后盾，使广大女教职工以饱满的工作热情教书育人。[4]还有一些学者认为工会应该跟上时代的步伐，创新女职工工作机制，比如邢慧琼在"创新高校工会女职工工作"中提到，创新女工工会要做好个体评估，区别女职工的差异；创新工作方式，提供差异化服务；多角度服务于科研和教学工作；构建差异化维权模式，发挥高校女职工委员会的作用。[5]陈雪玲在"创新高校工会女工工作的思考"中认为创新工会运行机制是实现妇女工作可持续发展的重要保证、客观要求和迫切需

---

[1] 参见王耀萍、王丽娟："浅谈如何做好高校女职工工作"，载《职业时空》2013年第8期。

[2] 参见郭良辉、李助南："新形势下高校工会女工工作思路探讨"，载《科技信息》2012年第36期。

[3] 参见朱丽亚："高校工会女教职工工作的探析"，载《才智》2014年第20期。

[4] 参见郭莉、伍广："加强新形势下工会女教职工组织建设"，载《科技视界》2015年第36期。

[5] 参见邢慧琼："创新高校工会女职工工作"，载《中外企业家》2013年第34期。

要。[1]

最后，从做好高校工会女职工工作的意义方面进行分析。这类研究主要从结果方面关注做好工会女职工工作对社会发展、对女教职工本身，对工会的意义上。例如罗金荣在"高校女工工作的途径及方法"一文中指出，高校女工工作是高校工会工作的重要组成部分，做好该项工作，可以有效调动女教职工参与民主管理、完成教学任务和科研任务的积极性；对于稳定学校劳工关系、维护女教职工的合法权益和特殊利益、实现科教兴国的宏伟目标、构建社会主义和谐社会都具有十分重要的意义。[2]

三、结语

本文旨在梳理国内关于高校工会组织在维护女教职工的合法权益方面的方向与作用。正如文中所言，高校女教职工因其自身性别所带来的诸多限制，决定了在高校工作过程中，女教职工面临着更多的问题与挑战，如何做到既能较好地完成教学任务乃至取得较高的学科科研成果，又能兼顾身体健康、婚姻家庭的和睦关系，很大程度上与高校工会能否切实维护女教职工的合法权益，是否为女教职工创设一个良好的工作环境，有着极为重要的关系。诚然，如我们所了解到的，女教职工更需立足自身能力的提升，以期获得更多的学科成果与学术地位。但同时必须直面的问题是高校工会在维护女教职工的合法权益上存在的职能缺位，具体措施不足，甚至于方向错误问题，都需要我们集中力量进行开拓性研究。借鉴既有研究成果，关注高校女教职工合法权益问题会是未来研究的重中之重。

---

[1] 参见陈雪玲："创新高校工会女工工作的思考"，载《法制与经济（下旬刊）》2009年第10期。

[2] 参见罗金荣："高校女工工作的途径及方法"，载《克山师专学报》2000年第1期。

弹性工时探究

民商经济法学院　　金英杰

摘　要：弹性工时是我国在互联网经济迅猛发展，催生出平台经济与共享经济的经营模式后所产生的新问题，我国立法尚未对弹性工时明确规范，本文梳理了弹性工时的历史发展，从理论和实践角度探讨了我国弹性工时立法的相关问题，并提出建议。

关键词：弹性工时；理论探讨；立法建议

我国实行市场经济已有 30 年，在经济全球化、市场经济双重发展环境下，企业竞争力、国家竞争力不断提高，经济获得长足发展，尤其是近年来供给侧结构性改革的实施，带动了产业结构调整和科技创新企业的发展，随着电子信息技术的普及，以"互联网+"为依托的新经济、共享经济、平台经济经营模式不断涌现，直接推动了第三产业的迅猛发展，出现许多新兴行业和职业。但经济持续下行的新常态也与之并存，一些行业与地区因完成去产能、去库存、降成本等经济任务时涉及如何安置企业冗员、保持劳动关系的稳定等问题。在错综复杂的经济结构和经济形势下，为增强经济长期稳定发展的动力，应对激烈的国际竞争，需要在制度设置上加强灵活性和技术性，以激发企业的经济活力，保持经济可持续性发展。

纵观我国的工时立法，尚存在立法技术简单粗糙、行政干预色彩浓厚、加班费支付标准高等问题，刚性和僵化的工时制度已显现出与现实工时运行的部分脱节。新经济的发展、产业结构的变化，企业需要将劳动力优势转化为技术优势以寻求高效和灵活的竞争优势，劳动者素质的提高必然寻求高回报和相对宽松的工作环境，两者的博弈冲击了"朝九晚五"的标准工时制度，有些企业不再将严格的工时制度作为评判和考核员工的唯一标准，而是从绩效考核、工作成果等方面全面地衡量员工的创新能力和工作效率。人力资源市场的变化、劳资博弈、社会生活、文化教育等因素催生了弹性工时制度。

弹性工作时间（Flexible work time）是指在完成规定的工作任务或固定的工作时间长度的前提下，员工可以自由选择工作的具体时间安排，以代替统一固定的上下班时间的制度。弹性工时制度最早是由德国的经济学家哈勒在20世纪60年代提出的。当时德国面临的社会问题之一是职工上下班时间段交通严重拥堵，哈勒提出企业可采取错峰时间上下班，以解决交通拥堵。因不是在固定的时间上下班，有一定弹性，后被认为是弹性工时制度的起源。但这一弹性并未改变标准工时的本质，工作时间长度并没有变化，只是不同的企业将上下班时间错峰。

随着经济全球化的到来，以及世界范围内新的产业的兴起，国际竞争愈发激烈，工时制度的灵活性开始被关注，各国从雇佣的灵活性、工作时间的灵活性、平衡工作与生活等角度设置弹性工时，改变了弹性工时解决交通拥堵的初衷。以日本为例，日本《劳动基准法》1947年颁布，1987年、1998年、2003年经历三次修改，增加了裁量劳动的内容。所谓裁量劳动也称为自由决定工时，即劳资双方达成协议，劳动者劳动可以不受标准工时限制，也可以超过最高工时的限制而安排加班，主要在白领阶层实行。1993年日本增加了实行一年以内的变形劳动时间制度，1998年修改时又追加了新的裁量劳动制，授权厚生劳动大臣制定加班上限，每年不得超过360小时。2014年5月，日本政府曾计划修改《劳动基准法》，实行"零加班费"制度，主要内容为对年收入1075万日元以上、从事专门职业的人在标准工时外的休息日劳动、夜班劳动企业将不支付补贴。安倍晋三曾表示："有必要建立符合自由工作方式的新劳动时间制度以供选择。"但至今为止，该修正案未获得通过。德国在2002年制定《部分工时与定期契约法》，对工时制度的弹性进行规定。弹性工时制度的出现，丰富了工时制度的内涵与范围，使工时制度呈现出多样化的趋势。

我国在20世纪80年代末引入弹性工时制度，该制度在劳动工时中扮演着越来越重要的角色。原劳动部于1994年颁布的《关于企业实行不定时工作制和综合计算工时工作制的审批办法》一定程度上体现了弹性工时的价值，但并未明确"弹性工时"的含义。1996年原劳动部印发的《劳动事业发展

"九五"计划和 2010 年远景目标纲要》，首次明确提出"弹性工时"四个字。此后，中央和地方政策性文件中多次提到该制度。但何为弹性工时，是对标准工时的弹性，还是一种全新的工时制度，该文件并未作出解答。20 世纪 90 年代，在制造业占半壁江山、劳动密集型的产业结构层次状况下，通过时间和劳动力的简单堆砌来创造财富是主要模式，因此企业需要实行严格的工时制度，弹性工时制度并没有得到普遍应用和认可。与弹性工时制度相关的学术研究起步也较晚，缺乏系统研究，整体制度框架的设置更是少之又少，时至今日弹性工时制度仍然属于一个较新的课题。进入到 21 世纪后，我国国际地位不断提高，科技创新能力跃居世界前列，产业格局发生巨大变化，新兴产业、新兴行业要求较为灵活的工作时间，传统的刚性工时制度已难适应当今瞬息万变的社会发展，对工时制度改革的呼声日渐强烈。

何为弹性工时？它是现有工时制度基础上一种新的工时制度，还是弥补现行工时制度过于刚性的不足而具有灵活性？抑或弹性只是社会学术语，对所有在工时制度上所做的灵活应用都视为弹性，需要在概念上进行辨析，也需要对弹性工时制度做整体设置。探究弹性工时的概念、内涵，弹性工时的形式，弹性工时制度的立法目的，对我国是否需要实行弹性工时，应实行何种弹性工时，实行弹性工时是否会危及劳动者基本权益，国家是否需要干预和纳入监管范围，对上述问题需要做全面地梳理，这也是本文研究的重点。

一、弹性工时的理论探析

（一）弹性工时的界定。虽然我国相关法律文件使用弹性工时一词，但何谓弹性工时并无法律界定。学者的研究从不同角度对弹性工时概念进行探讨。由于国内对弹性工时的研究尚处在萌芽阶段，学界对弹性工时的基本内涵的界定存在一定的分歧，但仍有较大的借鉴意义。代表性观点如下：

苏州大学法学院沈同仙教授提出："弹性工作时间，又称变形工作时间，是相对于标准工作时间而言的，在一定时间内，所定工作时间在一定限制下，劳动者的工作时间和休息休假不再按照标准工作时间样态执行，而是根据企业所在行业特点或实际需要作有弹性的安排。"[1]沈同仙认为弹性工时是与标准工时相对应、相区别的一种工时制度，认为弹性工时应当包括综合计算工

[1] 沈同仙："金融危机与我国弹性工时制度的实施"，载《阅江学刊》2009 年第 2 期。

时与不定时工时，在此种前提下弹性工时与特殊工时的范围是一致的。至于是否属于特殊工时的变化抑或是与综合计算工时、不定时工时并列的第三种工时制度未作出明确说明。

武汉大学盛乐认为："弹性工时亦称灵活工时或部分就业工时，是指在非常规工时制度的基础上，根据企业对劳动力的实际需求状况来灵活地安排职工的工作时间的一种制度创新。"[1]该学者对弹性工时认定的基本立足点是建立在标准工时基础之上的，至于是否仍属于标准工时的范畴，还是已经逾越标准工时成为新的工时制度无法得知，对于是否与特殊工时存在关联更是没有涉及。

冯长坤将弹性工时制度与弹性工时绝对分离，其将弹性工时作为弹性工作制的子概念来理解，认为弹性工作制包括弹性工时和远程办公与职位共享等内容，并在其硕士论文中提到现今政府部门多将弹性工作制称为特殊工时制，特殊工时制更多是从时间上体现弹性，具体包括不定时工作制和综合计算工时制两种。[2]

与前述三位学者观点相比，清华大学王天玉博士没有给弹性工时以明确的定义，但将弹性工时界定为特殊工时的下位概念，特殊工时囊括弹性工时，弹性工时主要在不定时工时制度与综合计算工时工作制度上得以体现，并主张劳动弹性化应当包括时间与地点上的弹性。[3]

综上，学界尚未对弹性工时的内涵作出准确界定。大多数学者倾向于弹性工时基本等同于特殊工时。"弹性工时"具有很多别称，例如"变形工作时间""灵活工时""部分就业工时"等，但学术界的主流观点认为弹性工时即特殊工时，应该包括缩短工时、延长工时、不定时工时、综合计算工时。上述学者们对于弹性工时制度的界定之所以模糊，除了由于理论研究的不完善之外，弹性工时立法与执行中的混乱亦是重要原因之一。

（二）对弹性工时的再定义。无论是理论上还是司法实践上都有必要对弹性工时有所回应，界定弹性工时是制度能否构建的基础。

---

〔1〕 盛乐："弹性工时制的经济理论分析"，载《经济评论》2000年第2期。

〔2〕 参见冯长坤："出口型钢材贸易公司弹性工作制研究"，河北联合大学2014年硕士学位论文。

〔3〕 参见王天玉："工作时间基准的体系构造及立法完善"，载《法律科学（西北政法大学学报）》2016年第1期。

弹性工时全称是弹性工作时间，可以从广义的弹性工时和狭义的弹性工时两个方面理解。狭义的弹性工时是指在完成规定的任务或固定的工作时间长度的前提下，员工可以自由选择工作的具体时间安排，以代替统一固定的上下班时间的制度。广义上的弹性工时与弹性工作制基本相同，即弹性不仅体现在标准工时内的弹性，也体现在特殊工时上的弹性，既包括工作时间上的弹性，也包括工作任务、工作地点上的弹性。

笔者建议采取广义说，原因有二：

1. 全面设置弹性工时，使其发挥充分作用，也为未来弹性工时的发展预留空间。从文义上，弹性工时与弹性工作制在本质上并无区别，弹性工时理应全面体现在现有的各种工时中，而不应仅体现在标准工时内的弹性，也应包括以工作任务为核心所确定的工作时间、工作地点的弹性。

2. 我国已有弹性工时的立法与实践，应尽早在立法上规范弹性工时，以避免因法律滞后而产生社会问题。现行的工时制度，如特殊工时中的不定时工时、综合计算工时、合同类型中的非全日制劳动合同就有工时弹性化的相关规定。早在1996年原劳动部的政策性文件就提出"弹性工时"，中央和地方政策性文件中多次提到该制度，但至今无立法跟进。企业已有弹性工时的实践，如深圳前海作为国家服务业综合改革试验区进行的弹性工时制度改革。[1] 笔者通过互联网查找到上海、河南、北京、深圳、广州等地有些服务业、互联网企业有采取弹性工时，也有互联网企业允许员工在家上班、远程办公等。关于司法案例，笔者通过法院裁判文书网也查到了关于弹性工时的案例。上述立法与实践中，弹性工时的内涵和范围较为广泛，有时间上以及地点上的弹性。因此采取广义的弹性工时概念能够有效避免适用上的混乱。

（三）弹性工时的主要表现形式。分析归纳弹性工时的表现形式主要有：

1. 核心与非核心工作时间结合。该种工作制是弹性工作制中最经典、最传统的形式。主要内容为把每天8小时的标准工作时间分为核心工作时间和非核心工作时间两段。核心时间一般达到5至6小时，企业可以自行决定或者和员工协商工作日的某几个小时为核心工作时间，员工必须保证在核心时间到岗上班。弹性表现在前后两头时间为非核心工作时间，非核心时间段内员工可以自由选择上班、下班的具体钟点，但每天的工作总时长须达到法定

<hr>

〔1〕 参见刘阳、岗田惠子："谈前海弹性工时制度改革"，载《中国劳动》2015年第7期。

工作时间。例如：某公司工作场所在早上7点到晚间7点开放，核心时间规定为上午10点到下午4点，所有员工从上午10点至下午4点这段核心时间段内，都需要到固定工作场所工作，在核心时间段前后的两段内员工可以任意选择上班和下班的钟点，只要补足当日8小时法定工时即可。

这种弹性工作制可以起到平衡员工工作和生活、错峰上下班以避免交通拥堵的作用。

2. 成果中心制。成果中心制即以成果为中心考核和约束员工，对员工的工作时间不做考核，不规定员工每日工作时间的长短，员工在要求的期限内按质按量完成任务，用人单位就照付薪酬，工作时间长短由劳动者自行决定。成果中心制能够使员工根据工作任务灵活安排工作时间，从而提高工作效率。

3. 紧缩工作时间制。劳动者可在一定周期内压缩自己的工作天数，而提前完成工作总时长，剩余时间自行安排。例如：某企业员工将一个星期内的工作时间压缩在3天内完成，剩下的2天可以自由选择休息安排自己的事务。与我国现行综合计算工时制度有类似之处。紧缩工作时间制可以根据工作任务多寡决定连续工作与连续休息的时间，起到灵活用工、减轻企业劳动成本、节省员工交通费用，保持劳动关系稳定的作用。

4. 工作分担制。工作分担制是指企业允许两个或更多的人完成一个全日制工作，在一定周期内的工作时间分配由二人协商决定。例如，一份周标准工时40小时的工作，企业可以选择并且决定由两个人来分担，在一周内工作时间长短由该二人协商决定，可以采用其中一人上午工作，另一人下午工作，或者采用其他时间组合的合作方式。

这种弹性工时一般是在经济困难时期，为了应对经济危机、避免临时解雇的出现，采用临时性的工作分担制度，保持员工工作岗位，通常也会临时削减部分员工的工作时间。

5. 弹性工作地点制。弹性工作地点制是指员工除了根据企业要求参加必要的工作活动（如在每周规定的时间参加单位例会）外，只要能够按时、保证质量地完成企业指定的工作任务，企业允许员工灵活选择办公地点，在家办公或在离家较近的其他办公场所中完成工作，并要求员工以各种通讯手段随时保持与单位的沟通（如企业要求员工手机随时处于开机状态）。

弹性工作地点制可以节省企业租用办公场所和设施的费用，也给了员工选择工作地点的灵活性，节约员工的交通费用。

（四）弹性工时制度的适用范围。

1. 弹性工时制度的适用范围广阔，可以是标准工时内的弹性，也可以是特殊工时的弹性，不应仅限于特殊工时。弹性工时是工作时间和工作地点的弹性化，弹性工时既适用于标准工时也适用于特殊工时。目前，绝大多数学者是从特殊工时的角度阐述弹性工时的，甚至认为弹性工时就是特殊工时。笔者认为这部分学者对弹性工时的理解值得商榷。日本的变形工时制度并未突破日本《劳动基准法》的原则性的规定，即使采用变形工时制度仍需符合《劳动基准法》的相关规定。弹性工时的适用依然是建立在标准工时基础之上的，弹性工时完全可以被标准工时所吸收、所采纳。因而，在适用标准工时制时，引入弹性工作时间、弹性工作地点，于法于理皆无不可。

弹性工时目前已被写入国务院《关于进一步做好新形势下就业创业工作的意见》（2015）等相关文件中，并且将弹性工时与集体协商、轮班工作提到并列的高度，在一定程度上被纳入到特殊工时的调整范围。依据现有政策性文件等的规定，弹性工时在综合计算工时制度、不定时工时制度中有着非常广阔的前景。在适用特殊工时制度时，弹性工时亦可以被纳入。

2. 弹性工时制度适用于各行各业，包括但不限于服务业等新兴行业。近年来，IT 企业、电商业、网约车等新兴的服务业的繁荣给人们带来全新的生活方式和工作方式。新兴企业的茁壮成长也赋予了弹性工时新的"发展机遇"，一时间新兴企业甚至成为弹性工时适用的"代名词"。不可忽视的是，20 世纪 80 年代我国即引入弹性工时制度并且适用于企业中。因此，新兴产业只是在一定程度上推动了弹性工时的发展，而传统行业适用弹性工时的情况同样不可忽视。

二、弹性工时在我国的立法

（一）弹性工时的立法梳理。至今为止，国家层面我国没有针对弹性工时的专项立法，也没有弹性工时的法律定义。仅仅是在政策性文件中提到过"弹性工时"一词，弹性工时在政策性文件中出现的目的是稳定经济形势、解决就业困难、减少裁员、稳定劳动岗位、实现再就业、提高劳动生产率等，与企业实行弹性工时主要是为解决工时的灵活性、降低劳动力成本，甚至有企业规避加班费等目的不同。笔者在地方规定中查到一些涉及弹性工时的文件，但这些文件均是以扶贫、促进创业就业、促进供给侧结构性改革、稳增长等为目的的"通知""意见"之类的政策性文件，对弹性工时仅仅一笔带过。

1. 首部涉及弹性工时的规定——《关于企业实行不定时工作制和综合计算工时工作制的审批办法》。弹性工时最早见于原劳动部 1994 年颁布的《关于企业实行不定时工作制和综合计算工时工作制的审批办法》。该办法详细规定了综合计算工时和不定时工时制度。将该文件理解为弹性工时制度的适用基于以下理由：（1）不定时工时和综合计算工时中所涉及的推销、长途运输、资源勘探开发、航空等工作性质特殊的职位属于无法确定具体劳动时间或受季节影响较大的岗位，该类主体在日本劳动法上适用于变形工时制度，而变形工时制度则属于弹性工时的调整范围。（2）特殊岗位本身就不可避免地涉及工作时间与工作地点的弹性。虽然文件中并没有明确提出"弹性工时"，但我国相当一部分企业，尤其是高新技术企业在具体操作中不可避免地包含着弹性工时的内容。

该办法发布的不定时工作制和综合计算工时工作制符合当时的现实劳动情况，使"弹性工时"有了生存发展的土壤，在当时是十分先进的部门立法。随着时代发展，"弹性工时"制度在立法层面上已经无法应对出现的新的情况，出现的典型问题有：（1）无法囊括所有的弹性工时工作种类和工作范围，可操作性较差。（2）弹性工时制度并没有被旗帜鲜明地写进法条，未写进法条的直接后果体现在具有适用上的歧义，企业在实施弹性工时制度时"无法可依"。（3）不定时工时自身的弊端导致弹性工时适用时弊端相当明显。在实践中，该制度遭到滥用的重要原因之一即是加班费问题得以规避。实际上，加班费问题得以规避并非弹性工时的固有弊端，这一弊端的根本原因在于不定时工时制度本身存在问题。因此，不定时工时制度改革尤为必要。

2. 《特殊工时管理规定（征求意见稿）》（2012）将特殊工时适用范围扩大。2012 年，人力资源和社会保障部起草的《特殊工时管理规定（征求意见稿）》向全社会征求意见。与原劳动部 1994 年颁布的《关于企业实行不定时工作制和综合计算工时工作制的审批办法》相比较，在适用范围上进行了扩大，增加了诸多列举性的规定，在特殊工时的审批管理上进行了更为明确的规范。主要体现为以下几个方面：（1）规定特殊工时的适用范围：将事业单位、社会团体、民办非企业单位、基金会、律师事务所、会计师事务所等组织和有雇工的个体工商户纳入特殊工时的范围。（2）规定特殊工时适用行业和岗位的范围以及工资保护。在原有岗位的基础上增加企业内岗位：企业有经营决策等领导职位、技术研发岗位、外勤等特殊岗位。在原有行业岗位基础上明确交通、铁路、邮政、电信、内河航运、航空、电力、石油、石化、金融等行业中，部分中断作业可能会影响社会公共利益的岗位。（3）规定不定时工时制的劳动者工资保护，对综合计算工时周期内延长工作时间时数进行限制。（4）特殊工时审批管理进行规范。（5）规定相关法律责任。（6）对相关概念作出解释性规定。

总体来说新的《特殊工时管理规定（征求意见稿）》相对于1994年的《关于企业实行不定时工作制和综合计算工时工作制的审批办法》有了较大幅度的修改和完善，在其基础上明确规定了主体、范围和法律责任。《特殊工时管理规定（征求意见稿）》将技术研发等岗位纳入到弹性工时的调整中，可以理解为法律对经济的发展、新兴行业的产生、第三产业的兴起等新型劳动关系的一种"回应"。该规定的弊端主要体现在以下两个方面：（1）对于不定时工作制度中存在的"加班费"问题仍然"视而不见"，弹性工时在适用时该缺陷仍无法避免，实践中出现有过劳死、工作强度过大引发的劳动者自杀等事件。（2）"弹性工时"这一工时制度仍然没有直接地体现在该法律文件中。

3. 相关司法与行政文件中涉及的弹性工时。首次提到"弹性工时"的是原劳动部1996年印发的《劳动事业发展"九五"计划和2010年远景目标纲要》。其后还有：2008年《国务院办公厅关于切实做好当前农民工工作的通知》、人力资源和社会保障部、中华全国总工会、中国企业联合会/中国企业家协会2009年颁布的《关于应对当前经济形势稳定劳动关系的指导意见》、2009年《国务院关于进一步实施东北地区等老工业基地振兴战略的若干意见》、2015年《国务院关于进一步做好新形势下就业创业工作的意见》。

上述文件中皆明确提出弹性工时，将弹性工时与非全日制用工、临时工、小时工等灵活的就业方式并列起来，主要的内容有鼓励失业人员、企业富余职工通过灵活就业的方式再就业，保证就业的稳定，稳定劳动关系，进一步提高生产效率。可见，我国目前有关弹性工时的规范性文件是基于经济下行的时代背景提出的，使就业压力得到一定程度的缓解。上述文件提到的弹性工时制度的运用至少说明了我国目前针对各行各业的劳动者大力提倡弹性工时制度，也从侧面反映出弹性工时实施的必要性与紧迫性。

针对上述文件的弊端，笔者认为至少包括以下几点：（1）虽提出"弹性工时"字眼，但是仅限于对该制度口号式、宣言式的规定，没有针对该制度的概念内核、外延、实施范围作出任何具体、可操作的规范。这使得弹性工时制度在适用上出现无法操作的现实问题。（2）对弹性工时的规定大多散见于一些行政类的规范性文件和非规范性文件中，适用的层级较低，且严格来说并不具有法律上的普遍适用性。

4. 地方规范性法律文件中的弹性工时。深圳市在 2009 年颁布《深圳市实行不定时工作制和综合计算工时工作制审批管理工作试行办法》（以下简称《试行办法》），扩大了特殊工时制的适用范围，机关、事业单位也被纳入进来。目前，深圳市已有近千家企业获得劳动部门审批，开始实行这种弹性工作制。该制度在深圳市的大力推行，大大促进了"弹性工时"这一制度的发展。

为缓解首都地区交通拥堵的问题，北京市人民政府办公厅在 2009 年出台了《缓解北京市区交通拥堵第六阶段（2009 年）工作方案》（以下简称《工作方案》）。扩大北京错时上下班范围，研究调整各级党政机关上下班时间，拟在各级党政机关实行错峰上下班，还倡导有条件的企事业单位和社会团体实行弹性工作制，鼓励网上办公。《工作方案》施行至今，一定程度上缓解了北京上下班高峰期的交通拥堵问题，除了缓解交通拥堵之外，还能提高工作效率、尊重劳动者的工作与休息的个性化需求，也有利于提高劳动者的幸福感。

综上，弹性工时的运用既是面对经济下行压力大的一种有效措施，亦是新的经济条件、新的工作方式与生活方式的体现。其中，既有政府应对经济不景气的宏观指导，也有企业的自发实行，社会的快速发展已经使现行有效的工时制度无法进行合理规范。不难得出，弹性工时目前更是一个社会术语而并非一个完整的法律术语被公众所熟知。弹性工时的规定大多数都是以行政文件的方式公布，并且缺乏系统性的规定。

我国目前对新兴的弹性工时未作出明确规制，无论是国家监督还是企业内部监督都是处于缺失的状态。监督的缺失加上立法的空白会进一步加剧弹性工时实施的风险，导致其弊端的无限放大，进而侵害劳动者的合法权益。

笔者认为，应当弥补现行法律制度中弹性工时的立法空白，将弹性工时明确规定为一种工时制度，在此基础上进行系统性与限制性的规定。另外，将弹性工时适用于特殊工时时，需要有效修正现行的特殊工时制度，将特殊工时制度加以完善，才能一定程度上避免使弹性工时沦为企业逃避其法定义务的手段，才能从根本上解决加班费等问题。

三、我国实行弹性工时的必要性探析

20 世纪 80 年代引入弹性工时制时发展较为缓慢，但 21 世纪初我国政府顺应工时制度的发展潮流作出一系列弹性工时的重大决策，伴随着我国经济体制的"破冰"、新的经济形势的出现、科技的不断创新，弹性工时的发展已成为必然趋势。笔者拟从企业与劳动者两个方面进行必要性分析。

对于企业而言，弹性工时制的实施主要体现在三个方面：

1. 企业实施弹性工时制度可以降低员工的缺勤率、迟到率，一定程度上避免人才流失。

2. 弹性工时可以促进企业生产率的提高。无论是实施标准工时制的企业还是特殊工时制的企业都不同程度上存在生产率不高的问题，如果针对不同的员工采取不同的工时制度，则会大大提高整个企业的劳动生产率。

3. 弹性工时制在一定程度上可以减少加班费的支出，使企业在一定程度上达到减负的效果。不同行业的工作时间存在较大的差异，随着第三产业的兴起以及传统产业的更新，实施弹性工时制度可以根据行业的不同特点而进行相应的调整，而这种调整不是必然违反劳动管理规定的。

对于员工个人而言，弹性工时制的实施至少存在两大优点：（1）实施弹性工时制度赋予了劳动者在工作时间上的自由选择权，劳动者可以根据个人的生活特点进行工作与休息。尤其对于一、二线城市而言，上下班可以一定程度上避免交通拥堵带来的时间浪费，也有利于平衡工作与家庭生活。（2）实施弹性工时制度可以使员工的个性化需求得到满足，个人权益得到充分的尊重。当个人满意度得到提升时，更好的工作氛围和更高的工作效率自然得到更有效的保障。

四、弹性工时的立法建议

1. 明确规范弹性工时的概念、内涵。从标准工时的弹性与特殊工时的弹性角度规定，将弹性工时分为弹性时间与弹性地点，规定在有关工时制度的文件中。

2. 规定弹性工时实行需要经与工会协商确定，并与劳动者协商一致，签订弹性工时协议或条款。

3. 规定用人单位的告知义务。告知义务不履行，协议无效。

4. 规定企业弹性工时制度的需要报到劳动行政部门备案或审批，并把执行情况纳入劳动监察部门监管范围。

5. 针对各种具体弹性工时形式，作不同的适用范围、最长工时限制、加班费豁免规则的规定。

在标准工时中，弹性工时基于约定，约定的事项可以是绝对弹性，亦可以是相对弹性，可以是一个月以内的弹性，也可以是半年以内的弹性，既可以是时间上的弹性也可以是地点上的弹性，但是须经劳动者同意，以防出现规避加班费问题。

在特殊工时中引入弹性工时，注意不定时工时中的加班费问题，本身不定时工时中就不存在加班费问题，可以对现行不定时工时制度进行重构。外国的变形工时与我国综合计算工时、不定时工时有颇多相似之处，例如：日本三个月以内的变形工时与我国的不定时工时基本一致；劳动场所外的劳动、裁量劳动与综合计算工时基本一致。因此，笔者建议在不定时工时与综合计算工时基础之上引入弹性工时。

6. 待命时间问题上，可以考虑根据工作性质与企业进行协商，或者按照工作时长折算津贴，但不计入工作时间。

弹性工时是我国在互联网之下，平台经济与共享经济的经营模式所产生的新问题，能否适用尚需立法和实践的检验，笔者的探讨尚不成熟，期待弹性工时的研究在理论上更加成熟，最终能在立法上体现。

参考文献：

〔1〕宝利嘉：《最新人力资源精要词典》，中国经济出版社 2002 年版。

〔2〕田思路、贾秀芬：《日本劳动法研究》，中国社会科学出版社 2013 年版。

〔3〕王欢："日媒质疑政府零加班费制度称日本或成'黑色企业'"，载 http://finance. huanqiu. com/roll/2015-08/7365963. html，最后访问日期：2017 年 4 月 15 日。

〔4〕张虞昕："从日企三大支柱的瓦解看零加班费制度"，载《企业改革与管理》2014 年第 20 期。

〔5〕耿强林："中国工时制度的定位研究"，华东政法大学 2010 年硕士学位论文。

〔6〕张瑞玲："弹性工作制及其在中国的应用现状"，载《东方企业文化》2013 年第 4 期。

〔7〕程浩："我国特殊工时制度存在的问题及完善对策"，载《浙江师范大学学报》2010 年第 1 期。

〔8〕李惠波："浅谈日本企业薪酬制度"，载《日本问题研究》2007 年第 3 期。

我国机构养老面临的几个问题及对策

民商经济法学院　　胡彩肖

摘　要：机构养老，是指由养老机构为老年人提供住养、生活护理等综合性服务的养老模式。本文着重分析我国机构养老类型的几种情况、存在的问题以及解决相关问题的对策。通过分析，笔者认为：今后，在机构养老模式下，我国应确立"公办民营、民办公助"的机构养老新模式。并借鉴美国、日本等国家的做法，按照养老机构的功能、老人的活动能力、身体状况标准对养老机构进行科学的分类和规范，从而解决机构养老实践中存在的诸多问题，以使我国的机构养老模式同其他养老办法有机结合，共同应对人口老龄化趋势对社会化养老的迫切需求。

关键词：机构养老；公办公营养老机构；公办民营养老机构；民办公助养老机构；民办民营养老机构

几十年（1971 年开始实施计划生育政策）的独生子女政策在降低了中国的人口增长速度的同时，又使得中国不可避免地形成了"四二一"的家庭结构，家庭的养老负担由此进一步加重。如何赡养好老人，已经不仅仅是每个家庭所面临的经济问题和伦理问题，更是关系社会发展和民族复兴的战略问题。

现阶段，中国人的养老主要还是依靠家庭，以居家养老为主，随着独生子女政策多年的实施，"四二一"结构在相当一段时间内会成为主导性的家庭模式，居家养老将给每个中国家庭带来沉重的经济负担。因此，大力发展社会养老事业已经成了一项迫在眉睫的工作任务。尽管居家养老或者社区养老也会继续得到发展，但不可否认的是，社会养老或者说养老机构养老将成为今后养老事业发展的重点。因此，有关养老机构的类型、现状、存在问题及解决对策，今后该如何发展就成了目前迫切需要关注和探讨的问题。

一、机构养老的类型分析

机构养老，是指由养老机构为老年人提供住养、生活护理等综合性服务的养老模式。这些养老机构中设有生活起居、文化娱乐、康复训练、医疗保健等多项服务设施。这里的老年人指60周岁及以上的老年人。根据其生活自理程度及是否依赖器械帮助或他人护理，又可分为：自理老人，即日常生活行为完全自理，不依赖他人护理的老年人。介助老人，即日常生活行为依赖扶手、拐杖、轮椅和升降等设施帮助的老年人。介护老人，即日常生活行为依赖他人护理的老年人。[1]按生活自理程度将老年人分为自理老年人、部分自理老年人、完全不能自理老年人三类。[2]

（一）域外养老机构划分

在美国，根据养老机构的不同功能将其分成三类。第一类为技术护理照顾型养老机构，主要收养需要24小时精心医疗照顾但又不需要医院所提供的经常性医疗服务的老人；第二类为中级护理照顾型养老机构，主要收养没有严重疾病，需要24小时监护和护理但又不需要技术护理照顾的老人；第三类为一般照顾型养老机构，主要收养需要提供膳食和个人帮助但不需要医疗服务及24小时生活护理服务的老人。

在英国，护理院（即养老机构）展现了包括地方政府、志愿者和私人创办的多元趋势。也就是说英国的护理院有政府创办的，有志愿者创办的，还有私人创办的。截至目前，英国地方政府创办的护理院数量下降，志愿者办的数量居中，而私人办的护理院占到了绝大多数。地方政府办的护理院占17%，志愿者创办的占21%，其他创办的占62%。[3]国家、非营利机构、志愿组织和私人的服务之间构成了诸如相互作用、相互补充、相互挑战，互为动力机制的关系模式。在英国混合型福利的模式下，私人和志愿组织的养老社会服务（养老机构），实际依旧在政府的计划之内。只不过是政府不再具体

---

[1] 参见《老年人社会福利机构基本规范》MZ008-2001。

[2] 参见《老年人居住建筑设计规范》GB/TS034-2016（该标准已废止）。

[3] 参见潘屹："西欧社会服务的概念及老人社区照顾服务的发展趋势与特点"，载 http://zyzx. mca. gov. cn/article/yjcg/shfl/200803/20080300012831. shtml，最后访问日期：2021年9月17日。

操作办理，交给志愿组织和私人机构去操作和执行，政府是主要出资者、政策法规制订者与监督者。

（二）我国养老机构种类划分

1. 根据《老年人社会福利机构基本规范》[1]的规定，我国社会化养老机构包括老年社会福利院、养老院或老人院、护老院、护养院、敬老院、养老所、老年公寓、托老所、老年人服务中心、老年康复医院等老年人养老机构。

老年社会福利院，是由国家出资举办、管理的综合接待"三无"[2]老人、自理老人、介助老人、介护老人安度晚年而设置的社会养老服务机构，设有生活起居、文化娱乐、康复训练、医疗保健等多项服务设施。养老院或老人院，是专为接待自理老人或综合接待自理老人、介助老人、介护老人安度晚年而设置的社会养老服务机构，设有生活起居、文化娱乐、康复训练、医疗保健等多项服务设施。老年公寓，是专供老年人集中居住，符合老年体能心态特征的公寓式老年住宅，具备餐饮、清洁卫生、文化娱乐、医疗保健等多项服务设施。护老院，是专为接待介助老人安度晚年而设置的社会养老服务机构，设有生活起居、文化娱乐、康复训练、医疗保健等多项服务设施。护养院，是专为接待介护老人安度晚年而设置的社会养老服务机构，设有起居生活、文化娱乐、康复训练、医疗保健等多项服务设施。敬老院，是在农村乡（镇）、村设置的供养"三无""五保"[3]老人和接待社会上的老年人安度晚年的社会养老服务机构，设有生活起居、文化娱乐、康复训练、医疗保健等多项服务设施。托老所，是为短期接待老年人托管服务的社区养老服务场所，设有生活起居、文化娱乐、康复训练、医疗保健等多项服务设施，分为日托、全托、临时托等。老年人服务中心，是为老年人提供各种综合性服务的社区服务场所，设有文化娱乐、康复训练、医疗保健等多项或单项服务设施和上门服务项目。

2. 根据投资主体和经营主体的不同，即传统意义上的所有制形式的不同

[1] 参见《老年人社会福利机构基本规范》MZ008-2001。

[2]《中华人民共和国老年人权益保障法》第31条第2款："老年人无劳动能力、无生活来源、无赡养人和扶养人，或者其赡养和扶养人的确无赡养能力或者扶养能力的，由地方各级人民政府依照有关规定给予供养或者救助。"

[3]《农村五保供养工作条例》第2条："本条例所称农村五保供养，是指依照本条例规定，在吃、穿、住、医、葬方面给予的生活照顾和物质帮助。"

以及我国实践中的做法，又可以将其划分为：公办公营养老机构、公办民营养老机构、民办公助养老机构、民办民营养老机构四种基本类型。[1]

（1）公办公营养老机构

公办公营养老机构是由公共部门投资、经营的养老机构。公办公营养老机构的专职工作人员由公共部门指派或聘任，兼职工作人员中有大量的志愿者；其日常运营经费主要来自财政拨款，但是社会捐赠也是重要的经费来源。公办公营养老机构具有很强的福利性，一般免费向入住者提供养老服务，或者仅收取少量费用；但是申请入住者必须接受包括年龄、身体健康状况、精神健康状况、财产状况等方面的严格的资格审查。在不同的国家，公办公营养老机构服务的老人对象有很大不同，有些国家该类养老机构数量众多、能够提供大量床位，所以向本国所有老人提供养老服务；有些国家该类养老机构数量很少，仅能提供少量床位，故主要向本国贫困老人提供服务。我国的公办公营养老机构作为政府举办的社会福利机构，长期以来承担着政府供养的"三无"老人的管理和服务。随着人口老龄化带来的社会化养老需求的产生和增长，大多数公办公营养老机构因时顺势也向社会开放接受社会寄养老人，为社会提供养老服务。如我国养老机构中的老年社会福利院、敬老院，其性质就属于公办公营的。现除向政府供养的"三无"老人提供养老服务，有的还面向社会上其他老人提供养老服务。

（2）公办民营养老机构

公办民营型养老机构是公共部门投资、私人部门经营的养老机构。在公办民营养老机构中，公共部门称产权方，经营的私人部门称合作方，产权方在保证公有资产安全的前提下，可通过多种方式如：租赁、承包、股权转让等形式将养老机构的使用权转让给私人部门，私人部门负责养老机构的具体经营事务。产权方与合作方双方通过签订正式合同来规范双方的具体权利和义务以及违反合同规定应承担的责任。在公办民营养老机构这种模式下，养老机构使用权可以是全部的转让、也可以是部分的转让，如果是部分转让，则产权方也在很大程度上参与养老机构具体经营事务。但无论养老机构使用权是全部转让还是部分转让，关于养老机构的重大事宜，如：养老机构的维

---

[1] 参见杨宜勇："我国未来养老机构的模式分析"，载 http://www.gongyishibao.com/news/newsshow.asp? id=22242009.12.10。

修、改造、扩建事宜及涉及养老机构前途和命运的事项，都应由产权方和合作方共同决定。

养老机构的"公办民营"能够有效整合社会养老资源，使政府不用投入很多，就能收到很好的效果。公办，凸显了养老的公益属性；民营，能更好地利用市场杠杆，让养老院有效运转。公办民营养老机构是公办公营养老机构市场化发展的必然趋势。

（3）民办公助养老机构

民办公助养老机构是由私人部门投资、私人部门经营、公共部门适时提供帮助的养老机构。民办公助养老机构的投资经营者一般是社会团体、民办非企业单位等非营利的私人部门，因为该类养老机构也具有非营利性和公益性，政府公共部门要给予帮助，即民办公助。该类养老机构从公共部门获得的帮助主要包括三类：一是政策优惠，给予这类养老机构在财政补贴、用地、贷款和税收方面一定比例的优惠政策，减免企业所得税、营业税的征收等；二是资金、实物帮助和人员支持；三是向其购买床位，比如我国香港社会福利署正在推行的"改善买位计划"，就是由政府向私营养老机构购买床位，提供给申请入住资助安老院床位的老人，这一方面能够缩短申请入住安老院床位老人的等候时间，另一方面也有助于提高养老机构的入住率，属于间接为其提供帮助。

（4）民办民营养老机构

民办民营养老机构是私人部门投资、私人部门经营、完全依靠市场机制调节的养老机构。民办民营养老机构是市场化程度最高的养老机构，通常是在利润的驱使下建立的，是营利性的，公共部门及基金会、慈善机构等一般不向其提供帮助。但是由于民办民营养老机构的服务对象仍然是老人这一特殊群体，所以该类养老机构又天然具有一定程度的福利性，因此在老龄产业发展的初期，民办民营型养老机构也能够从公共部门得到一定程度的支持。尤其是一些西方福利型发达国家，政府事实上承担着大部分养老服务费用。如英国就是如此，2001年，英国私人机构投资经营的护理院占护理院总数的63%，但是入住护理院的老人可以向政府申请补助，大部分养老服务费用是由政府承担的。根据有关资料，英国服务的支出，实际上绝大部分来自政府的预算。小规模志愿组织活动时是不要报酬的，或者资金来源于义卖和其他途径。但是，当许多服务组织需要工资支付时，资助的方式就改变了，大多数的资助来源于地方和中央政府，也有许多被政府的免税所代替。在 1999 年至 2000 年的缴税期间，在人身社会服务部门有 112 亿英镑的税务被免除。在英国，志愿组织服务获得的资金中，政府的资助占第一位，达到了志愿组织全部收入的 54.4%，其次是个人缴费部分，占 26%。〔1〕

二、机构养老面临的问题分析及对策

（一）我国人口老龄化现状

人口老龄化是指总人口中因年轻人口数量减少、年长人口数量增加而导致的老年人口比例相应增长的动态。两个含义：一是指老年人口相对增多，在总人口中所占比例不断上升的过程；二是指社会人口结构呈现老年状态，进入老龄化社会。我国正经历历史上规模最大、速度最快的老龄化过程。国家统计局公布的第七次人口普查数据显示：现阶段我国人口总数为：141 178 万人，也就是 14.1 178 亿人。老年人人口年龄分布数据如下：60 岁及以上人口为 26 402 万人，占 18.70%（其中，65 岁及以上人口为 19 064 万人，占 13.50%）。与 2010 年第六次人口普查数据相比，60 岁及以上人口的比重上升 5.44 个百分点。〔2〕

按照世界通行标准，是否达到老龄化通常有两种方法：一是看该国 60 岁以上的老人是否占到总人口的 10% 以上；二是看该国 65 岁老人的比例是否达到 7% 以上。无论用哪种规则，中国已进入老龄化的行列，并以年均 3% 的速度持续增长。

联合国人口基金与全国老龄办 2012 年 10 月 22 日举办论坛，据估计，在中国，老年人口 2050 年预计将达 4.3 亿，占总人口超过 30%。

智妍咨询发布的《2017-2023 年中国养老行业深度研究与投资前景预测报告》中显示：2025 年中国老年人口将近 3 亿，2050 年中国将有 4 亿老年人，即每 3 个人中就有 1 个老年人。按照现在老龄化发展趋势，人口老龄化比例从 20% 提到 30% 只需 20 多年的时间。预测 2020 年全国养老床位需求 729

---

〔1〕 参见潘屹："西欧社会服务的概念及老人社区照顾服务的发展趋势与特点"，载 http://zyzx. mca. gov. cn/article/yjcg/shfl/20080300012831. shtml.，最后访问日期：2021 年 9 月 17 日。

〔2〕 参见向莲华："最新人口数据出炉，医健行业这些细分领域将受影响"，载 https://www. vbo-lata. cn/51074，最后访问日期：2021 年 12 月 15 日。

万张，2025 年全国养老床位为 900 万张以上。[1]

自我国步入人口老龄化社会以来，老龄化趋势日益加强，并日益呈现老年人口基数大、增长快，高龄化、空巢化趋势明显，需要照料的失能、半失能老人比例高等态势。再加上我国未富先老的国情和家庭小型化的结构叠加在一起，养老问题异常严峻。

我国人口的老龄化趋势及"四二一"结构已成为主导性的家庭模式，迫切需要社会化养老方式来解决未来的养老问题。机构养老模式必将发挥重要作用。但目前机构养老模式在实际运行中存在许多值得关注和研究的问题。

（二）机构养老问题分析及对策

《2017－2023 年中国养老行业深度研究与投资前景预测报告》中显示：2015 年全国各类养老服务机构和设施 11.6 万个，比上年增长 23.4%，其中：登记注册的养老服务机构 2.8 万个，社区养老服务机构和设施 2.6 万个，互助型养老设施 6.2 万个，各类养老床位 672.7 万张，比上年增长 16.4%，每千名老年人拥有养老床位 30.3 张，比上年增长了 11.4%。社区留宿和日间照料床位 298.1 万张。

这些大大小小多家养老机构，为我国的养老事业发挥着积极的作用，但是，各地养老服务机构的数量和质量还远远不能适应人口老龄化需要，尤其登记注册的养老服务机构只有 2.8 万个，养老机构和护理人员仍严重不足。而且现有的各类养老机构还存在着这样或那样的问题，如公办公营养老机构存在着体制僵化、机制不灵、缺乏活力、经营意识不足、政府负担沉重、效率低等问题。其他养老机构存在着资金缺乏、规模偏小、设备简陋、医疗和护理条件差、护理人员素质较低等缺陷，都亟待解决。

1. 公办公营养老机构存在的问题分析及对策

公办公营养老机构在机构养老服务中，其指导性、示范性和辐射性等重要作用不容忽视，但在养老要求越来越社会化的趋势下，也凸显出许多问题，主要有：

（1）长期以来一些公办公营（政府办）的养老机构因为是由政府包办的，经费开支由财政包揽，因此，在组织上、经费上对政府有着高度的依赖

---

[1] 智妍咨询：《2017－2023 年中国养老行业深度研究与投资前景预测报告》，载 http://www.baogao.com/baogao/1030223WH017.html。

性，造成一部分这类养老机构习惯于行政指令，习惯于等、靠、要，总体上存在机制不活和动力不足、管理机制僵化、人员用工制度行政化、人浮于事、服务对象单一（主要是"三无"人员）等问题，示范引导、辐射带动作用发挥不够，缺少主动寻找服务市场的意识，难以适应养老服务市场的变化。

（2）公办公营养老机构存在固有体制和僵硬的机制、人员冗余以及有的服务单一、设备简陋等问题，已难以满足入住老人的需求。虽然近几年有一部分公办养老机构的设施得到了较大改善，但社会化程度不高，养老资源未得到充分的利用。特别是面对各种形式结构的养老机构的迅速发展和养老服务的市场化程度的提高，其经营面临困境。

（3）公办公营养老机构国家投入多，建筑面积大，但有的养老院设置不合理，入住老人的床位设置少，入住老人少，而附属面积多，形成浪费；还存在管理层人员较多，服务、护理人员较少的问题。

（4）有的公办公营养老机构过于宾馆化，每层只有卫生清洁方面的服务员而没有护理员，只收能交起费用的自理老人，真正需要护理的"三无"老人一概不收，长期以来公共社会福利资源被实际上不需要护理的有钱人占有，而真正需要照顾护理的人住不进来。这就偏离了公办公营养老机构的开办初衷和方向。因此，在社会化养老发展趋势下，应对公办公营养老机构重新定位，进行改革，使其适应市场发挥作用。

针对以上问题笔者建议采取如下对策：

（1）由于公办公营养老机构经历了长期的发展，有成熟的技术和丰富的管理经验，有规范的管理体制和服务手段，具备较为完善的服务设施，也有一定的社会认知度。所以，政府在大力推进社会化养老的同时，仍不能忽视公办公营养老机构对各养老机构养老服务方面的指导性、示范性作用。同时针对存在的问题应更重视对公办养老机构进行市场化运作改革，以使其适应社会，更好地发展。政府要切实改变对公办公营养老机构包办保管的做法，切实转换职能，建议对公办公营养老机构进行"公办民营"体制改革，即政府仍保持对该种养老机构投资的主体性，但可通过承包、租赁、合资、合作、股权转让等多种方式实现公办民营，使公办养老机构有独立的市场主体地位，独立地进行市场经营活动，独立地参与市场竞争，从而解决长期以来公办养老机构政府高投入低效率的问题。另外，因投入的主体仍然是政府，也就必须仍体现出"国办"的特征，所以政府要通过制定和运用系统的法律、法规、政策、行业规范等对其实施必要的监管服务，确保社会化养老市场拥有一个公开、公正、公平的良性经营环境。

（2）公办公营的养老机构本身在社会化养老迅猛发展的前提下，应正确充分地认识自身具有的优势和存在的弊端，要知道现有的体制和机制已经不能适应社会化养老的市场实际需求，必须进行改革。为此，应转变观念，树立竞争、创新、经营和风险意识，不能再一味地依赖政府，存在等、靠、要的思想。大力进行体制改革，建立市场化操作和企业运作机制。通过各种方式对外开放，对内搞活，充分吸收社会人才资源和物质资源。积极探索和选择优秀的管理模式和经营模式，使管理科学化和标准化，探寻适应市场需求的多元化经营方式，形成公办养老机构自身完备的"造血"功能，不断焕发出新的生机和活力，积蓄可持续发展的动力。如现有的公办养老机构存在服务单一、方式不灵活、服务质量不到位、效率低等问题，因此，可探索将现有的单一长期照料模式改为根据养老市场的实际，开创多元化养老服务模式，如开创短期照料、日间照料、机构外服务、本地养老联动、异地养老联动、开办专为老年人服务的各种活动、利用自己技术、管理经验等优势开展养老培训业务。在用人制度、工资制度方面也要进行市场化改革，也可考虑涉足养老服务产业。在保证服务质量，提高效率的前提下，充分发挥自己在技术、服务、综合功能等方面的优势，从而推动和促进社会化养老的发展和自身的可持续发展。

2. 其他类型养老机构存在的问题分析及对策

如前所述，除公办公营养老机构外，我国各地还有大量的公办民营、民营公助、民办民营等类型的养老机构，这些养老机构近年来因适应养老市场的需求迅猛发展起来，但数量和质量仍不能适应人口老龄化需要，部分养老机构存在着规模偏小、设备简陋、医疗和护理条件差、护理人员素质较低等缺陷，有的养老机构因资金、场地、国家政策等得不到落实而面临困境。主要问题有：

（1）政府没有确立宏观管理、行业管理的新思维，在对民办养老机构的咨询、登记、审批业务指导和监督过程中，缺乏详细规范的政策依据，对其管理处在一种待管不管的状态，致使民办养老机构呈现杂乱无序，甚至盲目重复建设。

（2）养老机构设施简陋，管理不规范，服务粗放。一些民办养老机构由于缺乏发展眼光或缺乏资金，也有的以为办养老机构能赚大钱，使养老机构在资金投入、设备购置方面严重不足，太过因陋就简。有的没有无障碍设计和方便老人的设施，有的存在防火、安全隐患，有的缺乏健身场所或设施，有的地方狭窄，室内阳光不足，有的饮食缺乏营养配比，种类少，有的养老院仅保证老年人能够吃上饭而已。老年人活动场地和项目的缺乏以及饮食营养的欠缺导致老年人生活质量降低。

（3）缺乏专业的护理人员且人员流动性很大。部分养老机构雇佣的工作人员大多未经过任何培训，缺乏护理老人的基本知识，服务简单粗放，服务水平和服务质量较低。服务人员个人文化综合素质较低。护理人员多是从农村来城市务工人员，据调查北京几家养老院，其护理人员大都是从陕、甘、宁地区农村来京务工者，没有进行过任何专业培训，即使进行过培训也是做做形式，进行一两天所谓培训，受培训人员在接受培训时还一边织着毛活或做着别的事。护理人员心理素质以及护理能力低下，时有指责、谩骂，甚至于殴打老人等职业道德缺乏的现象出现，老年人的生活质量难以保证。缺乏对老人的人文关怀与心理安抚。护理人员注重生活护理而忽略精神需求，使老年人长期感到孤独寂寞。护理人员不仅缺乏，而且不稳定。原因很多，比如：民办养老机构在医保定点单位的资格认定、政府的财政补贴、内部职称评定和人才引进、有关方面重视程度等许多方面，大都不能享受同公办机构一样的待遇，这对于民办机构吸引和留住人才十分不利。加上国家和地区出台的有关优惠、扶助政策大多未得到有效落实。加之行业平均收入低、福利待遇较差以及就业观念等因素影响，一些具有专业技能的人不愿去养老机构就业，现有的在职人员稳定性差，如鹤童养老院开始的时候，有100多人的规模，经营十三年最初的员工留下来的只有十几位了，即大体不到10%的人员坚持了下来，其他人员都流走了。很多老年护理机构都陷入专业人才短缺的困境。

（4）养老服务的收费标准不一，缺乏必要的规章制度。机构养老服务具有社会保障性与公益性，由于地理位置、收住对象不同，其盈利回报不一，全国各养老机构自行制定收费标准，其服务标准也不统一，缺乏相应的监管机制。民办养老服务机构虽然都建有一些规章制度，但管理水平参差不齐。

（5）民办养老服务机构的一些优惠政策难以落实。未能体现"民办公助"的特征。2000年国务院办公厅转发了民政部等部门《关于加快实现社会福利社会化的意见》，提出应在用地和税收优惠、城市建设和公用事业收费等六个方面给予扶持。2013 年国务院发布《关于加快发展养老服务业的若干意见》，2015 年民政部等十部委发布《关于鼓励民间资本参与养老服务业发展的实施意见》，2015 年民政部与国家开发银行发布《关于开发性金融支持社会养老服务体系建设的实施意见》都提出了相关支持、扶持、优惠措施，但有关部门无相应配套的具体政策措施，在实际执行中优惠政策难落实。许多社会兴办的养老机构，由于没有基本建设的优惠政策、扶持保护政策、投资者的免税政策、贷款优惠政策等，严重挫伤了社会办养老机构的积极性。

（6）入住率低。部分养老机构由于经费的限制，对养老机构自身宣传不够，一些社会办养老机构尤其一个人兴办的养老机构，规模小、条件差、影响力弱，没有资金和能力宣传自己，导致供需双方信息交流不畅，想入住的老人找不到合适的养老机构，而养老机构却空着大部分床位没有老人入住，入住率极低，有的不得不停业、倒闭。

为此笔者提出以下解决对策：

（1）地方政府应落实国务院优惠政策，鼓励社会团体、民间机构、个人壮大养老事业，加大对民办养老服务业的扶持力度，出台优惠政策的实施细则，重点帮助养老服务机构解决征地难、融资难等实际问题。真正把"民办公助"落到实处。

（2）规范管理，加强政府职能部门的指导作用。要通过制定法律法规为民办养老机构做出宏观规划，严格按照标准规划管理、规范运作，加强行政检查监督。民政部门可通过制定行业规划、行业标准等措施，规范申办养老服务机构的建筑规模、标准要求，规范养老服务机构的行业行为；对养老服务进行评级，每年由社会评出服务好、环境好、综合条件优的养老院，给予一定的荣誉和奖励；同时向社会公布各项指标不合格的养老机构，促进整改，对整改无效不符合养老机构开办条件的，应坚决予以取缔。

（3）建立老年护理培训基地，对老年护理人员进行分级培训。建议民政部门与相关院校合作，院校根据需要设置老年护理、康复、心理辅导等专业，对相关人员有计划地开展老年护理、康复、心理、服务技能、老年餐饮、营养配比等专业培训，制定政策鼓励青年人到相关院校及培训基地学习老年护理、康复护理等专业，符合条件的给予一定资格认定和相关待遇。这样，一方面能逐步提高我国的老年服务、护理水平，逐步解决我国养老机构专业护理人员严重缺乏的问题；另一方面有利于扩大年轻人就业渠道，促进就业。

（4）在现阶段，对营利性的养老机构，要规范老人服务标准与收费标准，根据老人们的具体需求，养老服务机构应提供生活照料、家政服务、精神文化等个性化、专业化服务，根据不同的服务，自理、半自理、不能自理，制定相应的收费标准，由民政部门监督其收费情况，对违规单位，可依规定予以处罚直至取消其办院资格。

（5）今后，应确立"公办民营、民办公助"的机构养老模式，现有的公办养老机构要积极探索走民营化的路子，而未来机构养老的建设，要更多地让民间力量介入，但政府有责任增加投入，给足相应的优惠政策，也就是要更多地实行"民办公助"对有入住民办养老机构意愿的低收入老人进行一定数额的资助。

（6）借鉴美国、日本等国家作法，按照养老机构的功能、老人的活动能力、身体状况标准对养老机构进行科学的分类和规范。改变目前以所有制或者是否营利为标准来划分的做法。国际上一般发达国家对养老机构的划分，是按照养老机构的功能、老人的活动能力、身体状况标准来分类的。国际上有一个概念，把老人可分为：少老人、中老人、老老人。少老人 60 岁以下，70%~80% 是活动型的；中老人 60 岁~80 岁，这部分老人其活动能力已经受到限制了；老老人 80 岁以上，活动受到限制的程度更大，甚至不能活动，只能躺在床上，走向了完全护理型。比如美国养老机构的划分就是根据养老机构所具有的不同功能来分类的，分了三类（见前文）。日本 1999 年后出台的介护保险，就是按照老人的功能分成五级，把老人的半自理和非自理类型划分得更细致，因为不同功能类型的老人所需要的养老服务不一样。

按照服务的老年人对象和功能的变化来配置相关服务，进而配置服务所需要的资源，是一个科学的方法，发达国家已做了几十年了，可以体现出以人为本，服务广大不同老年对象，使其安享晚年。目前，我国绝大多数养老机构还未进行功能定位。[1]我国可以借鉴美国、日本等国家的做法，并结合我国的实际情况，明确各类养老机构的性质和功能，提高养老机构服务水平和质量。

---

〔1〕 参见桂世勋："合理调整养老机构的功能结构"，载《华东师范大学学报（哲学社会科学版）》2001 年第 4 期。

3. 机构养老在法律、法规、政策上存在的问题分析及对策

机构养老在法律、法规、政策上存在的问题主要有：

（1）在机构养老服务方面，目前还没有专门的社会化养老服务方面的法律和法规，而更多更久地停留在政策性文件规定的层面，因此其强制力和时效性在执行时就大打折扣；现有相关立法中内容尚不完备，虽然有《中华人民共和国老年人权益保障法》《中华人民共和国消费者权益保护法》，但其中较少涉及社会养老服务的内容，民政部颁布有《老年人社会福利机构基本规范》，住房和城乡建设部颁布有《老年人居住建筑设计规范》等，各地也相继颁布实施了类似的规章，但离社会养老服务法制化、规范化的社会实际需要相差甚远。作为确定养老机构和入住老人之间相互权利义务关系的入住协议或入住合同，缺少明确的法律规定，比如1999年3月颁布的《中华人民共和国合同法》（已失效）是专门调整有关合同关系的法律，但也未将养老合同作为有名合同加以规定。显然，立法严重滞后于经济和社会的发展水平，直接导致对社会养老服务关系调整的乏力，出现纠纷因为缺少法律依据，处理起来难度加大。这不利于充分保护老年人的合法权益，制约了养老机构的健康、有序发展。

（2）老年社会政策法规体系建设缺少配套和衔接。老年社会政策不仅法规体系本身的各个方面、各个环节、各个层面缺少配套和衔接，而且其与其他经济、社会发展政策存在矛盾、不协调甚至相悖的现象。

（3）老年社会政策落实不到位和不落实的现象比较突出。

为此笔者建议采取以下对策：

（1）要积极推动老龄事业发展和公共服务发展的立法进程。加紧相关方面的修法立法。如设立养老机构法律法规，包括院舍准入、人员准入，政府有关部门应尽快制定和完善养老机构设置规划、不同层次养老机构建设标准和服务标准等法规，并对养老机构的性质、宗旨、权利、职业资格、管理体制、服务标准等作出明确。专门立法或在相关法律法规中对养老机构和入住老人之间的入住合同作出规范，比如：什么是养老服务合同、合同当事人及当事人的权利与义务、合同的主要内容等都应作出规定，以保证养老机构和服务对象双方的合法权益。

（2）要加快养老服务质量专业技术标准体系建设。加快硬件建设步伐，加快制定和推行养老机构、服务设施建设的规划、标准、规范，全力推进民

办公助的通行；积极研究制定并推行公办民营的政策和办法；推动各类社会服务团体和中介组织的培育发展和规范运作。加强对养老服务的规范管理，制定出台各级各类养老机构服务标准和评估监督办法等。鼓励和推动现代化的养老服务信息系统建设和老年产业市场信息系统建设，促进供求关系的改善与平衡。

（3）建立和推行老年服务社会工作者制度。要加强服务队伍的职业道德建设和知识化、专业化、职业化建设，搞好培训和管理。积极探索和推行专业社会工作者制度。

结　语

我们知道，现阶段中国人的养老主要还是以居家养老为主，依靠家庭。但是针对"四二一"结构成为主导性的家庭模式，居家养老将给每个中国家庭带来沉重的经济负担。随着我国人口老龄化速度的加快，社会养老或者养老机构养老将成为今后养老事业发展的重点。但各地养老服务机构无论是在数量和质量上，还是在护理人员的数量、技能和资格等方面都还远远不能适应人口老龄化需要，不能满足社会化养老的实际需求，而且现有的养老机构养老模式在实际运行中仍存在着许许多多问题。因此，笔者认为：今后，在机构养老模式下，应确立"公办民营、民办公助"机构养老模式。并借鉴美国、日本等国家的做法，按照养老机构的功能、老人的活动能力、身体状况标准对养老机构进行科学的分类和规范。按照服务的老年人对象和功能的变化来配置相关服务，进而配置服务所需要的资源。要积极推动老龄事业发展和公共服务发展的立法进程，加紧机构养老等相关方面的立法修法工作，使机构养老事业有法可循。对实际中存在的问题有针对性地进行研究和解决。

参考文献：

〔1〕中华人民共和国住房和城乡建设部：《老年人居住建筑设计规范》。

〔2〕鲁小慧："关于我国养老机构发展中存在的问题及对策探讨"，载《中国经贸》2008年第20期。

〔3〕杨团："怎样做老人院类型界定及在界定基础上如何进行政策支持"，载中国社工协会老年福利服务工作委员会编：《我为伟大祖国分忧–全国养老工作论文集》，华龄出版

社 2009 年版。

〔4〕李春玲：“机构养老在以居家养老为主的养老方式下应充当的角色”，载《我为伟大祖国分忧–全国养老工作论文集》，华龄出版社 2009 年版。

谈谈对《新时代高校教师职业行为十项准则》的看法

刑事司法学院　王顺安

一、教师职业规范已经来临

2018 年 11 月中旬，教育部印发了《新时代高校教师职业行为十项准则》《新时代中小学教师职业行为十项准则》《新时代幼儿园教师职业行为十项准则》，根据高校、中小学、幼儿园教师队伍的不同特点，明确新时代教师职业规范，划定基本底线，深化师德师风建设。为配合准则出台，教育部还制定了《教育部关于高校教师师德失范行为处理的指导意见》和《幼儿园教师违反职业道德行为处理办法》，并对 2014 年印发的《中小学教师违反职业道德行为处理办法》进行了修订，建立起违规惩处和责任追究机制。教育部要求，要把准则要求落实到招聘、聘用、考核等教师管理具体工作中，实行师德失范"一票否决"，对于有严重侵害学生行为的，一经查实，要撤销其所获荣誉、称号，依法依规撤销教师资格、解除教师职务、清除出教师队伍。同时，还要求对被清除教师队伍的人员录入全国教师管理信息系统，任何学校不得再聘任其从事教学、科研及管理工作。

对于教师职业规范，理应认真学习与贯彻落实，必须从法治的角度对十项准则的出台予以阐释。

二、新时代高校教师职业行为准则的核心内容

教育部印发的《新时代高校教师职业行为十项准则》开宗明义指出的制定准则的时代背景、目的与要求，与《新时代中小学教师职业行为十项准则》《新时代幼儿园教师职业行为十项准则》是一样的，时代背景是新时代对广大

教师落实立德树人根本任务提出新的更高要求。所谓"新时代"，也就是中共十九大确定的中国社会发展的新阶段、主要矛盾的新变化及习近平新时代中国特色社会主义思想和基本方略。新时代是承前启后、继往开来、在新的历史条件下继续夺取新时代中国特色社会主义伟大胜利的时代，是决胜全面建成小康社会、进而全面建设社会主义现代化强国的时代，是全国各族人民团结奋斗、不断创造美好生活、逐步实现全体人民共同富裕的时代，是全体中华儿女勠力同心、奋力实现中华民族伟大复兴中国梦的时代，是我国日益走近世界舞台中央、不断为人类作出更大贡献的时代。[1]新时代，我国社会主要矛盾已经转化为人民日益增长的美好生活需要和不平衡不充分的发展之间的矛盾，教育尤其是高等教育至关重要。

在此时代背景下，教育部出台教师职业规范，就是为了进一步增强教师的责任感、使命感、荣誉感，规范职业行为，明确师德底线，引导广大教师努力成为"四有"好老师，即有理想信念、有道德情操、有扎实学识、有仁爱之心，最终为新时代教育"五有"新人服务，即着力培养"德、智、体、美、劳"全面发展的社会主义建设者和接班人。

《新时代高校教师职业行为十项准则》的核心内容是：①坚定政治方向；②自觉爱国守法；③传播优秀文化；④潜心教书育人；⑤关心爱护学生；⑥坚持言行雅正；⑦遵守学术规范；⑧秉持公平诚信；⑨坚守廉洁自律；⑩积极奉献社会。十项准则中的前六项，与中小学和幼儿园教师的十项准则几乎是一样的，区别的重心是后四项内容。针对高校教师，准则要求坚守学术良知，反对学术不端；不得抄袭剽窃、篡改侵吞他人学术成果，或滥用学术资源和学术影响。针对中小学教师，准则规定的重点要求是不得组织、参与有偿补课，或为校外培训机构和他人介绍生源、提供相关信息。针对幼儿园教师，准则主要明确不得采用学校教育方式提前教授小学内容，不得组织有碍幼儿身心健康的活动。

《新时代高校教师职业行为十项准则》规定了"十大倡导的美德"：一是坚持以习近平新时代中国特色社会主义思想为指导，拥护中国共产党的领导，贯彻党的教育方针；二是忠于祖国、忠于人民，恪守宪法原则，遵守法律法

　　〔1〕　参见习近平："决胜全面建成小康社会夺取新时代中国特色社会主义伟大胜利——在中国共产党第十九次全国代表大会上的报告"，载《求是》2017年第21期。

则，依法履行教师职责；三是带头践行社会主义核心价值观，弘扬真善美，传递正能量；四是落实立德树人根本任务，遵循教育规律和学生成长规律，因材施教，教学相长；五是严慈相济，诲人不倦，真心关爱学生，严格要求学生，做学生良师益友；六是为人师表，以身作则，举止文明、作风正派，自重自爱；七是严谨治学，力戒浮躁，潜心问道，勇于探索，坚守学术良知，反对学术不端；八是坚持原则，处事公道，光明磊落，为人正直；九是严于律己，清廉从教；十是履行社会责任，贡献聪明才智，树立正确义利观。同样，准则相应地规定了"十大杜绝的恶行"：一是不得在教育教学活动中及其他场合有损害党中央权威、违背党的路线方针政策的言行；二是不得损害国家利益、社会公共利益，或违背社会公序良俗；三是不得通过课堂、论坛、讲座、信息网络及其他渠道发表、转发错误观点，或编造散布虚假信息、不良信息；四是不得违反教学纪律，敷衍教学，或擅自从事影响教育教学本职工作的兼职兼薪行为；五是不得要求学生从事与教学、科研、社会服务无关的事宜；六是不得与学生发生任何不正当关系，严禁任何形式的猥亵、性骚扰行为；七是不得抄袭剽窃、篡改侵吞他人学术成果，或滥用学术资源和学术影响；八是不得在招生、考试、推优、保研、就业及绩效考核、岗位聘用、职称评聘、评优评奖等工作中徇私舞弊、弄虚作假；九是不得参加由学生及家长付费的宴请、旅游、娱乐休闲等活动，或利用家长资源谋取私利；十是不得假公济私，擅自利用学校名义或校名、校徽、专利、场所等资源谋取个人利益。

三、中华民族历来强调为师为人之德，乃至以德治国、德主刑辅

儒家鼻祖孔子一生倡导并践行"师道尊严、言传身教""师也者，教之以事而喻诸德者也"。儒家文化的核心思想是"仁者爱人""克己复礼""与人为善""德不孤、必有邻""己所不欲、勿施于人""出入相友、守望相助"，主张以德治国、以文化人、德主刑辅、刚柔相济。唐代大文豪韩愈曰："师者，所以传道授业解惑也。""传道"即做人做事的最基本的道德品质及规律，是"授业""解惑"的前提与基础。正如习近平总书记在2014年9月9日同北京师范大学师生代表座谈时讲话中提到的，"传道"是第一位的。一个老师，如果只知道"授业""解惑"而不"传道"，不能说这个老师是完全称职的，充其量是"经师""句读之师"，而非"人师"了。一个优秀的老师，应

该是"经师"和"人师"的统一。[1]

中国古人讲："太上有立德，其次有立功，其次有立言，虽久不废，此之谓不朽"，三者俱备才是完人，但是五千年以来，要做到立德、立功、立信三者兼备的还真的不多，明代王阳明算是公认的一位。立德、立功、立信三者紧密相关联，历朝历代最看重的还是立德。《大学》讲："大学之道，在明德，在亲民，在止于至善。"是讲人首先要树立正确的世界观、价值观、道德观、审美观，诚意正心修身，才能立功、立言。无德，功与言也不能立，立不好。中国人民大学一级教授张立文认为，学为人师，要正确传道、授业、解惑，而不能传授不正确之道、之业；要行为端正、庄重，以身作则，礼义廉耻；要勇立潮头，追寻学术前沿，构建化解之道；要乐于学而时习之，诲人不倦，始终站在教学第一线；要严格遵守国家一切法律、法规，以及学术规范；要立己立人，助人为乐，为中华民族学术繁荣而努力。

四、加强师德师风建设是习近平总书记的一贯主张与要求

早在习近平总书记主持福建、浙江和上海的地方工作时，多次视察大中小学，关心教师的工资收入和福利待遇，倡导师风师德建设。党的十八大以来，习近平总书记更加关注关心关爱教育工作。2013 年 12 月 3 日，习近平总书记在关于全国高等学校党的建设工作的重要批示中指出，"要坚持立德树人，把培育和践行社会主义核心价值观融入教书育人全过程"。[2]2014 年 5 月 4 日，习近平总书记在北京大学师生座谈会上的讲话中明确指出："国无德不兴，人无德不立""国有四维，礼义廉耻，'四维不张，国乃灭亡'"。要求广大青年加强道德修养，注重道德实践。希望教师要时刻铭记教书育人的使命，甘当人梯，甘当铺路石，以人格魅力引导学生心灵，以学术造诣开启学生的智慧之门。[3]

2014 年 9 月 9 日，习近平总书记在同北京师范大学师生代表座谈时，明确提出"国家繁荣、民族振兴、教育发展，需要我们大力培育造就一支师德

---

〔1〕 参见习近平："做党和人民满意的好老师—同北京师范大学师生代表座谈时的讲话"，载politics. people. com. cn/n/2014/0910/c7073125629093. html。

〔2〕 参见新华社："习近平就高校党建工作作出重要指示强调坚持立德树人思想引领加强改进高校党建工作"，载 http://www. gov. cn/xinwen/2014-12/29/content_ 2798452. htm。

〔3〕 参见习近平："青年要自觉践行社会主义核心价值观——在北京大学师生座谈会上的讲话"，载 http://news. cntv. cn/2014/05105/ARTI1399225633640358. shtml。

高尚、业务精湛、结构合理、充满活力的高素质专业化教师队伍，需要涌现一大批好老师"。"合格的老师首先应该是道德上的合格者，好老师首先应该是以德施教、以德立身的楷模。师者为师亦为范，学高为师、德高为范。好老师应该取法乎上、见贤思齐，不断提高道德修养，提示人格品质，并把正确的道德观传授给学生。"〔1〕

2017年5月3日，习近平总书记在中国政法大学考察后，主持了该校举行的依法治国座谈会，在强调高素质的法治工作队伍是全面依法治国的关键、高校是法治人才培养的第一阵地等内容之后，旗帜鲜明地提出，中国特色社会主义法治道路的一个鲜明特点，就是坚持依法治国和以德治国相结合，强调法治和德治两手抓，两手都要硬。法学教育要坚持立德树人，不仅要提高学生的法学知识水平，而且要培养学生的思想道德修养。各级领导干部要做尊法学法守法用法的模范，以实际行动带动全社会崇德向善、尊法守法。〔2〕

2018年9月10日，全国教育大会在北京召开。中共中央总书记、国家主席、中央军委主席习近平同志出席会议并发表重要讲话，他强调"教育是民族振兴、社会进步的重要基石，是功在当代、利在千秋的德政工程"。教育改革发展的新理念新思想新观点之一，就是"坚持把立德树人作为根本任务""把培育社会主义建设者和接班人作为根本任务""要在加强品德修养上下功夫，教育引导学生培育和践行社会主义核心价值观，踏踏实实修好品德，成为有大爱大德大情怀的人""要把立德树人融入思想道德教育、文化知识教育、社会实践教育各环节，贯穿基础教育、职业教育、高等教育各领域""做老师就要执着于教书育人，有热爱教育的定力、淡泊名利的坚守""对教师队伍中存在的问题，要坚决依法依纪予以严惩"。〔3〕

教育部近期出台的新时代高校教师等职业行为十项准则，不外是落实党中央有关教育方针政策的战略部署和习近平总书记一系列重要讲话的德育精神与底线要求。

---

〔1〕 参见习近平："青年要自觉践行社会主义核心价值观——在北京大学师生座谈会上的讲话"，载 http://news.cntv.cn/2014/05105/ARTI1399225633640358.shtml。

〔2〕 参见习近平："立德树人德法兼修抓好法治人才培养励志勤学刻苦磨炼促进青年成长进步"，载《法制日报》2017年5月4日，第04版。

〔3〕 参见习近平："坚持中国特色社会主义教育发展道路 培养德智体美劳全面发展的社会主义建设者和接班人"，载 http://www.moe.gov.cn/jyb.xnfb/gzdt-gzdt/201809/t20180910_348145.html。

五、《新时代高校教师职业行为十项准则》的几个法律问题

（一）《新时代高校教师职业行为十项准则》是不是法律文件

根据我国《宪法》第 62 条、第 67 条的规定，全国人民代表大会及其常务委员会作为我国的立法机关，负责修改宪法和基本法律的制定与修改、解释法律，撤销国务院制定的同宪法、法律相抵触的行政法规、决定和命令、撤销省、自治区、直辖市国家权力机关制定的同宪法、法律和行政法规相抵触的地方性法规和决定等。第 89 条规定，国务院根据宪法和法律，规定行政措施，制定行政法规，发布决定和命令。第 90 条第 2 款规定，国务院各部、各委员会根据法律和国务院的行政法规、决定、命令，在本部门的权限内，发布命令、指示和规章。教育部是国务院的一个重要部门，其有权根据法律和国务院的行政法规、决定、命令，在本部门的权限内，发布命令、指示和规章，即部门规章。部门规章是中央国家行政机关制定和发布的用以规定某些专门事务中的具体实施规则的规范性文件，在部门系统的全国范围内具有法律的约束力，是中国特色社会主义法律体系的组成部分。

《新时代高校教师职业行为十项准则》等三项准则，是由国务院教育部发布的，在全国高校及所有教育机构范围内都具有法律约束力，当然是归为部门规章的范畴，属于广义的法律、应纳入中国特色社会主义法律体系之中。

（二）《新时代高校教师职业行为十项准则》与《高等学校教师职业道德规范》的关系

2011 年 12 月 30 日，为贯彻落实中共十七届六中全会精神，落实时任中共总书记胡锦涛在庆祝清华大学建校 100 周年大会上的讲话精神，以及教育大纲要求加强教师职业理念和职业道德建设，增强广大教师教书育人的责任感、使命感，全面提高高校师德水平，教育部、中国教科文卫体工会全国委员会研究制定了《高等学校教师职业道德规范》，该规范规定了爱国守法、敬业爱生、教书育人、严谨治学、服务社会、为人师表六大方面的道德要求与负面清单，如不得有损害国家利益和不利于学生健康成长的言行，不得损害学生和学校的合法权益、不得从事影响教育教学工作的兼职、坚决抵制学术失范和学术不端行为、坚决反对滥用学术资源和学术影响、自觉抵制有损教师职业声誉的行为。

由于该规范明确规定的是"道德规范"，同时该道德规范的倡导者又是行业工会社团组织，因此规范的发布主体是教育部和中国教科文卫体工会全国委员会。基于我国宪法和立法法没有规定作为人民团体的工会组织是国家的行政机关，因此其不具备立法权，但有责任有义务引导教育行业的教师职业道德标准及其积极向上的师德师风建设。也正因如此，2011 年底，由教育部和行业工会联合发布的《高等学校教师职业道德规范》不属于法律文件，只能作为推进高校师德建设的道德标准和指导性文件。

党的十八届四中全会作出了全面依法治国的决定，依法教育的理念也逐步深入。因此，2018 年新时代教师职业行为规范的三个文件，都没有让行业工会参与发布，但其内容具有继承性。

创新工会工作机制努力提升高校教职工政治素养

网络安全和信息化办公室　李静锐　方俊博

摘　要： 高校教职工的政治素养关乎个人发展、学生利益，学校发展甚至国家未来，我们要以高度的责任感和使命感做好高校教职工的思想政治工作，不辜负家长重托、社会期望，为党和人民分忧解难。高校工会组织是提升高校教职工政治素养的"大学堂"，我们要利用好这一"阵地"充分开展党建活动和思想政治培训，努力提升教职工的思想政治素质，让工会成为职工利益守卫者的同时，也要让其成为职工思想建设的"加油站"。

关键词： 政治素养；思想政治工作；工会；大学堂

引　言

春风化雨，润物无声。高校教职工是学生获取知识，形成正确价值观的重要人生导师，在学生学习、成长的关键阶段具有不可替代的作用。因此，高校教职工必须有丰厚殷实的知识储备、诲人不倦的教学态度和内外兼修的政治素养。说到政治素养，通常指思想政治素质，这已成为评判高校教职工为人是否正派、工作是否胜任、教学是否合格的关键因素，它关系到党和人民的根本利益，国家和民族的命运走向。可以说，一位合格的高校教职工，必须牢固树立共产主义理想，必须坚持中国特色社会主义道路自信、理论自信、制度自信、文化自信，始终信念坚定、不忘初心，对党和人民无限忠诚，对教育事业无限热爱。

当下，在全面从严治党的大背景下，"两学一做"和"党的群众路线教育实践活动"火热开展中，高校教职工愈加自觉地维护党的权威，遵守党的纪律，尤其在传道授业的过程中，他们行为规范、以身作则，与学生共同学习和践行"社会主义核心价值体系"，这对于我们坚守高校意识形态阵地有着十分积极的作用。

作为社会主义人才培养的"灵魂工程师"，我们还需进一步提升教职工的思想政治素养，将优良的教书育人的风气传播开来，让我们的莘莘学子深深体会到党和人民的深情与重托，增强他们对民族和国家的自信心和自豪感，从而为实现中华民族伟大复兴的"中国梦"奠定人才基础。具体来讲，一方面，高校教职工须通过自我要求、自我学习、自我完善，增加自身修为；另一方面，学校党委和工会组织要积极发挥工会"大学校"的作用，把提升教职工政治素养作为一项长期的战略任务来抓。

我们知道，高校的工会组织集结了大批思想素质佳、学习能力强的教职工和优秀党员干部，他们无论是在科研一线还是教学一线，都承担着大量的具体性工作，提高他们的政治素养和业务素质是一项长期而系统的工作，需要高校工会创新思路和方法、创新工作机制，不断地提升高校教职工，尤其是青年教职工的思想政治素养。本文试图就工会如何在教职工政治素养提高上发挥积极而显著的作用，展开以下分析和研究。

一、加强教职工思想政治建设是一项长期任务

加强高校教职工思想政治素质培训是一项长期而艰巨的任务，必须用马克思主义中国化的最新理论成果武装高校教职工。

党的十八大召开以来，以习近平同志为核心的党中央提出了一系列治国理政、治党管党的重要战略思想，这些思想为党和国家的建设注入了新的动能。高校教职工要紧密围绕在以习近平同志为核心的党中央周围，增强"四个意识"，积极践行"两学一做"，把提升自身的思想政治觉悟摆在重要位置。

当前，由于大学授课自由度较高，高校教职工在开展教学工作时，如果理想信念不坚定，对社会主义道路、制度失去信心，久而久之就会对学生的价值观产生严重影响，从而使得高校的意识形态阵地面临随时被占领的危险。有鉴于此，高校工会必须高度重视和加强对教职工思想政治教育的培训，补足他们精神上的"钙"。但从短期来看，这种现象难以从根本上杜绝，所以只要不断加强高校思想政治建设，努力提升教职工的思想政治素养，共产党人

的理想信念就一定能占据校园思想主流。

二、工会"大学校"在职工政治素养培训方面应起的作用

工会是一所"大学校",它的任务就是提高职工思想道德素质、科学文化素质和职业技术水平,努力造就一支有理想、有道德、有文化、有纪律的职工队伍。对于身处教学一线的高校教职工来说,高校工会要提高思想认识,把培养和提升教职工的思想道德素质、思想政治素质摆在头等位置,切实将响应党的号召、落实党的政策、弘扬主旋律、传播正能量当作教育培训的主要任务。

当前,高校工会在职工思想健康、政治素养方面的关注力度显然有待提高,与"维护职工基本权益"等主体工作相比,职工的思想工作也需要常抓常新,因为它不仅关系教职工个人利益,还关系学生的成长和社会主义精神文明建设。从这个层面来讲,工会应主动承担教职工的思想政治教育工作,把教职工的思想健康和心理健康当作重大利益来关切,在理论创新和教育培训方面寻求创新突破。

有人认为,思想政治方面的工作只应交由各级党组织完成,党组织活动可以承担党员干部的思想教育工作,这种想法固然无错,但工会在职工思想政治教育方面所发挥的作用更为全面和广泛。第一,工会组织所囊括的范围更广,不论是党员还是非党员,只要是在校教师或职工,他们都会参加工会,所以工会在开展相关教育学习培训工作方面就显得十分有利;第二,工会开展相应活动更能让教职工有参与热情。在传统观念里,工会主要职能是维护职工权益和发放职工福利,这使得高校工会对于教职工来说更为亲切,当开展党的教育活动时,工会的组织和培训就显得游刃有余。综合以上观点,高校工会可以发挥自身优势开展党建活动,提升教职工的思想政治素养。

三、创新工会工作机制,让工会成为高校教职工的思想政治建设"加油站"

工会起源于西方资本主义社会,原意是指基于共同利益而自发组织的社会团体。这个共同利益团体诸如为同一雇主工作的员工,在某一产业领域的个人。工会组织成立的主要意图,可以与雇主谈判工资薪水、工作时限和工

作条件等。[1]在社会主义国家，工会的职能更为广泛，在维护职工生存、发展权利方面发挥的作用更大。《工会法》明确规定，工会负有组织和教育职工依法行使民主权利，发挥主人翁作用，维护全国人民总体利益，维护职工合法权益，发动和组织职工完成生产任务和工作任务，组织职工参加企业事业单位的民主管理和民主监督，提高职工思想政治素质和文化技术素质等职责。[2]从中不难发现，《工会法》把提高职工思想政治素质摆在了比较突出位置，这意味着提升教职工政治素养已成为高校工会组织的一项具体职责，我们应把工会变成一个"党建"大学堂，让工会成为高校教职工的思想政治建设"加油站"。工会开展党建工作、提升高校教职工政治素养的第一步，就是要明确建设方向，领悟党的精神。党的十八大以来，"弘扬社会主义核心价值体系"、践行"两学一做"、开展"党的群众路线教育实践活动"是我们开展党建工作的核心举措，作为高校工会，必须依法依规，始终与党中央步调一致，贯彻党中央的政策和精神，将最新鲜和最具正能量的思想精神播撒到教职工队伍当中去，用最先进的党的理念和思想武装我们的教职工队伍。工会开展党建工作、提升高校教职工政治素养的第二步，就是要创新教育培训形式，将党的思想和理念以最为生动、活泼的形式传递给高校教职工。目前，高校教职工对工会开展的党建活动参与热度不是很高，工会应创新工作机制，以更加新颖的形式开展相关培训工作。如何创新工作机制呢？笔者认为最重要的是创新培训形式。提升教职工的政治素养不能只喊口号，也不能只停留在文件下达的层面，工会应该与时俱进，创新方法，调动积极性，让更多的教职工自愿地参与到思想政治教育活动中来。例如，在"学习贯彻落实习近平总书记系列重要讲话精神"这一课题上，首先，我们不应拘泥于学习形式，从座谈会到茶话会，工会应多多尝试几种方式，通过学员反馈的情况来判断形式的优劣；其次，在传授渠道上，单一的文字传播不如采用多媒体传播，在"学习贯彻落实习近平总书记系列重要讲话精神"这一活动中，工会应该事先准备好充分的图片资料、音频资料和视频资料，让教职工深刻领会习近平总书记重要讲话的背景和历史意义，加深他们的理解和记忆；最后，要积极做好培训后验收工作。除了基本的思想汇报，工会可大胆开展寓教于乐的游戏

---

〔1〕 参见"工会委员会职责"，载 http://www.docin.com/p-858013973.html。

〔2〕 参见林松："浅论工会在高校民主管理中的作用"，载《经济师》2011年第6期。

活动，例如"抢答""接龙""知识竞赛""赛后奖励""主题长跑"等，这些工作的开展在丰富职工课余文化活动的同时，还增进了团队和谐。

四、值得注意的几个问题

首先，工会开展党建活动与党小组开展党建活动功能重合。目前，两个组织在开展党建活动的形式和内容存在高度的重合，如何让两个组织开展的活动各具特色，开展的时间又不冲突，需要党小组和工会组织形成定期协调沟通机制，必要时由学校党委、院党委直接出面协调。其次，工会的人力和资源短缺问题也值得注意。开展任何一项工作都需要人力和资源的对应付出，尤其在开展思想教育培训工作过程中，这种投入巨大，所以需要工会做好开源节流工作，把资源用在刀刃上，必要时可以通过和其他院系部门合作，整合全校资源，进行思想政治培训工作；最后，非党员教职工可能对工会开展的活动不够重视，这也需要工会小组对其做好思想工作，通过互相提携、彼此敦促，提高这部分教职工的思想认识，顺利完成培训任务。

五、总结

当前，我国已全面建成小康社会，昂扬迈入新发展阶段，全党上下、全国上下必须紧紧围绕在以习近平同志为核心的党中央，以高度的责任感和使命感，不忘初心、砥砺奋进，为实现中华民族伟大复兴的中国梦而努力奋斗。作为高校的教职工，则必须具有高度的政治觉悟、明确的政治立场，坚定的政治信仰，努力为培养社会主义的忠诚接班人而奋斗终身。

然而，加强高校教职工的思想政治素质培训，是一项长期而艰巨的任务，需要高校各级党委和各级工会组织勤心尽力，通过创新工作机制、开展形式多样的培训活动为高校教职工营造一个学习和实践的好去处。《工会法》把提高教职工思想政治素质摆在了比较突出位置，这意味着提升教职工政治素养已成为高校工会组织的一项具体职责，我们应把工会变成一个"党建"大学堂，让工会成为高校教职工的思想政治建设"加油站"。

参考文献：

〔1〕习近平：《习近平总书记系列重要讲话读本（2016年版）》，学习出版社2016年版。

〔2〕《工会基础知识读本》编写组：《工会基础知识读本》，中国工人出版社2010年版。

〔3〕全国职工素质建设工程领导小组办公室：《全国职工素质建设工程读本》，中国工人出版社 2010 年版。

〔4〕曾志刚、朱钦胜：“中央苏区时期党对群众路线的探索实践与现实启示”，载《江西社会科学》2014 年第 8 期。

高校工会工作与教职工心理健康契合点探析

校工会　孟庆超

摘　要： 高校教职工作为高等教育人员，肩负着教书育人、行政管理以及知识创新等职责，在日常工作和生活中面临的压力也是多方面的。具体体现为由于社会发展带来的工作压力，由于自身健康带来的生理压力以及由于家庭生活带来的情感压力。若教职工无法通过有效的途径排解压力，调节情绪，则可能会对自身健康和本职工作造成一定负面影响。因此，高校工会要重视关心教职工的心理健康问题，提供、建立健全常规化心理服务体系，重点帮扶心理问题特殊群体，建设完善的心理服务工作支持体系等规制路径，有效缓解教职工的心理压力，提升教职工心理健康素质，打造新时代高素质教职工队伍。

关键词： 心理压力；心理健康；工会工作

一、高校教职工心理压力来源分析

当前我国正处在高速发展的社会转型时期，实行了一系列重大教育改革，而高校作为培养国家高等人才的重镇，亦成为教育改革的前沿和重点。于广大高校教职工而言，这既是职业发展的大好机遇，也是职业压力的重大挑战。特别是高校人事制度改革的逐步推进，有关高校教师的工作压力、离职问题等已经受到社会的广泛关注。综合分析高校教职工的心理压力，可以归纳为如下几个方面：

（一）由于社会发展带来的工作压力

高校教职工的心理压力首先表现为社会影响带来的工作压力。如今身处信息爆炸的时代，社会、经济、文化都处于日新月异地变化和发展之中，教职工在高校所扮演的文化传播者的角色，若不能紧随时代潮流，适应社会发展及转型，则无法满足学生们的求知和服务需求，面临着被社会淘汰的风险。当前社会正处于关键的转型时期，教育往往会成为矛盾焦点之一。[1]这也为高校教职工在负责学生的学习、生活、心理等方面工作提出了新要求和新标准，也不可避免地会对高校教职工在学习能力和知识更新方面提出了更高要求。具体而言，在教职工职务职称晋升标准越来越高以及科研任务愈加繁重的背景下，高校教职工承担了相较以往更重的工作压力和心理压力，这会对其身心健康造成负面作用，也更易使其产生焦虑迷茫等负面情绪。

（二）由于自身健康带来的生理压力

自身的生理健康水平与压力的承受能力息息相关，个人因躯体性疾病会产生压力，在压力的刺激下进而影响个人的心理健康。个人虽然能够做到控制和调节情绪，但对因生理健康隐患引发的负面压力往往无能为力。[2]具体而言，由于职业的特殊性，高校教职工长期处于久坐或久站的工作状态之中，工作强度较大，同时由于缺乏体育锻炼经常会出现颈椎病、腰肌劳损等身体健康问题。身体的亚健康状态会直接影响教职工的心理和情绪。伴随着繁重复杂的教学管理任务以及与学生之间、上下级之间、同事之间产生的庞大复杂的人际关系等多重因素影响，都会诱发教职工产生焦虑、抑郁等负面情绪，由此演变为过重的心理压力，影响其正常生活和工作。

（三）由于家庭生活带来的情感压力

家庭是个体最坚实的港湾和后盾，家庭支持代表了家庭成员之间情感上的关爱、认识上的理解与行为上的支持。反之，若家庭关系出现裂痕，则会对个人的心理状态造成重创。而调查数据显示，不同工龄的教职工或多或少都面临着家庭生活带来的情感压力。在家庭因素中，夫妻二人是否双职工、家庭成员中是否含有下岗职工、家庭成员的健康状况、子女升学与就业的状况，等等，都会在一定程度上影响高校教职工的家庭相处模式和家庭和谐，进而演变成为高校教职工情感压力的来源。

---

[1] 参见梅娅："高校教职工心理压力来源及解决策略研究"，载《科学大众（科学教育）》2016年第12期。

[2] 参见王翔等："高校教职工健康风险分析及健康保障对策研究"，载《中国市场》2016年第19期。

（四）由于职业收入带来的经济压力

与其他行业的薪酬相比，高校教职工的收入水平普遍偏低。作为高校新入职的青年教职工，职称职务较低，工作任务一般也比较繁重，而工资收入则刚刚起步，无法满足支撑家用、自我提升、教育子女、赡养老人等经济需求。且在计划生育政策这一特殊历史背景出生下的青年教职工群体，甚至面临"两个人抚养一个或两个小孩、赡养四个老人"的困境。对于在大城市工作的高校教职工而言，低收入与高房价之间的矛盾更为明显，买不起房或者偿还房贷的经济压力都严重影响着青年教职工群体的心理健康。而于工作年限较长的中年教职工而言，作为家庭中的中坚力量，则要考虑子女的择业与婚姻问题，承担赡养老人的责任等。[1]在这些生活压力面前，教职工还要努力做好本职工作，实现工作与生活的协调和平衡，也会使得其产生较大的心理负担。

二、高校教职工心理压力所带来的负面影响及走势判断

（一）高校教职工心理压力现状下的风险

如上文所述，高校教职工受来源于社会职场、自身健康以及家庭生活等多个领域的压力影响，可能会产生负面情绪及较大的心理负担。若教职工无法通过有效途径排解压力，调节情绪，则可能产生多方面的风险。首先，长时间处于高压状态会使我们更易情绪失控，例如，莫名烦躁、焦虑、情绪低落、抑郁等，这些不良情绪都会严重影响教职工的工作效率。同时，在认知方面，过重的压力容易导致我们出现注意力不集中、记忆力下降、思维缓慢等症状，从而影响工作质量。[2]在行为上，长期处于高压状态的人也更易与他人发生冲突，甚至封闭自我，在人际关系方面形成问题。而高校教职工每天要与学生、同事进行大量的交往和沟通，因此，高压状态极易产生育人风险，对教职工开展工作造成严重阻碍。由此可见，压力过大存在诸多危害，高校教职工要尽量减少和避免不必要的高压力状态，学会科学地应对压力。

〔1〕 参见王淑红、初春："压力对高校教职工心理健康水平的影响研究"，载《新教育时代》2015年10月总第1辑。

〔2〕 参见陈菲等："焦虑抑郁因素对高校教职工健康状态的影响初探"，载《心理月刊》2020年第10期。

（二）高校教职工心理压力的走势判断

在如今飞速发展的社会大环境和竞争日益激烈的职场环境中，高校教师的健康问题也呈现出新的发展趋势，如有些疾病年轻化、复杂化和心理疾病增加等。而大部分奋斗在教学科研第一线的教职工，对自身健康问题不甚关心，也容易忽视身体偶然产生的某些不良状况，长年累月，就会出现疾病的并发症和复杂化，加大了疾病治愈与健康恢复的难度。同时由于心理问题具有明显的隐蔽性和多变性的特点，目前社会对成年人心理健康问题的关注一直处于缺失状态，大多数的教职工本身并不懂得如何正确认识并及时调整自己的心理状态。故若不对高校教职工的心理健康状态给予高度重视和科学干预，则积攒已久无法排解的压力就会产生更严重的负面作用。

三、高校工会开展心理服务工作的建议路径

（一）建立健全常规化心理服务体系

高校工会应当建立健全与高校发展相适应的常规化心理服务体系，满足教职工对心理服务的现实需求，促进教职工心理健康。

1. 加强民主管理，畅通沟通渠道

一方面高校应当有效发挥教代会职权，坚持教职工参与学校源头维护，切实保障教代会代表知悉、参与、表达和监督学校重大事项的权利。教代会提案工作是教职工行使民主管理和民主监督职权，促进学校决策和管理民主化、科学化的重要渠道。教职工可以通过教代会等途径围绕学校建设与发展中的重大问题和自身普遍关心的切身利益等方面积极献言献策，通过教代会代表列席校长办公会议制度保障教代会代表源头参与、见证、表达、监督学校决策，通过接待教代会代表日制度切实发挥教代会代表常态化作用。

另一方面高校也应当拓宽与教职工沟通的渠道，架起与教职工沟通的桥梁，认真倾听职工心声，坚持深入到教职工群体中去。利用现有平台和机制，沟通、协调、督办、落实教职工合理诉求。通过定期开展座谈会、见面会、接待日等形式深入到教职工群体中去，保障教职工对学校重大事项的源头参与，了解他们的真实情况和现实需求，倾听他们的宝贵意见和可行建议。

2. 营造关怀环境，切实履行工会职责

工会是党委领导的职工自愿结合的工人阶级群众组织，是党联系职工群众的桥梁和纽带，是国家政权的重要社会支柱，是会员和职工利益的代表，

其职能是维护、教育、参与和建设。工会应当营造以教职工为服务中心的关怀环境，在教师节和劳动节做好教职工集体福利保障工作，广泛动员教职工参加互助保障，注重关心、帮扶、慰问单身、子女入学、生病住院、家庭变故等具有实际困难的职工，切实增强教职工的归属感和满意度，营造互帮互助的工作氛围。

工会还应针对不断发展变化的教职工需求，立足实践、开展调研、发布问卷、统计分析，力求了解教职工最切身最直接最现实的需求，有针对性地开展活动、创新举措，满足教职工的多样化需求。

3. 创新文体发展，丰富教职工校园文化生活

工会作为教代会的日常工作机构，应当做特做优本职工作，大力支持教职工协会和部门工会开展形式多样、内容丰富、积极健康、凝聚向上的教职工文化体育活动，为教职工协会提供资金及场地支持，鼓励基层工会创新和校际活动交流，营造昂扬向上的校园生态。

通过举办教师基本功大赛、青年教师暑期社会调研、理论研讨和工会委员培训等活动为青年教师成长搭建平台，加强现代技术技能武装，打造智慧工会平台，提高工作人员业务素质和工作能力。通过组织青年教职工联谊、教职工趣味运动会及秋季健走活动、乒乓球、羽毛球友谊赛、书法欣赏、教职工抗击疫情线上歌曲展演征集活动等丰富的文体活动促进职工心理健康。按照"实用、实际、效率"的原则，持续推进校院两级教职工之家、暖心驿站建设，提高为劳动者服务的质量，做好教职工联谊等活动。大力弘扬劳动劳模和工匠精神，在图书馆、后勤、校医院和安保系统中举办岗位练兵暨先进事迹报告会，通过获奖代表的事迹报告激发更多教职工的爱岗敬业的工作热情。

4. 关爱教职工心理健康，搭建专业咨询平台

工会可以充分利用网络等先进技术优势，在工会网站上开辟心理健康教育专栏，建立网络心理咨询平台。也可以通过心理学问卷、计量表等科学方法对教职工进行定期评估，从而及时了解其心理健康状况，并建立相应的心理健康档案。[1]

---

〔1〕 参见王燕："高校工会的心理服务功能及体系构建"，载《山东工会论坛》2017 年第 2 期。

（二）重点帮扶心理问题特殊群体

为满足目前高校教职工群体中较为强烈的心理健康服务需求，高校工会除了在常规工作中要重视心理服务〔1〕体系建设之外，还需要根据心理服务的总体目标和具体目标，对高校教职工群体进行有针对性的心理服务，尤其是需要对那些已经出现心理健康问题的教职工开展重点帮扶。

1. 搭建个体咨询和团体辅导平台〔2〕

高校工会应面向出现心理问题苗头的教职工个人，解决个体情绪管理、自我探索、亲子关系、夫妻关系、压力管理、职业困境等问题，开放心理健康咨询中心电话和教职工心理帮扶预约登记，及时进行心理疏导和帮助。工会也可以通过定期组织心理健康测试、举办心理健康专家讲座、组织缓解心理压力活动等方式缓解教职工的心理压力、提升教职工的心理健康程度、营造良好的育人环境。

2. 组建心理支持小组

工会可以面向全体教职工进行招募，开展压力、情绪、人际、婚恋、家庭、情感、子女等主题的团体心理支持小组，提供专业帮助。由资深心理辅导专业人员，在保密又温暖的团体氛围中，通过分担分享，舒缓情绪，缓解特殊教职工群体的身心压力，提升特殊教职工群体的身心健康。

3. 保障严重情形及时就医

针对那些确实出现严重心理问题的职工，工会也要注意及时寻求专业人士的帮助，必要时邀请心理医生对其进行心理干预和治疗，同时工会也要做好保障工作来维护该类职工的合法权益，防止在职工内部出现歧视现象。

4. 恪守个人信息保护义务

对于前来咨询或寻求帮助的教职工，工会应当对咨询时所获得的个人信息及隐私严格保密，除非出现伤害自己或者他人的倾向或行为以及按照法律规定需要披露的情形，有权告知必要部门或采取相应措施，在其他情况下，工会都应当严格恪守个人信息保护义务。

---

〔1〕 参见孙伟成："高校工会解决教职工心理健康问题的对策"，载《黑龙江史志》2008 年第 15 期。

〔2〕 参见严小丽、刘蕊："高校工会教职工心理健康服务工作体系研究——以上海市高校为例"，载《北京市工会干部学院学报》2020 年第 2 期。

（三）建设完善心理服务工作支持体系

建设心理服务工作支持体系，是保证教职工心理健康，推动高校各项工作正常开展的重要一环。为了保障工会心理服务工作的顺利开展，高校应当在制度建设、经费建设、队伍建设等多个方面注重完善相应的支持体系建设。

1. 加强心理服务制度建设

建议高校在依据相应法律法规依法治校的前提下，从学校自身实际情况出发，制定一套完整的高校工会心理服务的组织运行和工作机制，使之制度化，从而提高工会心理服务工作的体系性和规范性。

2. 保障心理服务经费建设

高校也要将工会心理服务工作所需经费纳入经费预算，根据心理服务的内容、范围和途径合理确定预算，并将其用于职工教育、困难帮扶、心理疏导等活动中去。与此同时，高校还可以通过鼓励相关个人、团体、单位等方式多方位、多渠道筹措心理服务经费，保障工会心理服务工作的开展。

3. 扩大心理服务队伍建设

由于心理服务工作具有较强的专业性和实践性，高校也需要重视建设一支高质量的心理服务专业队伍。高校可以从对工会现有工作人员进行专业技能培训和积极引进心理学相关人才充实工会队伍两方面入手，建立专兼结合、专业互补的心理服务队伍。[1]

国家治理体系和治理能力的现代化对高校培育新时代人才提出了更高的要求，而教育改革的步伐加快也引发社会各界对教育事业的日益重视，教职工心理健康提高与维护成了其中重要影响因素，而工会作为维护教师、指导教职工的组织，有义务和责任维护教职工的心理健康。目前高校教职工面临着来源于多种渠道的压力问题，而教职工的心理健康直接关系着高校的育人重任。因此工会建立心理服务体系，关心教职工的心理健康就具有了十分重要的意义。工会应当通过实施具体举措勤作为，多作为，作为到职工心坎里，及时解决现有矛盾并化解潜在风险，从而服务中心工作。

参考文献

〔1〕郭小团："依托高校工会组织构建教师心理健康服务体系的思考"，载《产业与科技论

　〔1〕　参见王广："高校教职工体育文化活动分析及发展策略研究"，载《中国劳动关系学院学报》2013年第5期。

坛》2021 年第 15 期。

〔2〕 陈菲等："焦虑抑郁因素对高校教职工健康状态的影响初探"，载《心理月刊》2020 年第 10 期。

〔3〕 丁维明等："发挥工会教育职能与提升科研院所教职工心理素质的工作探讨"，载《中国医药导报》2020 年第 6 期。

〔4〕 李宜繁："新形势下高校青年教师心理压力现状与疏导"，载《智库时代》2019 年第 33 期。

〔5〕 强勇："学校工会在加强教职工心理健康中的作用探析"，载《世纪桥》2019 年第 6 期。

〔6〕 王燕："高校工会的心理服务功能及体系构建"，载《山东工会论坛》2017 年第 2 期。

〔7〕 梅娅："高校教职工心理压力来源及解决策略研究"，载《科学大众（科学教育）》2016 年第 12 期。

〔8〕 王翔等："高校教职工健康风险分析及健康保障对策研究"，载《中国市场》2016 年第 19 期。

〔9〕 孙伟成："高校工会解决教职工心理健康问题的对策"，载《黑龙江史志》2008 年第 15 期。

〔10〕 严小丽、刘蕊："高校工会教职工心理健康服务工作体系研究——以上海市高校为例"，载《北京市工会干部学院学报》2020 年第 2 期。

浅谈高校工会对新入职教职工开展
人文关怀和心理疏导的途径
——以留学归国人员为例

资产管理处　周军英　姚凯东

摘　要： 伴随着我国经济水平、科技实力及综合国力的不断提升，越来越多的留学人员选择回国发展并入职高校工作。新入职教职工特别是留学归国人员作为高校的新生力量，对高校的建设发展和人才培养将产生深远影响。在此背景下，高校工会作为连接教职工与学校之间的桥梁纽带，应主动对新入职的留学归国人员群体开展人文关怀和心理疏导，及时发现问题并切实维护教职工合法权益和相关利益。本文以高校留学归国人员群体为例，首先对人文关怀和心理疏导的概念进行了阐述，之后对其重要意义进行了分析并介绍了高校留学归国人员的特点，从而提出高校工会开展人文关怀和心理疏导的相应途径。

关键词： 高校工会；人文关怀；心理疏导；新入职教职工；留学归国人员

随着社会进步，我国的科技和经济水平不断向好发展，综合国力不断提升，社会对于人才的需求也不断上升。特别是高校作为思想政治教育、人才培养、科研创新的重要阵地，高度重视创新人才、高层次人才等各类人才的引进。近年来，各高校的人才队伍规模不断发展壮大，加之受新冠肺炎疫情影响，越来越多的海外留学人员也选择回国发展，其中三分之一以上的人员选择在高校工作。[1]根据某项统计结果，从改革开放到2018年末，各类留学归国人员总数已达到365万人，超过8成的留学生选择回国发展，其中大部分拥有硕士及以上的学历，2020年，选择回国发展的留学人员数量突破了80万人。[2]

可见，回国发展已成为留学人员的首要选择，特别是高校已逐渐成为各类人才成长发展、逐梦前行的平台。然而受价值观、角色认知、评价体系、工作环境等软硬件因素影响，近年来，高校引进的留学归国人员参加工作后普遍需要经历一个适应期，情况严重的甚至还会出现因适应障碍而选择离职或产生心理问题的现象，导致人才流失。

为尽量避免上述情况的发生，让高校引进的留学归国人员能够尽快适应工作环境与成长成才，工会应充分发挥自身不可替代的桥梁纽带作用，把工作落实到位，将对留学归国人员进行人文关怀和心理疏导作为工会工作的核心任务，进而推进新时代高校工会的内涵式发展与创新探索。

一、什么是人文关怀和心理疏导

从文化视角来看，人文关怀多指西方传统文化中的人文精神，其内涵在于人性和人的价值的体现。从一般意义来看，人文关怀就是人文精神，主要从以下三个层次展现：第一层是人性的追求，是对人道世界的追求与关爱；第二层是对真理的追求，是对科学精神和客观世界的求索；第三层是超越性展现，是对生活意义和生活世界的追求。[3]而心理疏导属于心理治疗的一种方法，一般为运用心理学的知识，通过相关技术手段或辅助平台，使人们在心理认知、行为、意志、情绪、身体状态等方面发生改变，从而达到心理健康的状态。[4]

从人文关怀和心理疏导两者的关系来看，人文关怀是心理疏导的目的，

---

〔1〕 参见冯丹、陈思宇、荀怡："新时期青年归国留学人员群体基本情况与思想动态调查"，载《中国人事科学》2020年第7期。

〔2〕 参见徐霞飞："地方医学院校留学归国人员管理方法与统战工作思考"，载《华夏医学》2020年第3期；参见何海英、曹传明、李森："新时代高校留学归国人员统战工作研究"，载《辽宁省社会主义学院学报》2021年第2期。

〔3〕 参见葛伟国："将人文关怀和心理疏导运用于工会工作的若干思考"，载《工会理论研究（上海工会管理职业学院学报）》2013年第5期。

〔4〕 参见洪剑涛："工会政工工作中人文关怀与心理疏导方法研究"，载《科技经济市场》2016年第3期。

心理疏导是人文关怀过程中的一种方式，两者相辅相成，互不排斥。

不难发现，注重人文关怀和心理疏导的本质是理解他人、尊重他人、关心他人、爱护他人，其内涵是始终"以人为本"，这也是我党"全心全意为人民服务"这一贯宗旨的重要体现。党的十八大报告曾指出，要"加强和改进思想政治工作，注重人文关怀和心理疏导，培育自尊自信、理性平和、积极向上的社会心态"。习近平总书记在同中华全国总工会新一届领导班子成员集体谈话时曾强调，工会要适应新形势新任务，加强和改进职工思想政治工作，多做组织群众、宣传群众、教育群众、引导群众的工作。中国工会十六大、十七大报告中也多次提到要加强对职工进行心理疏导和人文关怀。可见，心理疏导和人文关怀对于工会工作的重要性不言而喻。

二、对留学归国人员开展人文关怀和心理疏导的重要意义

（一）是贯彻习近平新时代中国特色社会主义思想的重要体现

习近平新时代中国特色社会主义思想是新时代高校贯彻落实党的教育方针所遵循的根本思想。高校长期以来的历史使命是努力培养担当民族复兴大任的时代新人，培养德智体美劳全面发展的社会主义建设者和接班人。而要顺利完成这个历史使命，最重要的就是要不断增强教职工队伍的建设和人才培养，这也是贯彻落实党的教育方针、促进公平教育、提升教育质量、推进教育改革的必然要求。高校工会对引进的留学归国人员开展人文关怀和心理疏导，充分展现了高校对于人才的高度重视、对于教职工身心健康和个人发展的关心爱护，是习近平新时代中国特色社会主义思想在高校落地生根的重要体现，是高校坚持立德树人，实现"三全育人"，构建"十大"育人体系的重要保障。

（二）是社会主义核心价值体系的根基

高校是中国特色社会主义建设的坚强阵地。对留学归国人员开展人文关怀和心理疏导，本质上也是为帮助他们树立正确的世界观、人生观、价值观创造条件，具有鲜明的社会主义价值体系特点。[1]高校工会在实际工作中帮助留学归国人员解决遇到的困难和问题，疏解教职工的心理堵点和心理问题，

---

〔1〕 参见吴建华："新形势下工会加强员工人文关怀与心理疏导的对策"，载《企业改革与管理》2018年第23期。

引导留学归国人员互帮互助，积极向善，有助于充分调动这类人员的积极性和主观能动性，培育留学归国人员健康的心态和健全人格，促进留学归国人员全面发展和社会主义核心价值观的形成。

（三）是实现留学归国人员个人价值的重要手段

高校是新入职教职工实现自我价值的良好舞台，留学归国人员作为人才队伍中重要组成部分和新生力量，刚步入工作岗位后难免会遇到各种各样的困难和障碍，在压力面前，可能无法及时有效地处理这些问题，而通过人文关怀和心理疏导，可以与留学归国人员建立基于情感（内部）与现实（外部）形式的沟通交流，使学校进而可以了解上述群体真实的心理状态和处境，帮助他们解决在工作和生活中遇到的困难，提升这类人员的心理健康状态，让留学归国人员能够以良好的心态走向工作岗位，不断成长并实现个人的价值。

三、留学归国人员群体特点

近年来，选择归国发展的留学人员数量及规模有不断增长的态势，这一群体在走向工作岗位后给高校带来了新的变化，他们的特点主要体现在以下几个方面：

（一）学历层次高，逐渐年轻化

进入高校工作的留学归国人员的学历层次普遍较高，一般具有研究生学历，应聘教学科研岗位的留学归国人员大部分具有博士学位，年龄处于30岁~40岁之间。以某高校为例，该校在2010年留学归国人员仅占全校教师总数的3.5%，而在4年后，留学归国人员已占全校教师总数的8.1%，留学归国人员中，年龄在30岁~40岁之间的占46.2%，30岁以下的占31.9%。[1]此外，某项针对北京近50所高校的留学归国人员的调查报告显示，76.2%的留学归国人员具有博士学位，近一半的人员通过高校教师岗位应聘工作，处于30岁~40岁年龄段的留学归国人员在调查样本中出现的频率最高。[2]

---

〔1〕 参见彭万："新时期高校留学归国人员的现状、特点与管理"，载《教育与职业》2016年第10期。

〔2〕 参见"北京高校归国留学人员有关情况调查分析报告"，载《北京教育（高教版）》2017年第12期。

（二）思想观念新，具有爱国情怀

留学归国人员因为长期在国外生活学习，一方面，对国外的政治、经济、文化和生活等方方面面有了一定的了解，直观感受到了国内外的差异，自身的思想观念一定程度上融入了国外的特征，具有国际视野，可以从全新的角度去思考问题。另一方面，留学归国人员的爱国热情并没有因为身处他乡而被浇灭，大部分留学归国人员心系祖国发展，特别是进入新时代以来，在中国共产党的领导下，我国的各方面事业发展取得了重大成就，人民生活水平不断提升，群众对于国家的发展前景充满信心，普遍拥护和认同党的主张，这也是留学归国人员选择回国发展的重要因素。

（三）归国后存在适应障碍，缺乏人文关怀和心理疏导

由于长期在海外留学，留学归国人员逐渐适应了国外的文化、思维方式与处事方式，个人的价值观、意识形态与行为方法受到了一定程度的影响。在归国后，由于对我国的现状、国情和社会发展等认识不到位，在文化与环境等领域存在适应障碍，受到了"再本土化"冲击。如果没有很好地干预与解决适应障碍，部分留学归国人员甚至会选择辞职或再次出国，去更适合自己的地方发展，在这个过程中，人文关怀和心理疏导就显得十分重要。[1]

（四）重视个人价值追求

留学归国人员的阅历、价值取向和人生观是丰富多样的。他们在异国他乡接受了教育或技能培训，体验了不同的风土人情，学习了国外先进技术与知识，理所当然希望能够所学有所用，体现出自己的价值，不断追求个人发展和理想目标的实现。根据某项针对在京高校留学归国人员的调查报告，在个人层面，63.1%的留学归国人员认为对价值的追求是自身作用发挥的主要影响因素。[2]

四、对留学归国人员开展人文关怀和心理疏导的途径

人才竞争是 21 世纪人类社会的主要竞争，没有任何一个国家、一个地方或一个单位不需要人才，不渴望人才。高校作为思想政治教育、人才培养和

---

〔1〕 参见郑云："文化适应：高校海外归国人才管理策略新维度"，载《黑龙江高教研究》2015年第 8 期。

〔2〕 参见罗凤英："归国留学人员的心理误区及调适"，载《中国人才》2003 年第 4 期。

科研创新的重要阵地，依托工会这个平台做好留学归国人员的人文关怀和心理疏导对于发挥他们的创造力和优势，促进学校"双一流"建设发展具有深远意义和影响。

（一）加强引导，打造思想政治建设新高地

留学归国人员是中华民族实现伟大复兴和国家发展前进过程中不可缺少的生力军，肩负着新时代背景下党和国家赋予他们的新使命。高校应继续按照"支持留学、鼓励回国、来去自由、发挥作用"的方针，引导留学归国人员积极向党组织靠拢，帮助他们树立正确的思想政治观念。具体来看，一是要将对留学归国人员的思想政治工作提升到学校发展战略的高度，从全局的角度统筹完善相关协调机制与规章制度；二是要鼓励留学归国人员深入学习习近平新时代中国特色社会主义思想，牢固树立"四个自信"，跟党走，听党话，让他们进一步了解国情国策，更好地发挥自身作用；三是要创新工作方法，对留学归国人员进行党史、国情和爱国主义教育。例如，高校工会可以与校内相关部门共同组织与党和国家发展的重大历史事件主题有关的考察调研活动，鼓励留学归国人员走向社会参与基层（街道）的治理与志愿服务工作，让留学归国人员切实感受新时代发展带来的变化，凝聚起新时代中国特色社会主义最大共识。

（二）优化完善，做好顶层设计和调研工作

要开展留学归国人员的人文关怀和心理疏导，最不可缺少的是完善工会民主管理机制的建设，充分保障留学归国人员的民主权利。例如，首先，可积极推进让留学归国人员以代表或监督员等方式参与学校日常管理的监督和重大事项决策中。将新入职教职工群体，特别是当中海外留学归国群体的专业素养、多元化视野、创新性强的优势充分发挥出来，引导留学归国人员加深对工会工作的参与热情，充分体现民主管理、民主参与、民主监督的作用。其次，要加强人文关怀和心理疏导机制的规划和构建，促进留学归国人员群体的和谐发展，在总结经验的基础上，将实际工作取得的经验教训逐渐转化为制度和规程，做到全方位覆盖、全面落实。最后，要强化调查研究的重要地位，坚持从群众中来，到群众中去的工作方针，创新方式方法，做好对留学归国人员群体思想动态的调研工作，了解教职工所思、教职工所想、教职工所需。

（三）创新渠道，加强工会与留学归国人员的交流沟通

针对当下留学归国人员普遍呈年轻化趋势、高校工会应顺应信息化时代发展，合理有效利用互联网、物联网、5G 通信技术等新兴技术手段，拓展传媒媒体、新媒体平台（包括短视频平台、微博平台）、问卷调查等渠道，开辟与留学归国人员交流沟通的新阵地。充分发挥网络媒介传播速度快、传播面广的优势，在线上建立专题网页，采用文字、图片、音视频等形式，加强教职工思想政治教育和工会宣传工作。通过为留学归国人员建设线下和线上的留言信箱、心理咨询平台和心理驿站（例如，在心理咨询平台上可以获得心理专家提供的心理援助并进行心理干预，高校工会可以申请建设针对留学归国人员的谈心场所或活动园地，配备专门的管理服务人员与心理辅导人员，让留学归国人员有倾诉的机会与对象）、组织联谊活动和新人破冰会等，促进工会及时了解留学归国人员群体的心理状况、切实需求和面临的实际困难。此外，高校工会应顺应时代发展，建立专门的留学归国人员联络渠道、依托新出现的元宇宙（虚拟现实交互）等创新平台，畅通工会与教职工、教职工之间的沟通交流渠道，进一步让留学归来的新入职教职工想谈心、愿交心、有收获。

（四）主动承担，注重留学归国人员的实际需求

高校工会长期以来肩负的首要任务就是做好学校与教职工之间的桥梁纽带，维护服务教职工群体的核心利益与合法权益，当好教职工的"娘家人"。留学归国人员作为高校人才队伍中的新鲜血液，其面临的压力和实际困难需要更多地被关注和解决，例如留学归国人员走上工作岗位后面临的社会认知、适应障碍、价值观冲突和"再本土化"挑战等情况。[1]针对类似情况，一方面，高校工会应积极主动开展人文关怀和心理疏导工作，进一步健全教职工诉求表达机制和权益保障机制，从医疗、教育、社会保障等方面入手加大帮扶力度，推动与各部门协调联动，从学校层面积极为这类群体争取内部资源和社会资源，围绕留学归国人员关注的福利待遇需求、社交需求、住房需求、婚育需求等有针对性地开展工作。另一方面，高校工会应根据留学归国人员的发展特点，整合各方资源，积极组织专题培训、专题讲座（例如职业规划、

---

〔1〕 参见张然、马静："高校新入职教师工作压力的双重诱因及舒缓之道"，载《江苏高教》2017年第 8 期。

心理健康教育等主题）、新老员工交流会等，培养留学归国人员"主人翁"意识，提升留学归国人员自我认知和心理素质水平。

五、结语

高校工会如何对新入职教职工特别是留学归国人员开展人文关怀和心理疏导是一个全新的课题，总体来看，开展人文关怀和心理疏导有利于增进新入职教职工（特别是海外留学归国群体）对于新环境的认同，缩小价值观差异，减少适应成本；有利于推动高校创新发展，为学校"双一流"建设发展提供强有力保障。当然，这一全新课题还有很多方面值得进一步探索研究。社会的发展瞬息万变，但不变的是工会始终围绕维护教职工的民主权利与合法权益开展工作，始终坚持构建和谐发展的"教职工之家"，让教职工真正当家作主。高校工会要在深入贯彻领会习近平总书记关于工会工作的重要指示精神、中国工会十六大、十七大精神、北京市总工会十四大精神的基础上，重视对以留学归国人员为代表的新入职教职工群体开展人文关怀和心理疏导工作过程中总结出的宝贵经验，以此来最大化发挥工会组织的桥梁纽带作用，让所有教职工，特别是新入职的留学归国人员能够健康快乐成长，充分创造和彰显个人价值。

浅谈二级工会助力教职工发展之有效途径

法学院　韩萌萌

摘　要： 高校二级工会作为维系高校教职工利益的基层组织，是实现高校有序治理的重要手段。中国工会十七大结合当前新形势对工会发展提出新要求、新考验，具体到高校工会而言，切实维护教职工合法利益、切实引导教职工长效发展应是现阶段发展的核心要义。教职工作为人才培养的生力军与践行人，需要完善、合理的工会制度进行保障、引导，以在实现个人发展与完善的同时，助力高校的长远发展与善理善治。

关键词： 二级工会；教职工发展；高校建设

引言

高校教师作为高校队伍的生力军，既承载着接续奋斗、载梦前行的使命，也肩负着开源活水、立德树人的担当。在建设社会主义法治国家、培养中华人民共和国需要的法治人才的征程中，需要我校教师认清使命、强化责任、砥砺自强、拼搏奋发。[1]正如习近平总书记所说："我党取得的所有成绩凝聚着青年的热情与奉献"，而在新时代的高校治理中，如何通过制度架构与机制运转充分发挥教职工的能动性、创造力与责任心以推动高等教育的健康发展，值得我们深度研究。笔者即从高校二级工会建设的视角切入，就院系工会如何切实助力教职工的持续向上发展进行研析性、实践性讨论，以期完善工会组织架构、实现我校治理体系与治理能力的现代化。

---

〔1〕 参见许有强："试论建立新时期高校二级学院分工会工作新常态"，载《山东工会论坛》2017年第5期。

一、二级工会的建设意义

（一）二级工会助力高校治理

工会建设一直是我国实现治理体系与治理能力现代化的重要议题。习近平总书记曾指出："工会是党联系职工群众的桥梁和纽带，工会工作是党的群团工作、群众工作的重要组成部分，是党治国理政的一项经常性、基础性工作。新形势下，工会工作只能加强，不能削弱；只能改进提高，不能停滞不前。"[1]基层工会离职工最近，联系职工最为直接，服务职工最具体，是工会工作的基础与关键。中国工会十七大报告也指出："要坚持高举维护职工合法权益旗帜，坚持增强政治性、先进性、群众性的工会改革方向，坚持加强基层工会建设，坚持依法依章程开展工会工作。"[2]

而高校二级工会作为直接联系党与高校教职工的重要渠道、维护职工合法权益的关键制度、实现高校有序治理的基础组织，这一机制性质使得二级工会在肩负基本工作职责、秉承基本理念之外，需结合自身的特殊性质有针对性、具体性地开展工会工作。[3]如工会首先需要有效利用教职工让渡的权利进行民主监督与民主管理，以形成对高校管理的正面推动；同时需要倾听教职工的诉求与心声，捍卫教职工的正当权益，助力教职工持续向好发展。

就当前的新形势而言，我们有必要依据法律与章程的指导，通过科学合理的权义配置、制度架构来充分调动教职工的积极性与创造性，将教职工的思想统一到我校建设发展大局上，将教职工的力量凝聚到学校具体的任务目标中，在实现学校的稳步向前发展的同时，有效推进我国高等教育的健康发展。

（二）二级工会推动教师发展

培养合格的社会主义建设者与接班人是高校教育的核心要义，而教师的政治思想与学术水平对学生的价值观塑造、专业知识掌握等有着重大意义。

---

〔1〕 习近平："在庆祝'五一'国际劳动节暨表彰全国劳动模范和先进工作者大会上的讲话"，载《人民日报》2015年4月29日，第002版。

〔2〕 王东明："以习近平新时代中国特色社会主义思想为指导　团结动员亿万职工为决胜全面建成小康社会夺取新时代中国特色社会主义伟大胜利而奋斗——在中国工会第十七次全国代表大会上的报告（二○一八十月二十二日）"，载《工人日报》2018年10月27日，第001版。

〔3〕 参见杨海燕、石丽萍："高校工会引领青年教师成长的路径探索——以北京联合大学为例"，载《长春工程学院学报（社会科学版）》2020年第1期。

新时代，作为青年人中佼佼者的高校教师，一方面有必要提高政治站位、厚植家国情怀、养成过硬的政治素质，切实做好社会主义核心价值观的践行者、传播者、推动者；另一方面需同时树立学习理念、培养创新精神，用先进知识与发展视野武装自己，打通高校育人的"最后一公里"。[1]

而上述内容的实现离不开工会制度的有序运转。首先，从工会性质来说，中国工会是党领导职工自愿结合的自治性组织，工会工作是"党治国理政的一项经常性、基础性工作"，因此引导青年教职工听党话、跟党走、保持先进性与可靠性，是高校二级工会的政治责任；其次，从工会制度特点来讲，工会工作"接地气"，高校二级工会作为直接联系教职工的基础治理单元，具有沟通、组织、引导、维护的便利性、亲和性与有效性，它们知悉广大教职工的思想、学术与生活状况，通过长期维护教职工合法权益、全方位服务教职工，逐步建立起群众威信与正面效应，有利于实现对青年教职工的引领与指导；[2]最后，从工会组织特点来看，工会活动形式众多，能多角度、多层次、多手段实现对青年教师的团结与提升，如通过文艺活动、学术沙龙、深度访谈等形式，强化青年教职工的集体意识与核心价值，增进学术素养与追求，完善价值观等。[3]

综上可见，加强对高校教职工的组织与引领是新时代赋予工会的新使命与任务，而教职工的向上发展离不开二级工会制度的完善与运转。

二、二级工会建设的现实问题

（一）二级工会建设存在弊端

如前所述，高校二级工会是院系进行自主管理的基本单元，是与广大教职工进行直接密切联系的群众组织。随着高校教育事业规模的扩大，以及新时代里高等教育改革发展的推进，关于高校二级工会建设的新情况、新问题、新挑战不断出现，对工会工作的开展和目标实现形成一定阻力。

---

〔1〕 参见韦希："从'党政共同负责'管理体制到'党政教共同治理'权力结构——关于高校二级学院（系）新型治理结构的构想"，载《国家教育学院学报》2015年第3期。

〔2〕 参见凌渊、赵晓民、马路："高校工会助力青年教师师德建设的对策研究"，载《医学教育管理》2019年第5期。

〔3〕 参见王万民、孙金铃："高校青年教师思想政治态势与引领研究——基于高校工会工作视野"，载《山东工会论坛》2020年第4期。

1. 思想问题

思想指导行动，行动坚实思想。在开展高校二级工会、切实助力青年教师发展的过程中，涌现出一定的思想领域问题，究其原因主要是对工会工作的本质与重要性认识不够。具体而言，一是传统的"教学为主、科研争优"的高校治理思想仍占主导地位，工会工作成为可以为教学科研让步的"软指标"，导致教职工对工会的认识没有提到应有的高度，削弱了工会在教职工中的影响力与指引作用；二是有些高校工会存在职能弱化的倾向，对基本的维权、服务、协调、保障等职责履行不充分，民主监督、参政议政也趋向形式化。如何避免二级工会异化为学校行政机关的传声筒，需要我们运用智慧与经验进行制度的完善架构；[1]三是大多数职工对高校二级工会的职能定位不够清楚，对参与工会活动的重要性认识不足，仅简单认为工会就是"搞活动"与"发福利"的组织，对于工会参政议政、民主管理、民主监督等职能漠不关心，影响工会工作的切实、有效开展。

2. 人员问题

在工会队伍建设方面，存在人员兼职化、精力不足、创新滞后等问题，其原因在于高校二级工会以教职工为主体，他们本身就承担者教学、科研、社会服务等任务，特别是高校正处于高等教育改革以"双一流"学校、"双一流"学科建设的攻坚阶段，使得教职工们均肩负较大的教学与科研任务，对工会工作心有余而力不足，二级工会的部分任务呈现被动、滞后状态。此外，高校二级工会还缺少专职人员进行服务、协调，当前工会工作主要由特定的老师和行政人员兼任，在工作精力、专业思维以及专业能力等方面略有欠缺，面对高校教职工群体多元、复杂的需求，往往存在简单化、平面化处理的问题，难以全面实现工会目标任务，尤其是在为青年教师提供进步基石方面略显疲软，一定程度上制约了工会工作的创新性开展。[2]

3. 组织问题

在工会组织建设方面，存在二级工会机制设置不合理、二级教代会职能划分不清晰和"职工之家"活动策划不适宜等问题。究其原因，一是高校学

〔1〕 参见王万民、孙金铃："高校青年教师思想政治态势与引领研究——基于高校工会工作视野"，载《山东工会论坛》2020年第4期。
〔2〕 参见苏明："高校工会工作面临的问题与对策"，载《黑龙江教育（理论与实践）》2015年第12期。

院的工会干部往往身兼数职，且缺乏专业支撑，难以全方位地承担工会繁重任务，更难以创造性地开展工作；二是未能厘清二级工会与二级教代会的职能划分，二者存在"一套人马、两块牌子"的现象，二级教代会应当以二级工会为依托、作为教职工直接参与学校管理的继承制度纳入到学校管理体系中，有效的教代会可以正面推动工会工作的开展；[1] 三是对于工会活动的组织缺乏实干、实效、实际的视角，对于机制设置与活动开展没有切合高校教职工的多元思想、不同需求及实施可行性，且对工会专项经费的使用存在不透明、不适宜等问题，在一定程度上阻碍工会机制作用的有效发挥。

4. 人才储备问题

人才培养是组织工作开展的基础与发展方向，但工会因职能定位的不清晰、领导干部的不重视、机制运转的不畅通致使人才培养方面存在理论、政策、制度、人力等的匮乏，一定程度上阻碍了工会工作的长效全面开展。一是对工会的理论研究不够重视，工会人员的理论储备不足，工会活动缺乏理论支撑，工会发展缺乏理论远见，从客观层面导致工会工作的停滞不前；二是提升工会人员理论层次的机制建设不健全，诸多二级工会仅简单将福利制度作为工会工作的重点，对教职工人员开展的专项培训活动不多，较高水平的调研实践活动也较为缺乏，忽视对教职工群体的理论水平、思想政治、专业能力的指导与提升，影响工会机制功能的充分发挥，使得工会工作缺乏前瞻性、指导性与长效性。[2]

上述问题既起因于高校与教职工的主体特殊性质，又与基层工会制度设置相关，并在新时代的变革中逐渐凸显出来。我们以青年教师的发展为目的进行工会制度的完善架构，就需要对上述问题进行深刻、切实、可实操的完善。

三、二级工会助力青年教师的具体举措

（一）明晰职能定位，把握核心要旨

高校治理目标的实现需要工会机制积极发挥协调、组织、引领作用，而

---

〔1〕 参见汤家华："二级教代会在学院二级管理中的作用调查与思考"，载《才智》2016 年第 4 期。

〔2〕 参见刘必荣、惠雪琴、凌福林："高校二级学院工会创新建设研究"，载《科教导刊（下旬）》2015 年第 30 期。

工会工作的有序开展离不开工会对自己的角色定位的明确及各项职能的切实履行。在当前高校教育改革不断推行、教职工群体诉求与利益不断更新复杂化的情况下，构建和谐稳定的职工群体关系、调动教职工积极性与先进性、形成建设学校的合力，应当成为二级工会工作的要旨。二级学院工会的职能设定具体可以明确为：教职工利益的代表者、教职工利益的维护者、教职工诉求的倾听者、教职工能力提升的引领者、教职工"参政议政"的组织者、劳动矛盾的调节者、离退休人员的关怀者等。[1]

这些职责的履行应当主要围绕工会教职工利益代表者与引导者的身份展开，在组织、服务、团结教职工的同时，需要注重发挥工会本身的正面引领作用，切实维护教职工的合法利益、切实解决教职工现实困难、切实满足教职工合理诉求、切实团结教职工投入为校建设的征程中。在实现工会会员整体福利增进的同时，更侧重对青年教师进行思想、职业、生活等方面的深度帮扶，通过工会活动开展与经费投入，为青年教师的发展搭建坚实、可靠、正确的平台，通过人才的承继培养，促进学校的教学科研与善治善理。

（二）加强干部建设，培养专业队伍

正如前文所述，当前高校二级工会的干部队伍往往身兼数职，管理乏力、创新不足，抑制工会任务目标的全面实现，且缺乏专业人员支撑，致使工会工作的理论指导薄弱，工作开展形式化、短视化，教职工参与度也不高，无法解决深层次、复杂化问题，因此以干部建设为基础的二级工会队伍建设就显得尤为重要了。

首先，培养高素质干部队伍，为工会工作开展奠定人才基础。干部队伍的素质与能力往往直接关系到工会的制度落实与承继发展。基于当前高校改革发展的新形势，我们有必要培养一支作风强、业务精、理论实的工会干部队伍，以保证工会各项工作任务的有效落实、保证二级工会职责定位的切实实现。这就要求在培养选拔工会干部时，需要对群众公认、敬业务实、专业可靠、有群众基础的人优先任用，优化工会干部队伍的知识储备、专业素养、组织能力等，为工会工作的有效开展提供人员支撑。[2]

---

〔1〕 参见马斌奇、王锐："新形势下增强高校二级学院分工会活力的探索与实践——西安邮电大学自动化学院实施'四个结合'激活工会组织活力"，载《教育教学论坛》2015年第11期。

〔2〕 参见宋静、金保德："高校二级工会影响青年教师归属感问题初探"，载《山东工会论坛》2016年第3期。

其次，强化理论学习、加大业务培训，增进二级工会队伍的实干性与战斗力。攻坚干部的培养需要不断地进行理论学习与实践总结，只有不断增进理论知识、提高政策水平、提升组织能力，才能保障工会各项任务的顺利完成，才能切实为教职工们做出先进表率与示范。这要求我们二级工会做到长期学习与短期培训相结合，通过常态化的系统学习，扎实教职工的理论知识掌握，同时基于不同时期的任务重点，开展专题培训会议，从整体上强化教职工群体的理论深度，助力教职工在各自岗位上能更好地展示风采、发挥作用、形成积极影响。

最后，激发工会积极分子的参与积极性。工会积极分子是指工会各项活动的积极参与者与中坚组织力量，这是除工会干部外，又一充满创造力与能动性的队伍。因教职工本身的教学科研任务的繁重，工会积极分子一方面为工会工作的顺利开展提供人员支持。另一方面，工会积极分子本身就来自于职工群体，与其他职工群众密切联系，具有一定的号召力与示范性。通过对其进行组织与引导，可以在一定范围的职工群体中形成积极正面的影响。尤其是青年教师，通过群体间的相互交流与影响可以实现思想、政治、学术、生活等方面的积极交互。[1]

(三) 健全工作机制，提升服务能力

二级学院工会作为直接联系教职工的基层组织，其工作任务是较为繁复的，再加之领导干部与参与人员多以兼任形式为主、对工会工作的开展容易降低认识高度，故有必要通过工作机制的健全，有效厘清主体的权责，实现工会活动的减负增效，确保工会服务、引导职能的实现。

1. 以教职工为本，发挥教育功能

新时代、新形势、新任务、新要求。我们二级工会也需要更新思维与观念，做到用发展的眼光、开放的思维进行制度架构，用实事求是、服务群体的态度进行实践补缺，以此实现工会的教育职能。

应当注重发挥工会"大学校作用"，积极调动教职工的主人翁与承继人的意识，利用一切可能的校内校外的人力物力资源，通过沙龙讲座、系列培训、"实务练兵"等方式，提升广大教职工的思想政治素养、教育理论基础、科研

---

[1] 参见杨海燕、石丽萍："高校工会引领青年教师成长的路径探索——以北京联合大学为例"，载《长春工程学院学报（社会科学版）》2020年第1期。

创新能力、实务创新技能等，满足教职工个人成长与全面发展的需求，同时使教职工成为推动学校软实力进步的主力军、成为高校砥砺发展、锐意向前的践行者。

2. 找准切入点，落实服务理念

二级学院工会以服务、引导为制度核心，而切实维护好教职工的切身利益是工会获得教职工群体支持、信任与配合的前提。故有必要及时了解与掌握教职工群体所关切的现实利益问题，并针对性地采取协调、保障措施，落实工会的服务理念。

主要可从下列方面展开：一是活动设置方面，从娱乐性的文体活动为主过渡到就学校相关事项进行充分、有效地民主管理、民主监督；二是工作重心方面，从过去单纯的福利型服务转变为对职工合法利益的维护、对职工的未来发展的奠基；[1] 三是从管理体制方面，从过去松散、应付的管理转变为依托专业、依据规范、制度明确的管理体系；四是工作方式方面，从过去一味听令上级、甘当"行政传声筒"转变为深入群众、严谨慎思、实事求是的工作作风。

3. 适应新要求，完善福利机制

工会工作的开展不能背离教职工群体的利益需求，对教职工群体的利益保障与福利增进，有利于调动其参与、支持工会工作的积极性，有利于工会引导广大教职工共同投身于学校建设中，实现教职工个人提升与学校发展的互利共赢。而福利机制的架构应当关注教职工群体的可持续发展，即通过科学引导并辅以奖励机制，循序增强教职工的专业度与创新力，有效提升教职工的收获感与能动性。

具体可分为以下方面：一是重点帮扶，体现组织温暖。学院工会与校医院、财务处、各部门工会应建立重大疾病动态联动机制，努力做到教职工有重大疾病时，工会及时知晓、看望、关怀，并于特殊节点，如"五一"劳动节、教师节、春节前，对生病住院和生活困难教职工进行关怀慰问；二是切实推进互助保障计划。二级工会在现有职工保障制度的基础上，将有序扩大保障人员范围、保障事项范围，并针对性优化保障措施与方式，以切实解教

---

〔1〕 参见苏明："高校工会工作面临的问题与对策"，载《黑龙江教育（理论与实践）》2015年第12期。

职工之忧，暖教职工之心，护教职工之利，使教职工在教学、科研、行政工作中没有后顾之忧；三是对特殊群体关怀的补强。学院工会考虑到女教师群体的特殊性，通过举办座谈会、义诊周、发慰问信、丙烯画绘画、趣味游艺、插花培训、摄影大赛、压花饰品制作、线上有奖答题等活动彰显学院关怀；考虑到离退休同志的健康需求，在重阳节期间与离退休工作处、统战部联合，通过农工民主党北京市委邀请医务界专家为离退休同志义诊等。[1]

（四）工会职能拓展，助力专业提升

如前所述，在新时代的高校治理中，如何通过制度架构与机制运转充分发挥教职工的能动性、创造力与责任心以推动高等教育的健康发展已经成为工会工作的核心要义之一。二级工会作为直接联系教职工的最基层组织，有必要灵活运用"接地气""有人气"的制度优势，通过设置科学合理的活动来完成新时代赋予的新责任。

笔者认为可以从以下几个方面着手：一是举办教师教学授课比拼，通过专业竞赛的形式吸引教职工参与其中，通过同业的正面竞争促使教师正视自己在专业领域的不足，进而补强扬优，实现专业能力的提升和教学经验的增进，同时在教师间形成良好的治学、科研氛围，对学校整体治学生态的优化起到积极作用；二是组织教学培训分享会，通过邀请专业能力突出的教师进行授课培训和经验分享，既能实现老中青三代教师群体之间的传承，又能实现教职工群体的共同进步；三是评选骨干教师的先进教育思想、优秀教学案例、教育教学经验进行全校宣传、推广，学用互化，促进骨干教师教学经验、教育成果孵化优转，如通过举办工会教代会理论研讨会、工会委员培训会，邀请理论研讨获奖论文作者进行心得交流，并邀请友校领导与校工会干部分享交流工会工作经验。

结 语

加强对高校教职工的组织与引领是新时代赋予工会的新使命与任务。就我校而言，笔者认为作为基础组织的学院二级工会必须把握新形势下的改革方略与发展规律，切实以教职工为服务、引导对象，以习近平系列重要讲话精神和中国工会十七大精神为指导，通过全面审慎分析当前的机遇与挑战，

---

〔1〕 参见石军："高校二级学院工会'教工之家'建设初探"，载《科技风》2016年第4期。

明确二级工会工作的重心与要义；通过工会机制的有序运转，解放教职工思想、增进教职工理论与实践能力，实现教职工全体的创新发展；通过集体参与、集体讨论、民主监督、互助互携等形式，将教职工的思想与行动统一到学校建设的征途中，形成二级工会集体的创造力、凝聚力和战斗力，进而为我校实现治理体系与治理能力现代化、切实建设成为中华人民共和国的法科强校、切实培养出中华人民共和国需要的法治人才贡献力量。

用科学的标准选拔、培养基层单位的工会干部

——基层单位工会干部考核指标体系调查报告

北京大学公寓服务中心　王太芹　中国政法大学保卫处　田兆军

摘　要：建立一套科学的基层单位工会干部的考评体系，是夯实基层单位工会组织工作的基础，是工会组织作为社团组织运行时必须遵循其内在独特性的需要。实证研究发现，围绕基层单位工会组织运行和发展的相关群体对此问题的认知不一。图表列举了考评内容及相关问题，解决思路尝试从十一个方面进行了探索，回答如何考评的问题。

关键词：基层单位；工会干部；考评；科学体系

历史已经证明，工会组织治理体系建设和治理能力提升是我们国家治理体系建设和治理能力提升，以及社会进步不可或缺的一部分。工会组织作为一种社会群团组织，其运行机制与发展目标有其科学的规律。当然，对这种科学规律的认识并非一蹴而就，而是有一个渐进的过程。例如，对基层单位工会干部应该按照何种标准引领、选拔和培养，就是一个很重大的问题。因为，建立一套科学的基层单位工会干部考评体系，有利于培养一个个优秀的基层工会干部，从而为基层工会组织管理能力提升，为整体社会的稳健发展夯实必要的基础。

一、选题意义及问题设置

我们知道，政治路线确定之后，干部就是决定的因素。而选准、用好干部，前提是正确地评价干部。要想正确地评价干部，必须建立科学的考评体系，有科学的考评依据，但是，任何科学体系的建立，绝不是对以往相关标

准的全盘否定，而应该是种扬弃。因此，非常有必要对现阶段在实践过程中显现的成果与不足进行总结和梳理。不管是中央层面的中华全国总工会，还是基层单位的工会部门，无一不在为工会干部考核工作的与时俱进作出全局或局部的努力。

就我们所调查的基层工会组织，包括北京市房山区总工会、房山区窦店镇总工会、北京公交集团工会、北京地铁公司工会以及北京大学、北京师范大学、北京航空航天大学等高校工会组织，这些单位对本部门工会干部考核也是非常关注。因为通过科学的考核，发现一批、培养一批，甚至储备一批工会领导干部，不仅是各个基层单位为人民工作之题中应有之义，也是促使本部门系统工作整体向前推进的根本保证。然而，在方法的选择上，在方式的运用上，在时间的安排上，在人员的参与上，在标准的判定上，在结果的对应上等方面还存在某些问题，需要具体执行此项工作的组织人事部门积极探索、采取措施以便应对。例如，针对各个基层单位工会领导班子和领导干部的考核，我们具体应该注意哪些问题？曾经的工作又存在哪些问题？我们通过调研得到的信息可能只是问题的表象，但对我们深入认识事物的本质奠定了良好基础。我们认为只有找出问题的症结所在，才能有针对性地解决问题。

为界定调研问题与调研目标，我们积极展开前期准备工作，进行广泛的询问，征求相关人员对此次调研的意见和建议，最终将调研问题提纲确定为九个方面：

第一，当前各个基层单位工会干部考核过程中存在的问题有哪些；第二，哪几种考核方式更能真实反映当下基层单位工会干部现状；第三，如何科学评价基层单位工会干部的实绩；第四，从班子个人和员工角度分别看，对基层单位工会干部考核结果与实际工作情况的符合程度及如何对应使用；第五，如何更好地运用考核手段做好对基层单位工会领导班子，尤其是主要负责人的监督；第六，基层单位工会干部考核指标体系中的内容除了"德、能、勤、绩、廉"，是否需要添加；第七，考核结果对领导班子中个人及所在基层单位工会的影响程度；第八，"干部选的准不准，要让群众审一审"与党管干部及人民群众的"四权"如何有机统一；第九，基层单位工会干部考核标准的普适性与特殊性关系。

我们将调研目标确定为：运用科学方法，对与基层单位工会领导班子与领导干部考核现状有关的主要因素进行客观公正地呈现；结合数据的分析与处理锁定问题所在，剖析考核工作中有待改善之处；进而针对调研中反映出的问题提出可行性建议加以解决，或至少缓解引发这些问题的现实矛盾。以此为基层单位组织人事部门更科学地做好工会干部考核工作提供参考建议，最终达到改进考核方法，提高考核质量，为考评出真正具有核心竞争力的基层单位工会领导干部做出努力。

我们的研究类型属于描述性调研，以定性调查为主、定量调查为辅，采用问卷调查（对基层单位普通员工采取随机抽样，对中层干部采取分层抽样方式）、人员访谈、深入访谈（非结构化访谈）等方法采集数据和信息。

在问卷调查中，我们共发放了 108 份问卷，其中局（校）级领导问卷 7 份（有效问卷 5 份）；处级（中层）干部问卷 12 份（有效问卷 10 份）；普通员工共 89 份（有效问卷 85 份）。我们在近六周的时间里对九所基层单位三类人群发放问卷并及时回收。由于我们在用尽资源的前提下采取现场指导、随填随收的方式，所以回收率达 97.22%，有效率达 94.44%。

对封闭性问题，我们采取数据统计、数值分析、量化考核的办法。针对比较性问题，用饼状图、柱状图等采用百分比的评价方法进行了分析说明；针对重要性评价问题，用条形图、正态分布图等权重的评价方式进行了计算与分析；针对开放性问题，我们主要采用手工整理、定性分类的方法进行总结；对被调查者信息及意见进行分类汇总后，在此基础上进一步进行陈述性数据分析。

二、问卷分析及数据呈现

为了更好地说明问题，我们对问卷进行了归纳，主要就共同设置的问题，综合从局级领导、中层干部、普通员工三个角度进行对比分析。

1. 对考核程序的了解程度

局级领导对考核程序都"非常了解"；中层干部有 90% 的人"知道一些"，只有 10% 的人"非常了解"；对于普通员工来说，只有 11.76% 的人"知道一些"，更多的人（71.76%）集中于"不了解"，有 16.47% 的人"完全不了解"。这种结果是符合我们直观判断的。

2. 考核工作中存在的问题

对于考核工作中存在的问题，选择项有："考核标准笼统、考核层次少、考核程序不规范、方法偏于定性和结果兑现难"五个选项（可以多选）。局级领导认为"考核标准笼统"的有 80%，认为"方法偏于定性"的有 20%；而中层干部有 80% 的人认为"考核标准笼统并且结果兑现难"；普通员工则共有 75.88% 的人认为"考核层次少并且程序不规范"。

3. 科学评价基层单位工会领导干部的因素

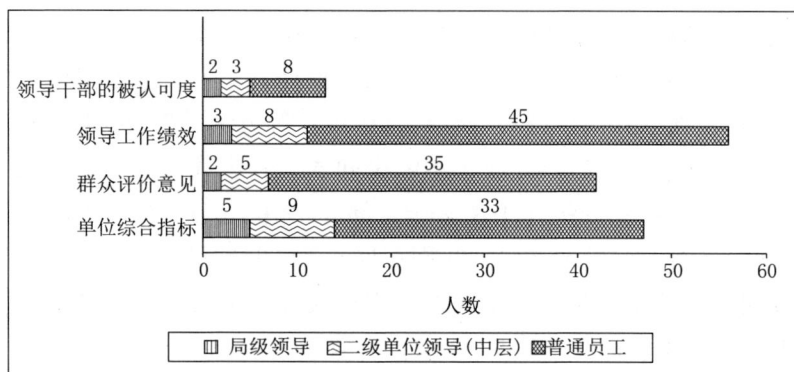

从上图可以看出，有效问卷中，局级领导 5 人中有 3 人，中层领导 10 人中有 8 人，普通员工 85 人中有 45 人，选择了"领导工作绩效"。可见，局级领导、中层干部、普通员工都认为要科学地评价领导干部，主要还是从"领导工作绩效"、"单位的整体发展"（即达到单位综合指标）、"群众评价意见"三个方面着手。

4. 对考核方法的评价

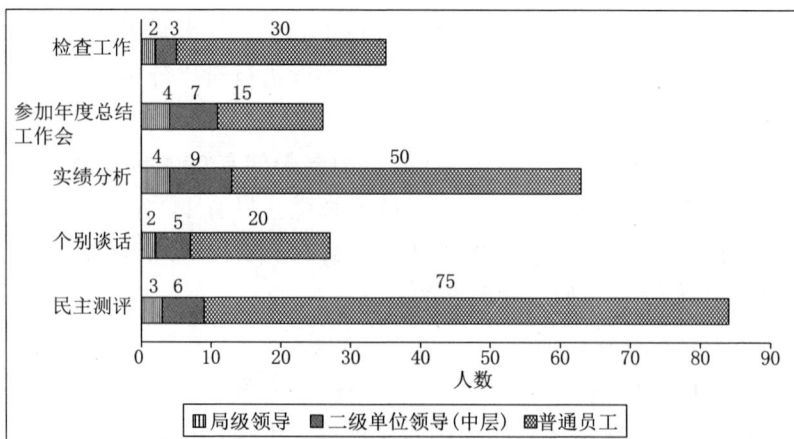

由上图可见，对考核方法的评价排在前三位的是"民主测评、实绩分析和检查工作"三项。其中有局级领导 3 人，中层领导 6 人，普通员工 75 人选择了"民主测评"。有局级领导人 4 人，中层领导 9 人，普通员工 50 人选择了"实绩分析"。领导层更倾向"实绩分析和参加年度总结工作会"，而普通员工更倾向于"实绩分析和民主测评"。

5. 对考核方式有效性的评价

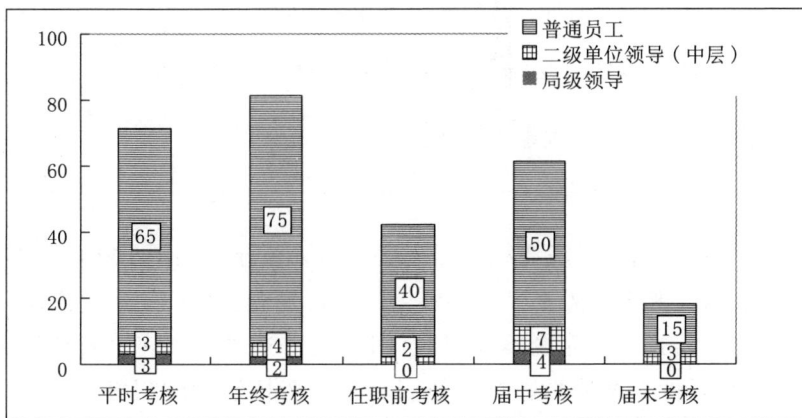

从上图可以看出，在对考核方式有效性的评价中，"年终考核、平时考核和届中考核"的比重较大，有 2 位局级领导，4 位中层领导，75 个普通员工选择了"年终考核"；有 3 位局级领导，3 位中层领导，65 个普通员工选择了"平时考核"；同时有 4 位局级领导，7 位中层领导，50 个普通员工选择了"届中考核"。

6. "德、能、勤、绩、廉"五项指标在考核中的重要性

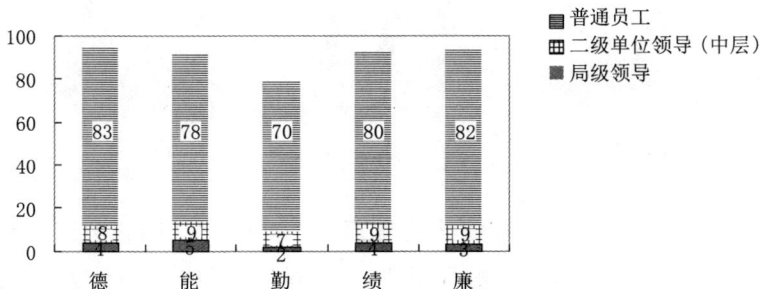

从上图可以看出，对于"德、能、勤、绩、廉"，局级领导中对应分别有4人、5人、2人、4人、3人认为重要；中层干部中对应分别有8人、9人、7人、9人、9人认为重要；普通员工中对应分别有83人、78人、70人、80人、82人认为重要。

7. 对考核结果知晓度的评价

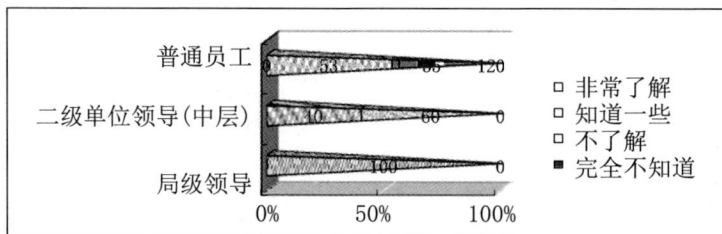

从上图可以看出，对考核结果知晓度，局级领导达到了100%；中层干部中40%"非常了解"，60%"知道一些"；普通员工中53%"了解一些"，35%"不了解"，12%"完全不知道"。对广大普通员工而言，考核结果仍存在很大的不公开性，这势必影响到他们对参与考核活动的积极性，使得考核在一定程度上流于形式。

8. 考核结果与领导干部选拔任用相关度评价

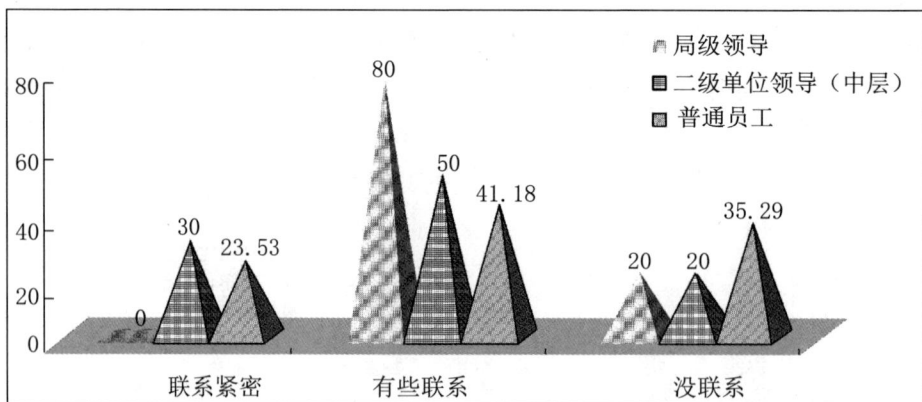

从上图可以看出，对于考核结果与领导干部选拔任用相关度的评价，有80%的局级领导认为二者"有些联系"，有20%的局级领导认为"没联系"；

有30%的中层干部认为二者"联系紧密",有50%的中层干部认为二者"有些联系",有20%的中层干部认为二者"没联系";有23.53%的普通员工认为二者"联系紧密",有41.18%的普通员工认为二者"有些联系",有35.29%的普通员工认为二者"没联系"。

9. 考核结果的影响力分析

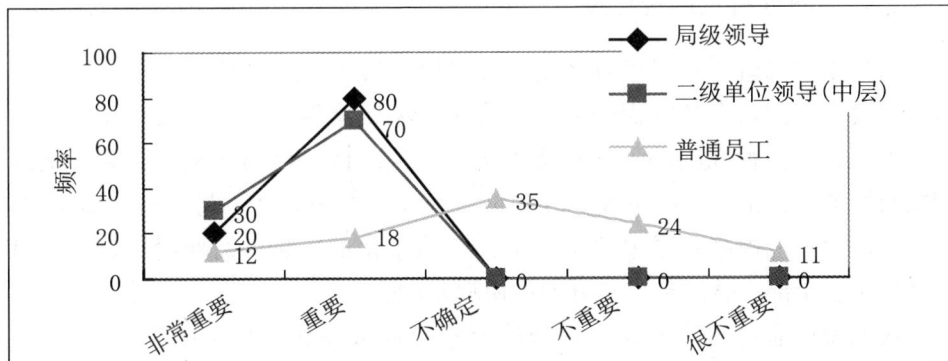

关于考核结果的影响力分析,由上图可见,局级领导中有20%人认为"非常重要",80%的人认为"重要";中层领导中有30%的人认为"非常重要",70%的人认为"重要";而在普通员工中比例则较为分散,有12%的人认为"非常重要",18%的人认为"重要",35%的人认为"不确定",24%的人认为"不重要",11%的人认为"很不重要"。

10. 考核结果对领导干部的激励作用

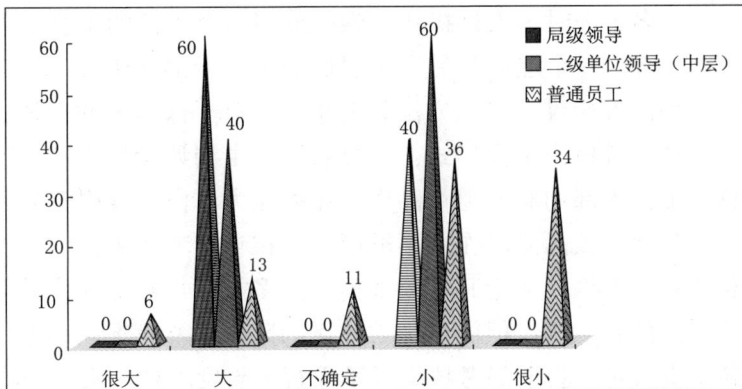

从上图可以看出，关于考核结果对工会干部的激励作用的评价，局级领导有60%的人认为作用"大"，有40%的人认为作用"小"；中层领导有40%的人认为作用"大"，而60%的人认为作用"小"；普通员工中有13%的人认为作用"大"，11%的人认为"不确定"，36%的人认为作用"小"，34%的人认为作用"很小"。

三、问题分析及改进思路

通过本次调研，我们相对客观、形象地了解了基层单位工会干部考评现状，进而认识到来自各方面的矛盾和冲突。调研结果显示，基层单位工会干部考评现状确实存在问题，且亟待解决。员工的认可度与服从力，班子的团结度与影响力，上级的决策度与导向力，等等，都是纠缠一起、相互影响的，因此要从根本上提高基层单位工会干部考核工作的质量，需要局级领导、基层单位工会干部、普通员工三方面的协调与配合。

我们希望通过本次调研，在理论上架起局级领导、基层单位工会干部、普通员工三者之间的理想化桥梁，即使是纸上谈兵，坐而论道，也希望能为决策者的决策起到"通衢大道，一石之用"的作用。

根据调研数据，经过我们仔细地分析和汇总，结论如下：

第一，调研结果验证了我们最初假设：目前，基层单位工会干部的考核现状确实存在问题。从技术层面看，具体有以下几点：一是标准比较笼统。考核干部主要包括"德、能、勤、绩、廉"五个方面的内容，但在具体考核中还没有针对不同职务级别、不同工作岗位对被考核对象个体进行细化。由于考核标准不够具体，缺乏一个明确的尺度、一套量化的标准，在考评具体到一个班子、一名干部时不大好操作，难以分清一个单位的工会干部与另一个单位的工会干部、一个层面与另一个层面的工会干部谁优谁劣，一定程度上影响考核结果的准确性。二是方法相对单一。对干部实绩的考核，以每年的年度一次性集中考核为主要形式，主要采取民主测评考核方法，不能全方位、多角度对工会干部的职业道德品质、业务能力、作风表现等方面进行综合测评。三是年度考核的激励作用不够明显。在年度考核中，由于工会主要领导所处位置的特殊性，无论其实绩如何，大多能连年被评为优秀等次，而副职领导干部虽然很优秀，但由于优秀比例的限额，一般难以评上优秀。部分基层单位负责人对工会干部考核结果不重视，年度考核失去了应有的激励约束作用。四是实绩的评价不够客观、全面。对工会干部的实绩度量，往往侧重于显绩的考评而忽视潜绩的考评、侧重于个人政绩的考评而忽视群体政绩的考评、侧重于考核干部的主观努力而忽视考核干部的工作环境，同时偏重对工会干部工作表现的考核，而对其平时的社交、生活和家庭情况的考核重视不够。

第二，在普通员工方面，集中表现为或参与淡漠或热情异化，具体表现为年轻的业务骨干员工认为此种考核是种时间的浪费，走过场，不愿意参加，理性有余而热情不足；年龄较大、业务边缘化、影响力夸大化但具有一定参加考评资格人选的部分员工却强烈愿意把此种考核当作一种话语权表达的机会，热情有余而理性不足。

第三，在基层单位工会领导班子与干部队伍方面，集中表现为团结度有待加强，影响力来源单一化，对考核结果重视不足。干部群体之间往往因工作理念、认识角度、具体利益等的不同而使和谐空有其表，甚至连最基本的表面和谐也难以建立，这就必然会对整个基层单位工会事业的发展产生消极影响。

第四，基层单位工会组织的上级管理部门对应存在的问题，集中表现为组织人事安排决策过程不明晰，从而使针对工会干部考核工作的导向性模糊。具体的考核工作，又因考核内容"德、能、勤、绩、廉"不易量化、方法偏于定性、标准笼统、没能考虑到各个基层单位工会自身特色、考核结果等次偏少、不易拉开档次、对考核优秀者奖励力度不够、对考核不称职者处理难、结果优劣很难兑现相应奖惩，或者说，奖惩的形式和内容都不够彰显，使具体执行考核工作的部门不好适从。

第五，在基层单位工会干部考核工作中，具体工作对干部素质结构要求的多样性与评价干部模式单一性之间、人才流动加快与干部能上不能下，能进不能出之间、基层单位工会建设需要大量优秀人才与干部工作中选人视野不宽之间等矛盾较为突出。

第六，在基层工会干部考核工作过程中，具体执行部门虽坚持了党性原则、公正原则、民主原则、法制原则、实绩原则，但结果在工会干部队伍建设中作为选拔依据作用、激励鞭策作用、管理监督作用、教育引导作用并不明显。

针对上述调研结果，我们提出如下建议：

第一，利用现有资源，紧密结合基层单位工会工作的实际需要，改进、使用适合基层单位工会干部考核的内容，提高广大员工对考核工作参与的正向热情。加强考核工作内容的针对性和实用性，具体包括：一是科学设置考核指标体系，解决"考什么"问题。科学的实绩考核标准，是客观公正地认定实绩和识别干部的关键。为此，必须根据不同类别的基层单位工会干部科学地确定实绩考核的内容和量化性的指标，形成一个对不同层次、不同岗位工会干部客观评价、量化分档的实绩考评体系。也就是说，即使是针对领导干部的考核指标常规内容"德、能、勤、绩、廉"，也应该科学地分解，形成若干项子指标。二是完善考核操作程序体系，解决"怎么考"问题。实绩考核是一项复杂的系统工程，具有具体性、多样性和层次性的特点。为此，要完善考评操作体系，规范考评办法，坚持用辩证的、全面的、发展的观点评价基层单位工会干部。例如，考核工作中除了有组织、人事部门参加外，能否吸收财务、审计及其他类型的员工组织参加；是否可以建立考核日常工作台帐。因为，平时考核是完善干部实绩考核工作的需要，是干部年度考核的基础和有益补充，因此，必须探索在平时就全面地、广泛地收集与实绩有关素材的途径，从而进一步健全组织考核工作程序，在手段上有所创新，实现基层工会干部工作实绩考核方式的多样化。

第二，条件允许的基层单位，可以让所有员工参与考核工作，绝不应该采取"一刀切"，只有具有一定资格的人员才可参加。否则，极易形成"等级歧视"，产生认知信息缺失，造成认可情感失真，从而不利和谐局面的形成，又易滋生各种类型的消极情绪。即使条件保障有困难，也应该让"正行走在革命队伍中的成员"——年轻的业务骨干，作为主要群体参与考核，而不能让"干活"的与"说话"的是两种利益群体代表，甚至存在根本冲突。因此，要把群众的知情权、选择权与党组织的决策权、决定权统一起来。

第三，对基层单位工会干部的考核，要分别按相应职责对照。不同级别、不同行业的工会干部，岗位职责有很大的差异性，因此，需要我们具体问题具体分析，针对问题的特殊性提出相应的解决方案。对不同考核类型与考核层次，依据整体性原则、联系原则、择要性原则、差异性原则、动态性原则，分别制定不同的考核要素与考核标准，从而增强考核的针对性和实际效果。

第四，考核方法要以实绩分析为主，辅之以民主测评、年度总结、个别谈话与工作检查等方法。考核方法的确定是领导干部考核工作中的关键一环，对考核的有效性和考核目标的实现具有重要意义。通过分析调研结果，我们发现工作实绩在"德、能、勤、绩、廉"这五项指标中最能反映领导干部的工作能力与努力程度等。因此，我们认为在考核中要体现工作实绩的重要性，同时也要兼顾其他，以做到综合考虑。当然，在具体执行考核工作过程中，要考虑到"绩"的形成具有动态性和不可预见性、"绩"的创造具有动机性、"绩"的表现形态具有多样性、对"绩"的评价具有主观性和综合性。

第五，考核时间的选择，不仅要重视任职前考核、年终考核、届中届末考核，更要重视平时考核。要把任职前考察考核的"赛场"向工作岗位这个经常性的"赛场"延伸。

第六，考核结果要作必要范围的通报，并且，在基层工会干部安排中能有较为明显的体现。这就需要把拓宽群众参与、监督渠道与党组织的统一实施、严格把关统一起来。

第七，某个基层单位工会主要负责人的产生，原则上最好从本单位选拔。因工会工作的特殊性，主要干部最好采取较为民主的公开选拔方式产生。公开选拔要能做到公开职位、公开条件、公开程序、公开（考试）成绩、公开结果，以保证"公开、公平、公正"原则的落实，保证民主监督机制、竞争比较机制、择优任用机制体现，从而实现从"伯乐相马"到"赛场选马"，从"论资排辈、平衡照顾"到"不拘一格、破格任用"，让能者上、平者让、相形见绌者下。

第八，要坚持党管干部原则与改进党管干部方法相辅相成。从一定意义上说，进行基层单位干部选拔、考核制度的改革，就是为了改进党管工会干部方式方法，提高党管干部水平。要防止两种倾向：一种是以种种理由动摇、否定党管工会干部原则，甚至把工会干部制度存在的一些弊端归咎于这个原则；另一种是把党管干部原则与管理工会干部的具体方式混同起来，把党管工会干部的原则简单地理解为党委直接决定任免所有工会干部。

第九，基层单位工会干部选拔考核制度创新必须坚持走群众路线，扩大民主，具体就是要落实群众在基层单位工会干部选拔考核过程中"四权"。落实知情权，使群众心中有数；落实参与权，使群众进入其中；落实选择权，让群众行使权利；落实监督权，使腐败受到制约。

第十，加强对基层单位工会干部考核工作的监督。美国著名行政学家埃莉诺·奥斯特罗姆指出，在每一个群体中，都有不顾道德规范、一有可能就采取机会主义行为的人；也都存在这样的情况，其潜在收益是如此之高，以至于极守信用的人也会违反规范。因此，有了行为规范也不可能完全消除机会主义行为。所以，对待基层单位工会干部的考核工作，只有建立行之有效的监督机制和反馈机制，对考核工作及时跟踪评估，才能切实加强对考核工作本身的监督。

第十一，基层单位工会干部考核工作应该建立成为一个包括四个层面的框架体系。一是以扩大民主为基础的考核评价主体体系，即要科学合理地确定评价主体的范围，依据责任度原则、关联度原则、知情度原则，选择由哪些人来评价基层单位工会领导干部，这是考核评价体系中的基础环节和首要问题。基本思路是：要把与考核对象工作、生活联系密切、知情度较高的上级、同级、下级和基层群众作为评价主体，形成一个集上级评价设置、下级评价设置、同级评价设置、自我评价设置、相关评价设置、考核组评价设置为一体的评价主体群。通过这种评价主体的多元性、多层面，形成对基层单位工会领导干部的立体考评，实现最大限度的考准评实。二是以实绩为核心的考核评价内容体系。只有建立科学的考评内容体系，即解决好考什么的问题，才能准确反映基层单位工会干部的基本情况，干部也才会有明确的努力方向，群众也才能以此观察、监督对应的干部。三是以定性与定量相结合为手段的考核评价方法体系。四是以考核结果的有效运用为目标的考核结果运用体系。

总之，近几年各个地方在对基层单位工会领导干部的考核工作虽取得了较好的效果，在加强基层单位工会领导班子建设和干部队伍建设方面起到了较好作用，广大群众对相应的考核工作给予了充分支持，考核工作程序和方法逐步得到规范。但基层单位工会工作要想能够与时代同步，与人民群众的需要同步，与党的目标任务同步，则必须优化工会干部考评体系。基层单位的工会组织，只有选拔出好的带头人，组建一支优秀的干部队伍，才能推动基层工会在各自的基层单位更好地乘风破浪、建功立业。

"三新"视域下高校工会与教师文化社团建设

国际教育学院　宋春香

摘　要：教职工社团是高校的群众团体，是高校工会工作的重要内容之一。高校教师是一线教学科研工作的中坚力量，是校园文化建设的重要建设者，是师德师风样貌的重要体现者。本文借助 CiteSpace 软件做可视化知识图谱分析，在"三新"（"新时代""新媒体""新常态"）视域下思考当代高校工会中教师文化社团建设的积极意义和可行性，发挥教师对于高校工会工作的积极作用，同时提出具体的实践策略，旨在建设和发展教师文化社团，强化师德建设，构建高校教师文化共同体，从繁荣校园文化的层面为高校工会的积极开展提供新思路，即发挥教师专业特长的优势，组建智库社团；结合教师自身的文体特长，组建文体社团；服务青年教师的职业发展，组建心理社团；服务海归教师的文化适应，组建"海归"社团；发挥青年教师的主体性，创建青春工会；运用新媒体工具和平台，创建智慧工会。由此，构建立体多元的高校教师文化社团组织，创新新时代高校工会的新模式。

关键词：高校工会；文化社团；新时代；新媒体；新常态；教师

高校教职工社团是学校的群众团体。教职工文化社团的建设既是高校校园文化建设的重要部分，也是繁荣校园文化的客观要求。中华全国总工会从1925 年成立至今，经历了 97 年的沧桑历程。无数的工会人在中国共产党的领导下凝心聚力，不忘初心，服务人民群众，在新时代思考新路径，描绘新篇章。在这个新时代，借助各种多模态技术的支撑，新媒体不断改变着人们的工作形式和生活方式，影响着现有工会的工作模式。当经历了和经历着全球抗击新冠肺炎疫情的特殊时期，中国呈现了前所未有的新常态，在全球抗疫的大背景下为高校工会工作提出了新的挑战。2015 年 7 月 6 日，习近平总书记在中央党的群团工作会议上的讲话要点在于"保持和增强党的群团工作和群团组织的政治性先进性群众性"。习近平总书记关于工人阶级和工会工作的重要论述强调指出党对工会的领导。其中，包括工人阶级地位和作用、中国工运的时代主题、新时代工会工作的改革创新等新意蕴，但是"从群众中来、到群众中去的工作方法不能变"〔1〕，高校工会服务师生的宗旨不能变。第十三届全国人民代表大会常务委员会第三十二次会议决定对《工会法》第 2 条第 1 款做了修改，强调指出"工会是中国共产党领导的职工自愿结合的工人阶级群众组织，是中国共产党联系职工群众的桥梁和纽带。"〔2〕随着"世情""国情""党情"的深刻变革，工会工作应与时俱进，改革创新，切实发挥好决策支持、服务职工和参谋助手的作用，发挥好高校工会联系教职工的"桥梁"和"纽带"作用。

基于此，"三新"视域下的高校教师文化建设问题面临观念更新和形式创新等实际问题。本文基于 CiteSpace 软件的知识图谱对现有研究成果的主题词做可视化分析，适应新时代的新要求，发挥新媒体的积极作用，聚力新常态下的新模式，聚焦研究热点，探索高校教职工文化建设的实践路径。

一、文献来源和研究方法

本文研究与分析的数据以中国知网数据库为检索源，以"高校工会"作主题词，共搜取获得 2350 条有效文献数据。本文运用计量分析软件 CiteSpace 进行可视化分析，分析的数据主要包括论文的标题、作者、文献引文及源期刊等内容，通过采取关键词聚类分析方法来获得可视化知识图谱。根据词频分析和词汇突现性等软件功能，我们可以判断出一定的时段内高校工会研究中的热点和焦点问题，以期在此基础上，我们可以有针对性地探讨高校工会工作与教师文化社团建设的相关问题。

---

〔1〕 "习近平谈工会工作：从群众中来、到群众中去的工作方法不能变"，载 http://cpc.people. com.cn/xuexi/n1/2018/1030/c385476-30370006.html。

〔2〕 "全国人民代表大会常务委员会关于修改《中华人民共和国工会法》的决定"，载《人民日报》2021 年 12 月 25 日，第 005 版。

二、"三新"与"教师"：高校工会研究的焦点问题

（一）现有研究成果的发文数量。在现有的 2350 篇研究成果中，宏观视角研究高校工会类成果有 1323 篇，占比为 56.3%；中观视角研究和谐校园建设类成果有 87 篇，占比为 3.7%；微观视角研究工会组织类成果有 57 篇，占比为 2.43%，青年教师类成果有 57 篇，占比为 2.43%，工会维权类成果有 50 篇，占比为 2.13%（见图 1）。可见，微观视角研究中，高校的青年教师备受关注。

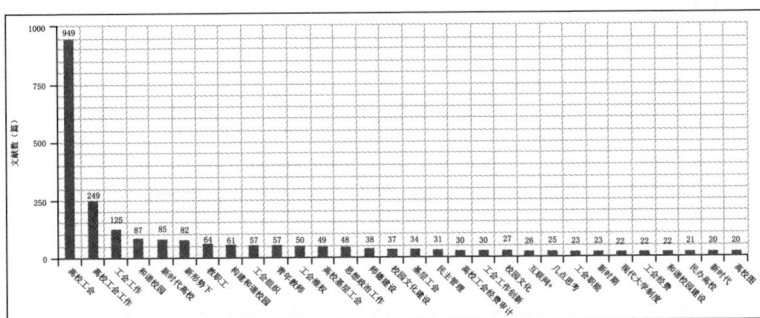

图 1 高校工会研究文献发文数量图

（二）现有研究成果的关键词。研究文献的关键词聚类可以显示出当前研究所普遍关注的问题。本文采用 CiteSpace 软件进行可视化分析，获得近四年（2016 年~2019 年）高校工会研究关键词聚类共现图谱（见图 2），关键词"教职工""青年教师""新媒体""基层工会""新时代"等排在前列。

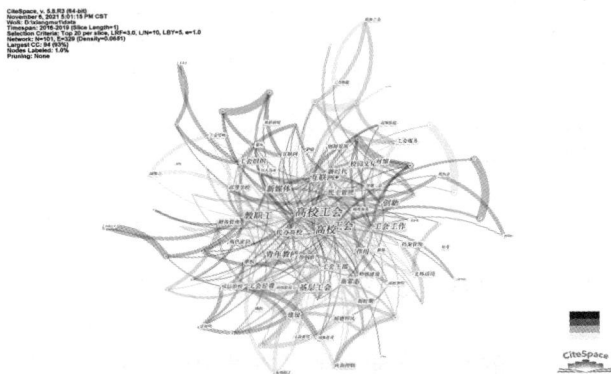

图 2 高校工会研究关键词聚类共现图谱（2016 年~2019 年）

（三）现有研究成果的突现词。突现词是某一研究领域的新生词汇，常常反映理论研究和实践探索中的热点问题、重点问题和难点问题。经 CiteSpace 软件提取分析，从 1980 年至 2021 年之间的研究文献中共获取 22 个关于高校工会研究的突现词。其中，近十年兴起的新主题有："新时代""新媒体""新常态""青年教师""高校教师""师德师风""民办高校""对策""创新""群众路线"等。"三新"视域的考察是业界关注的主要背景。在高校工会工作中，"高校教师"，尤其是"青年教师"和"师德师风"是近年关注的重点词（见图 3）。

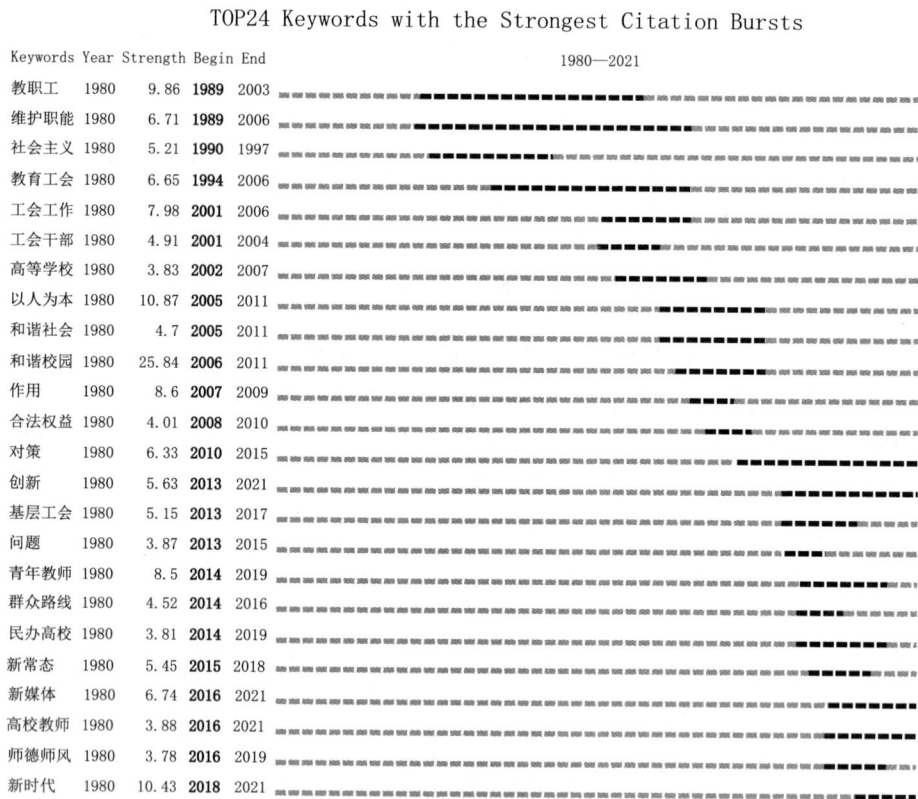

TOP24 Keywords with the Strongest Citation Bursts

Keywords	Year	Strength	Begin	End
教职工	1980	9.86	1989	2003
维护职能	1980	6.71	1989	2006
社会主义	1980	5.21	1990	1997
教育工会	1980	6.65	1994	2006
工会工作	1980	7.98	2001	2006
工会干部	1980	4.91	2001	2004
高等学校	1980	3.83	2002	2007
以人为本	1980	10.87	2005	2011
和谐社会	1980	4.7	2005	2011
和谐校园	1980	25.84	2006	2011
作用	1980	8.6	2007	2009
合法权益	1980	4.01	2008	2010
对策	1980	6.33	2010	2015
创新	1980	5.63	2013	2021
基层工会	1980	5.15	2013	2017
问题	1980	3.87	2013	2015
青年教师	1980	8.5	2014	2019
群众路线	1980	4.52	2014	2016
民办高校	1980	3.81	2014	2019
新常态	1980	5.45	2015	2018
新媒体	1980	6.74	2016	2021
高校教师	1980	3.88	2016	2021
师德师风	1980	3.78	2016	2019
新时代	1980	10.43	2018	2021

图 3　国内高校工会研究文献中的突现词图谱（1980 年~2021 年）

同时，从综合统计的数字化词表也可以看出：现有研究中，"工会工作""和谐校园""教职工""作用""青年教师"是词频较高的前五个关键词，关注度较高的关键词有"教职工""工会工作""作用""和谐校园""对策""高等学校"等（见图4）。

序号	Keyword	Burst	Degree	Freq
1	和谐校园	25.84	35	118
2	以人为本	10.87	16	36
3	新时代	10.43	15	22
4	教职工	9.86	70	125
5	作用	8.60	36	93
6	青年教师	8.50	25	60
7	工会工作	7.98	64	133
8	新媒体	6.74	11	17
9	维护职能	6.71	21	16
10	教育工会	6.65	11	21
11	对策	6.33	26	48
12	创新	5.63	25	50
13	新常态	5.45	8	12
14	社会主义	5.21	14	10
15	基层工会	5.15	24	35
16	工会干部	4.91	23	32
17	和谐社会	4.70	9	13
18	群众路线	4.52	7	9
19	合法权益	4.01	14	16
20	高校教师	3.88	8	11
21	问题	3.87	22	22
22	高等学校	3.83	24	29
23	民办高校	3.81	21	16
24	师德师风	3.78	10	10

图4 国内高校工会研究文献中的突现词表（1980年~2021年）

综上可知：可视化分析的结果展现出近些年高校工会关注的焦点问题，

即宏观层面的时代背景呈现"三新"特点，时代性是高校工会问题研究的理论基础；中观层面的研究成果注重基层工会的作用和职能，致力于校园文化的构建；微观层面关注高校教师，尤其是青年教师的师德师风问题，关注教师的成长与发展。

三、"三新"视域下高校教师对于文化校园建设的积极作用

（一）高校教师是一线教学科研工作的中坚力量。高校教师是高校教学科研的主体，是相关指标考核的完成者，尤其是青年教师，他们是整个高校中最积极、最有生气的群体，始终是高校发展的中坚力量，是主流价值的承载者和守护者。一方面在校园文化中融合教学成果，高校教师链接师生，共享资源，发挥教学的中坚力量；另一方面，在校园文化中推广科研成果，实现产学研的有机融合，发挥科研的中坚力量。在一线教学科研中，高校教师积极发挥着重要作用。

（二）高校教师是校园文化建设的重要建设者。高校校园文化建设中，教师发挥了积极而重要的作用。从师生关系层面看，"亲其师，信其道"。尊重师道，创新思想，高校文化建设离不开师生共享的科研成果，高校文化建设离不开师生共同参与的对话与交流活动。从教师的教学科研层面看，离不开学校组织的教师沙龙、理论研讨、学术讲座等教学科研活动，高校教师在分享教学科研成果的同时，结合专业特长，服务中心工作，成为高校校园文化的重要建设者，传递创新思想，营造学术氛围，展现教育情怀，弘扬大学精神，发展教育事业。

（三）高校教师是师德师风样貌的重要体现者。党的十八大以来，习近平总书记要求各级党委和政府把加强教师队伍建设作为基础性工作来抓，越来越注重高校教师的典型培育。[1]其目的在于加强师德师风建设，让那些身正德高的优秀教师展示高校的精神风貌。高校工会作为中国共产党领导下的教职工群众性组织，承担着提升教师职业素养、人文素养的重要职责。与此同时，高校工会在通过文化活动开展立德树人教育方面具有自身优势，能够同其他部门深入开展教师师德师风建设，并形成合力效应，发挥协同作用，从

---

〔1〕 参见丁玲："高校教师典型培育的实然困境与应然路径"，载《学校党建与思想教育》2021年第20期。

而进一步促进工会工作的有效开展。

基于此，高校工会工作离不开教师的参与与建设，其重要职能之一就是服务于教师的教书育人。"教书"需要理论知识深厚，业务知识精熟；"育人"需要德行为范，知行合一。师与生的融洽，教与学的和谐，这些是建设和谐校园文化的重要内容。如何发挥其积极作用，构建积极的校园文化，是进一步思考的理论问题和实践课题。

四、"三新"视域下高校教师文化社团建设的基本思路

在 2004 年~2005 年，美国布鲁斯·考夫曼（Bruce Kaufman）和詹姆斯·贝内特（James Bennet）就曾高度概括"工会是做什么的"这样一个根本问题，即对于管理层而言，"为了在企业实现工人的利益代言，管理层必须学会倾听；为了在整个社会实现工人的利益代言，国家和社会的其他人必须学会倾听"。无疑，"利益代言是一种沟通信息的渠道"。[1] 对话与倾听，这是工会组织的常态工作模式。高校工会的一个重要职能就是在倾听中来关心教师的各项权益和文化生活，发挥工会的宣传作用，积极促进校园文化的建设。

基于高校教师的积极作用，"三新"视域下高校校院二级工会积极融入教师资源，发挥其在校园文化建设中的积极作用。

（一）发挥教师专业特长的优势，组建智库社团。高校的教师各有专业特长，术有专攻，工会发展和实际建设有自己的专业基础。根据工会发展的实际情况，高校工会结合实际，根据需求，组建系列化的服务教师的专业沙龙活动，发挥工会智库社团在学术咨询与理论研讨方面的积极作用，凝聚专家智慧，提升理论站位，回应实践问题，依法治校，定规立制，定期开展工会理论研讨，不定期进行工会维权案例分析，探索拓宽教职工诉求的多元化渠道，从专业研讨的角度促进现有工会政策法规的有效实施，进一步提高高校工会和学院二级工会的专业化水平。

（二）结合教师自身的文体特长，组建文体社团。高校教师业余爱好广泛，高校校院二级工会可以有针对性地组建教师合唱团、教师朗诵团、教师舞蹈团、教师书法团、教师太极拳社团、教师诗歌创作团等各类文体社团，

---

〔1〕 参见［英］理查德·B·弗里曼 R，詹姆斯·L. 梅多夫：《工会是做什么的？美国的经验》，陈耀波译，北京大学出版社 2011 年版，第 232 页。

继续发挥现有教职工运动会、趣味运动会等常规活动的积极作用，为高校教师的身体健康护航，为高校教师的日常沟通铺路，为高校教师的特长提供舞台，以此不断拓宽交流平台，发挥文化优势，加强职工交流，增进同事友谊，促进高校校院两级工会的沟通与联络，形成文化共融、意见交流的和谐工会社团，进一步提高高校工会以及学院二级工会的文化宣传作用。

（三）服务青年教师的职业发展，组建心理社团。青年教师面临教学和科研的双重考核，以及"非升即走"与"准聘与长聘"职务聘任改革[1]带来的现实压力，也会部分出现诸如"佛系"者，"躺平"者，"内卷"者等现象，迫切需要一个可以答疑解惑的关爱组织。高校工会可以组建助力青年教师职业发展的"心理诊所"，开展教师心理健康管理工作模式。其具体内容包括：心理健康体检、心理健康评估、心理健康促进、心理健康预防、积极心理开发、心理咨询、职工心里数据监控、职工心理训练、危机控制、预警等一站式、一体化的服务模式。[2]其目的在于为相关组织决策和科学研究提供准确的数据支持。同时，积极发挥老教授的"帮扶带"作用，助力青年教师的未来发展，为其融入新环境，思考新发展做好关爱服务等。

（四）服务海归教师的文化适应，组建"海归"社团。海归教师在回国的适应和发展中，明显具有一种"边际性困惑"，即"东西方文化的冲突""行政权力和学术权力的对峙""薪酬待遇方面理想和现实的落差"。其中，来自跨文化的影响是一个重要原因。海归高校教师处于"传统—现代的连续体"上，提升海归教师适应性需要将外在的经验主义和内在的体验主义相结合，前者致力于对外部制度和环境的再设计，后者着重培养海归教师的文化移情能力。[3]在高校工会实际工作中，可以根据这种情况，针对海归教师适应问题组建"海归社团"，通过中西合璧式的文化活动，解决其文化适应的问题，进一步丰富校园文化的内容和形式，发挥工会的文化职能。

（五）发挥青年教师的主体性，创建青春工会。青年教师热情高，参与意

---

〔1〕 参见高文豪、张磊："高校海归教师适应与发展研究——基于边际二元性框架的初步分析"，载《中国人民大学教育学刊》2021年第3期。

〔2〕 参见鲁文辉："高校教师'准聘与长聘'职务聘任改革的制度逻辑反思"，载《中国人民大学教育学刊》2021年第3期。

〔3〕 参见张晓莹等：《互联网+工会：移动互联时代的改革创新思维（第二版）》，中国工人出版社2016年版，第214页。

识强烈,高校工会需要发现和培养青年教师中的积极分子,培养文化社团带头人,组建关心青年教师生活的"单身俱乐部""青年教师联谊会""生日会"等。同时,关心青年教师的家庭生活、子女择校入学等现实问题,能够协同相关部门,综合各方面资源,真正做好、做实、做优"二代"教职工子女的教育问题,在关注青年教师的同时建设青春的工会,做好青年联谊项目,综合利用"法二代"教育资源,让高校工会成为教职工的利益保护者和服务者。

(六)运用新媒体工具和平台,创建智慧工会。随着移动互联时代的到来,移动互联新技术的广泛应用也为高水平社团活动的开展提供了平台。因此,将新媒体工具与教职工社团建设相结合,建立社团规范创新发展的长效机制,是未来教职工社团发展的一个重要趋势。新媒体时代,现有的微信公众号、直播平台和各类微视频、抖音等都成为可以合理利用的媒体资源和宣传平台,适应时代发展的新需要,适应新媒体的新发展,积极创建高校的智慧工会,以方便师生对话,便于信息共享,利于即时互动,通过丰富内容,创新形式的积极探索,共同服务于高校的工会工作。

总之,新时代赋予高校工会以新的使命,新常态带来各方面的稳步发展,新媒体提供了更多可以依托的资源平台。在"三新"视域下。高校在积极探索"智慧工会"新模式的同时,有效发挥高校教师的积极作用,做大校院两级基层工会的"朋友圈",做好教职工的"集体代言人",组建立体多元的凝心式教师文化社团,在理论创新过程中实践可持续发展的新模式,在优质校园文化的建设过程中为工会工作的创新发展提供智力支持。

参考文献:

〔1〕陈蕴哲、李翔:"'中坚青年'压力与动力转化的影响因素研究——以高校青年教师群体为例",载《中国青年研究》2021年第11期。

〔2〕李昱良、卢毅、李赜渊:"新媒体背景下高校教职工文化社团建设研究",载《科教导刊(上旬刊)》2018年第10期。

〔3〕钱厚斌、刘鹏展:"习近平总书记关于工人阶级和工会工作的重要论述在高校工会工作中的研究与实践",载《天津市工会管理干部学院学报》2021年第4期。

〔4〕苏日娜:"试论新时代工会信息工作的改革与创新",载《工会理论研究(上海工会管理职业学院学报)》2020年第5期。

〔5〕习近平:《习近平谈治国理政》(第二卷),外文出版社2017年版,第306~310页。

〔6〕杨明清、夏丽萍:"做大基层工会的'朋友圈'",载《工人日报》2021年11月2日。

新时代高校基层工会工作创新路径浅析

——构建"智慧工会"模式

人权研究院　吴冕君　学校办公室　许玺铮

摘　要： 新时代赋予了高校工会组织更重要的职责，高校基层工会作为学校和教职工之间的"联络员"，应该重视职能作用的发挥，转变工作思路，突破现实困境，利用互联网快速发展的新机遇，建立"智慧工会"模式，进行思维革新和工作创新，充分激发起会员的自治动力，使工会成为广大教职工的"娘家人"。

关键词： 新时代；高校；基层工会；智慧工会

高校工会是党委领导下的群团组织，是学校组织机构中的重要组成部分，其基本职能包括参与职能、维护职能、建设职能和教育职能，主要工作是围绕学校的中心工作，团结和动员广大教职工投身到学校的教学、科研、管理和服务等各项建设工作中去，在加强高校和教职工之间沟通方面起到了重要的纽带和桥梁作用。

高校基层工会组织以组成情况可分为两种，一是以一个或若干个校部机关组成的机关工会，二是以学院为单位的学院工会和后勤实体组成的后勤工会在内的二级工会组织。作为工会职能的具体实践者，它们是高校工会组织中的重要一环。但是在实际工作中，由于主客观因素的影响制约，基层工会组织的工作运行过程中，在不同程度上存在会员对工会组织的归属感不强、工会干部工作积极性缺失、工会职能作用发挥单一和工作形式落后等问题。

随着新时代下互联网技术的快速发展，高校党政各系统纷纷开始探索信息化建设的新路径，高校工会，特别是基层工会组织也应抓住这一发展中的机遇，积极投身改革创新，转变工作思路，探索建立起以信息化为基础的"智慧工会"模式，更大程度地发挥工会的效能。

一、高校基层工会工作的主要困境

在传统线下工作模式下，高校基层工会本就普遍面临着履职困难、工作被动等问题，2020 年突如其来的新冠肺炎疫情，使得学校传统办公模式遭遇了更多人数、形式等方面的限制，在优先保障高校基础核心事务的前提下，工会尤其是基层工会的活动更陷于"被停摆"的状态里。基层工会的线下工作模式难以应对各类"黑天鹅"式突发事件的冲击，这些事件对其职能履行的挑战和制约更加凸显，传统工作模式亟须进行改革。剖析造成各种困境的原因，一方面是客观上缺乏考核及奖惩机制，基层工会组织者缺乏工作积极性；另一方面是基层工会组织者主观上对自身角色定位偏移，工作方式落后，致使工会不能充分发挥其应有职能，无法满足会员日益多样的需求等。

（一）考核及奖惩机制缺失，工作积极性较低

高校基层工会多以参加校工会组织的各类活动为主，较少主动组织活动，跟会员之间更鲜有以基层工会为集体的互动关系，会员很大程度只是"形式入会"，对工会的认同不够，没有归属感，遇到问题很多教职工更是习惯性去找校级工会寻求帮助。高校基层工会组织者的工作积极性缺失，一方面是因为工会组织者多为兼职身份，其本身就承担着大量的党政工作，难以抽出时间和精力去自主推动完成工会的工作任务；另一方面，考核及奖惩机制的缺位也是造成工会组织者积极性不足的重要原因，在对职能落实没有明确要求、对工作完成情况没有量化评价机制的状况下，无论是对组织还是个人都起不到监督和激励作用，尤其是奖励措施不足，工会组织者与会员福利同质化，全凭组织者的热心热情去自愿参与工作，必然导致高校基层工会组织者缺少工作积极性，无法发挥应有的作用。

（二）角色定位不清，职能作用发挥单一

关于基层工会的角色定位，《基层工会工作暂行条例》第 4 条规定："基层工会在上级工会和同级党委的领导下，根据工会组织的特点和广大职工的意愿，积极主动、独立负责地开展工作。"在高校中，基层工会不同于平行的行政单位，应有其特殊特定的职能。然而，高校的基层工会却普遍存在着附庸性强、运行机制不独立、定位不清的问题，经常出现打着工会活动的名义，

却举办党课、学术、科研等非工会性质的活动。此类角色定位的偏离，导致高校基层工会进一步失去了职能行使的自觉性和话语权，无法对接教职工的精神文化需求，难以保障教职工的合法权利，沦为校级工会的"二传手"、二级单位的附庸机构和单纯为工会会员送温暖和发放福利的组织，无法彰显基层工会应有的组织功能和自治色彩。

（三）工作方法落后，无法满足实际需求

当前，高校基层工会的工作模式仍以传统的线下模式为主，工作形式单一，主要围绕校级工会布置的基础性、常规性工作，基层工会没有可应用的操作系统、门户网站，缺乏微信、微博、抖音公众号等新媒体传播平台，组织者普遍没有主动运用新技术手段的积极认知，信息化应用一般只停留在组织微信群或视频会议等层面。与之相对应的是，高校教职工因综合素质较高、维权意识较强、个性需求较多、沟通意愿较大，他们大多非常愿意以主人翁身份参与学校的改革发展建设中，积极为学校教职工争取利益，充分展现知识分子的能力和作用。由此，基层工会相对陈旧的工作模式和新时代教职工日益增长的物质文化需求形成了鲜明的冲突特征。

二、构建"智慧工会"模式的必要性

"智慧工会"模式是高校工会及基层工会主动应时代发展和要求，创新工作理念，转变工作方式，以数据库的建立完善为基础，以互联网为工作平台，将"网上工会"和"实体工会"进行全方位、全流程的深度有机结合。可以说，建设"智慧工会"不仅是高校基层工会顺应时代发展的客观需要，更是改变现有的相对落后工作模式、转变自身职能作用发挥方式的关键一步。

（一）构建"智慧工会"模式是高校基层工会适应时代发展的迫切需要

随着大数据时代的到来，互联网所具备包括信息传播的便捷性、数据处理的时效性和信息管理的隐秘性等天然优势逐步显现，互联网改变着人们生活的方方面面，尤其是移动客户端的使用越来越便捷，人们对互联网的依赖性前所未有的提高，可以说没有网络的地方，我们几乎寸步难行。目前各高校不断加快建设"智慧校园"的进程，现代化信息技术已经运用到学校的教学、科研及管理的各个方面和工作的各个流程中。工会是高校治理体系中的重要组成部分，是连接学校和教职工的最直接的纽带和桥梁，更应当主动寻求渠道适应时代发展的要求，抓住新潮流发展的机遇，利用现代化互联网技术建立健全"智慧工会"模式，服务于教职工的各项需求，提高工作效能，改善管理架构，创新工作方法，提升履职能力。

（二）构建"智慧工会"模式是高校基层工会突破工作模式的现实需要

现阶段，高校工会特别是基层工会相对僵化的工作模式既不能实现民主管理，也不能满足会员需求。高校基层工会自身的特点和工会的性质决定了基层工会工作的开展既不能完全采取自上而下的"死命令"，又不能选择自下而上的无序领导，而应形成上下结合的理想模式。同时，高校聚集了大量高素质人才，他们都具有良好的专业素养和民主意识，对参与学校建设和为社会发展作贡献有强烈的愿望。传统的工作模式是一种自上而下的单向工作模式，会员没有参与工会管理的平台，也没有维权的渠道，需求得不到满足，更不能参与到学校的改革发展和社会建设中。建设"智慧工会"能打破目前高校基层工会仅仅作为"传声筒"的尴尬现状，通过建立双向联动机制，由管理向服务转变，进一步激发会员的参与性和积极性，通过数据库建设和平台建设为会员提供形式多样的普惠性服务，真正做到以教职工的利益为出发点，增强基层工会的凝聚力和向心力。

（三）构建"智慧工会"模式是高校基层工会实现职能转变的内生需要

前面提到，高校基层工会对自身的职能定位不清，工作开展多停留在娱乐活动和福利发放的层面，没有发挥其应有的政治性和先进性，更没有充分动员会员参与学校的建设发展，难以真正维护好教职工的权利。新时代以来，习近平总书记对治国理政提出了一系列新理念、新思想、新战略，对高校工会组织工作也有新要求和新启发，工会在履行四项基本职能的同时，要以维权和服务为出发点，展现具有新时代特征的外延职能，即维护职能由单一维护经济权益扩展至维护经济权益、政治权益和文化权益，教育职能的含义也扩展至帮助教职工实现职业拓展和个性发展。同时，应当注意到，新冠肺炎疫情的突然暴发给高校教职工的工作、生活、心理等各方面都形成了强烈冲击，如何通过宣传教育提高会员的政治站位，提升会员的责任意识，主动投身抗疫事业，维护校园的和谐稳定；如何在校园封闭管理的非常状态下维护教职工的劳动权利；如何针对教职工的心理波动进行合理疏导；如何解决抗疫时期生活物资不足的实际困难等，都是对高校基层工会在特殊时期发挥职能的关键考验。"智慧工会"的建设，使得工会能够在无法集中办公、难以开展常规线下活动时，通过互联网搭建智能工作平台和服务平台，快速采集教职工的工作和生活信息，以需求为出发点提供精准服务，还能通过构建模块畅通教职工参与管理、维护自身权益的渠道，为高校基层工会精准自身定位、实现职能转变提供了新思路。

三、高校基层工会构建"智慧工会"的路径设计

构建"智慧工会"模式就是要以满足职工的需求为导向，以职能实现为目标，以服务代替僵化管理，打破传统工作模式的壁垒，依托工会实体组织和网络平台构建动态联动的组织结构，提升工作水平。路径设计主要包括四个方面：一是对接学校大数据库，对其中的信息进行收集、整理和加工，精准服务、有效帮扶；二是搭建新媒体矩阵，有机融合线上线下工作；三是加强队伍信息化水平建设，保障"智慧工会"的有效运行和科学管理；四是创新工作模式，合理引导工会会员参与到高校管理工作中。

（一）对接校工会数据库，建立"动态"联动机制

高校基层工会要与校级工会保持紧密联系，与其他基层工会充分互动，快速有效地建立起"上下"联动、"左右"联动的"动态"工作平台，避免重复建设，实现数据共享和信息互通以及工作的互帮互鉴。建立这种"动态"工作模式的重要基础就是建立起工会相关的数据对接平台，根据学校的大数据形成基层工会的会员信息库和工作信息库，会员信息库包括会员的基本信息、兴趣爱好、家庭状况等，工作信息库主要包括将会员对各项工作和服务的反馈进行分析归纳形成的数据。

基层工会通过搭建对接平台既可以直接使用全校数据，快速在数据库中筛选、配对信息，对需要帮扶和救助的会员提供精准服务，又可以根据实际工作中搜集的一手信息，实时更新完善学校的大数据库，实现数据的动态调整和信息在各级工会组织中的上下联通。同时，高校基层工会的同质性较高，在传统的工作模式中基层工会间的沟通和经验分享不充足，各基层工会如能与校工会实现工作数据的对接，就能形成相互连接的网络架构，进行同级间的有效互动，充分互鉴工作改革的经验。最后，基层高校工会组织在搭建"智慧工会"架构时，通过数据和平台的对接，可以避免重复建设校级工会已有平台或平台中已有的功能和模块，将精力集中在利用优势资源对自身会员的个性需求的精准把控和对平台功能进行延伸以提供个性服务上。例如，充分发掘高校老师中具备辅导中小学生开展艺术类等活动的能力和强烈志愿服

务精神的教师资源，对接有子女的教职工需求，通过"供给"改革满足"需求"变化，有效延展基层工会服务工作的广度和深度。

（二）搭建新媒体平台，有机融合线上线下工作方式

新媒体具有互动性高、传播性广、交互性深和自主性强等特点，可以有效克服传统线上活动的缺陷，积极应对各种突发状况，将工作的各个方面和各个环节充分衔接，既使线上活动具有传统线下活动的人文特点，也让线下工作兼具了线上服务的便捷优势。

第一，新媒体矩阵能高效联结活动的各个环节，增强活动效果。在活动前期，高校基层工会可以充分利用新媒体的各渠道传播活动信息，结合自身校园文化特色在新媒体平台进行交互宣传，制造校园"热搜"，打造出一批有吸引力有影响力的活动品牌；在活动期间，通过直播、比分实况等操作简便的实时报道形式，给活动带来更多的流量关注，通过话题热度让参与活动的会员进一步提升参与热情，让未参加活动的会员能直观地感受到活动的积极影响；在活动结束后，还可以举办系列知识竞赛和有奖问答等线上活动，对活动效果进行进一步扩展和延伸。

第二，线上线下相结合的工作方式是高校基层工会灵活应对如新冠肺炎疫情等各类突发事件，保障工作运行的有效解决措施。尤其是在无法线下集中办公的情况下，搭建的新媒体矩阵能迅速补位，通过线上推送迅速传递信息，交流平台及时掌握会员在突发状况下的需求，在线上持续提供普惠性服务等，有效的反应机制在特殊时期充分发挥基层工会的联系作用，提供暖心服务。

第三，新媒体矩阵可以通过信息化手段全面掌握、分析会员信息，精准提供服务。高校基层工会可以在微信、微博等平台建立互动版块，跟进会员的实际需求，在线上提供服务和解决方式的同时，配合线下精准帮扶，点对点解决问题，凸显人文关怀，增加会员对基层工会的认可度和依赖感。

（三）加强管理队伍建设，提升信息治理水平

信息化专业人才是保证"智慧工会"模式高校运转的关键，没有人对平台的科学管理及优化升级和对信息的合理分析及应用，所有高科技手段和现代化技术都是"空壳"。

提升高校基层工会队伍信息化水平建设的手段主要包括两种形式：一是提升自有管理人员的信息化工作水平，二是通过引进人才参与工作来提升信

息治理水平。但基层工会很难通过提升自身管理人员信息化工作水平来强化队伍建设。第一，干部队伍往往都是兼职人员，因忙于本职工作往往难以抽出较多时间进行系统学习；第二，基层工会因财务资金不充足，人员规模有限，很难系统组织业务培训；第三，通过提升现有管理人员的信息化水平来推动互联网技术的应用存在时效慢、难以应对现阶段困境的问题。

相对校级工会而言，无论是学院工会还是机关工会都具有其天然的优势——工会会员中有大量计算机相关专业的高端人才或者图书馆、网络信息管理办公室等机关部门的专业技术人才，基层工会一方面可以充分动员吸收这些人才兼职参与工会的建设工作中，另一方面，也可利用腾讯会议、微信小程序等 APP 组织小范围的线上直播和自学视频，邀请专业人员进行授课，让其他管理人员能根据自身能力和时间灵活学习，逐步提升队伍的整体信息化水平。

（四）创新工作方式，引导会员深度参与职能实现

高校基层工会应该转变意识，充分利用会员优势，引导和激励会员广泛参与到工会和高校的管理工作中。

第一，有目标地引导话题和舆论方向，实现教育职能。信息的网上传播速度快、内容杂，极容易传播虚假信息和负面舆情，由专人进行平台的信息管理至关重要。高校教职工自主意识较强，重视言论自由，在管理的时候不能采取极端强硬的态度，而应该在不知不觉中引导平台内的交流向如何实现个人发展和推动学校各项事业发展等积极正面的方向发展。同时，还可以利用操作简单的小程序进行资讯推送，主动向会员提供及时有效实用的信息。

第二，成立专项工作小组，以自愿的形式将机关工会职责范围内的工作分包出去，建立合理的激励机制，设立创新奖项，对优秀小组和优秀成果进行奖励和宣传，全面深入地引导全体会员的积极参与，发挥他们的聪明才智；建立学习小组，定期就特定的主题进行交流讨论，为工会的发展、学校的发展和国家的发展建言献策，实现基层工会的参与职能和建设职能。

第三，打造互助平台，对内保密会员信息，对外实现办理过程透明化，为会员参与民主管理和民主监督畅通渠道，切实维护会员利益，实现维护职能。

第四，树立榜样典型，打造工会文化，在微信、微博或者门户网站上搭建榜样专栏，宣传报道工会管理人员和工会会员的先进事迹，塑造自治和共

治的基层工会治理理念。

参考文献

〔1〕"习近平在庆祝'五一'国际劳动节暨表彰全国劳动模范和先进工作者大会上的讲话",载 http://cpc. people. com. cn/n/2015/0429/c64094-26921006. html。

〔2〕沈锦浩:"'互联网+工会'工作:概念、内涵与发展路径",载《工会理论研究(上海工会管理职业学院学报)》2019 年第 3 期。

〔3〕郭孝实:"'智慧工会'的特征、问题与对策研究",载《中国劳动关系学院学报》2019 年第 5 期。

〔4〕张刃:"'智慧工会'跟着职工需要走才能更'智慧'",载《工会博览》2019 年第 11 期。

〔5〕叶许可:"'互联网+'时代高校工会工作管理模式创新研究",载《发展研究》2017 年第 2 期。

〔6〕刘有军:"新常态下高校工会的责任与作为",载《工会理论研究(上海工会管理职业学院学报)》2018 年第 3 期。

〔7〕陈志标:"克服机关化行政化现象 回归工会本来属性",载《工会信息》2014 年第 3 期。

〔8〕天津市总工会综合工委课题组、张玉辉、王子铭:"新形势下机关工会工作研究",载《天津市工会管理干部学院学报》2013 年第 2 期。

〔9〕李磊:"智慧工会的内涵、战略意义及其建设思路",载《山东工会论坛》2019 年第 3 期。

〔10〕覃显晶:"新时期高校智慧工会的构建研究",载《新西部》2019 年第 30 期。

〔11〕常小美:"如何抓住'互联网+'机遇改善高校工会工作",载《天津市工会管理干部学院学报》2019 年第 4 期。

〔12〕冯文波等:"'互联网+'时代高校工会工作创新路径探析",载《经济师》2020 年第 8 期。

〔13〕赵秋延:"'互联网+'背景下高校'智慧工会'建设路径研究",载《财富时代》2020 年第 7 期。

"互联网+"背景下高校"智慧工会"建设初探

证据科学研究院　刘　璐

摘　要：随着"互联网+"在社会各个领域中的深度融合，极大地促进了各行各业的创新。在此背景下，如何充分利用互联网平台，有效提升高校工会服务创新能力，更好地发挥工会的桥梁纽带作用，是新时代高校工会工作的重要目标。本文以高校"智慧工会"的建设为主要研究内容，分析高校工会信息化建设的现状及存在的问题，提出建设"智慧工会"的具体思路和可行性方案。

关键词：互联网+；信息化；智慧工会；移动客户端

一、高校"智慧工会"建设的背景和意义

"互联网+"利用互联网平台、信息通信技术，将互联网与各行各业进行深度融合，充分发挥互联网的优化和集成作用，从而提升全社会的创新力和生产力，创造新的发展生态。[1]

2017年10月，习近平总书记在党的十九大报告中提出，要增强群众工作本领，创新群众工作体制机制和方式方法，推动工会等群团组织增强政治性、先进性、群众性，发挥联系群众的桥梁纽带作用。[2]2017年2月，中华全国总工会印发了《全国工会网上工作纲要（2017-2020年）》，纲要指出，充分

---

〔1〕　参见"互联网+"，载 https://baike. baidu. com/item/%E4%BA%92%E8%81%94%E7%BD%91+/12277003，最后访问日期：2018 年 12 月 10 日。

〔2〕　参见习近平：《决胜全面建成小康社会，夺取新时代中国特色社会主义伟大胜利——在中国共产党第十九次全国代表大会上的报告》，人民出版社 2017 年版。

运用移动互联、云计算、大数据和人工智能等网络信息技术，推进互联网在工会的广泛应用和融合发展，构建"互联网+"工会服务职工体系，打造方便快捷、务实高效的服务职工新通道，不断提升运用网络服务职工的能力水平，推动工会工作创新发展。[1]

"互联网+"不仅为社会各个领域创造了新的发展生态，也为高校教学科研、服务育人等工作带来了新的机遇与挑战。工会工作是高校工作的重要组成部分，对高校的发展和建设意义重大。以"互联网+"为载体，运用信息化手段，为工会工作提供精准化、高效率、智慧化服务保障，打造集智慧管理与智慧服务于一体的"智慧工会"是新时代提升工会服务的迫切需要和重要举措。

二、高校工会信息化建设的现状

高校工会的服务主体主要是广大教职工，高校教师工作时间相对灵活，不少高校有一个或多个分校区，基于高校的时间灵活性及分散性等特点，传统的工会工作模式难以提供更高效、便捷的服务。从这个角度来说，工会的信息化建设，直接影响工会服务的能力。

目前，高校工会的信息化建设主要依托门户网站，大部分高校已建立工会网站，主要功能是发布通知、政策文件，宣传工作等，网站平台逐渐成为工会对内对外交流宣传和工作的重要平台。[2]随着互联网技术的飞速发展，高校的信息化水平不断提高，工会信息化工作中的问题也越来越凸显，主要存在以下问题：

（一）信息融合程度不高

高校教职工的信息包括基本信息、人事、工会、科研、教学、财务、资产等信息，这些信息分散在各职能部门的各自业务系统中，彼此并不互通，造成了无法共享数据、重复采集数据，以及数据更新不及时、数据不准确等问题。

---

〔1〕 参见"《全国工会网上工作纲要（2017-2020）发布》"，载 http://acftu.workercn.cn/28/201702/15/170215103337508.shtml，最后访问日期：2018 年 12 月 10 日。

〔2〕 参见吕大权："加强网络信息化建设，提升高校工会工作水平"，载《西昌学院学报（自然科学版）》2011 年第 4 期。

（二）缺乏数据分析及深度挖掘

传统的数据统计方式，主要是通过各部门统计、汇总、上报，统计与管理，方式比较单一，不能有效地对教职工的各类数据进行分析与挖掘，无法实现对教职工精准服务的目的。

（三）缺乏与教职工的实时互动

依托工会门户网站，教职工可以了解工会的政策文件以及工会工作的动向，实现工会组织面向教职工的单向管理，但是教职工与工会组织的互动交流，只能依赖传统的电话、邮件等方式，实时性不强。

三、高校"智慧工会"建设的总体思路

高校"智慧工会"的设计思路，主要是把分散的数据资源进行融合，解决工会信息化工作中突出的问题，创新工会服务模式，使工会管理和服务智慧化。

"智慧工会"建设的总体框架，采用"一库两微一端"，即利用数据库、微博和微信、移动客户端等网络载体来搭建"智慧工会"。其中，数据库是基础，微博和微信是实时交流渠道，移动客户端为新载体，以此形成工会服务互联网新矩阵。

具体来说，"智慧工会"服务平台的建设主要包括：建立高校工会会员数据库、微工会以及"高校教职工之家"移动客户端。如图1所示。

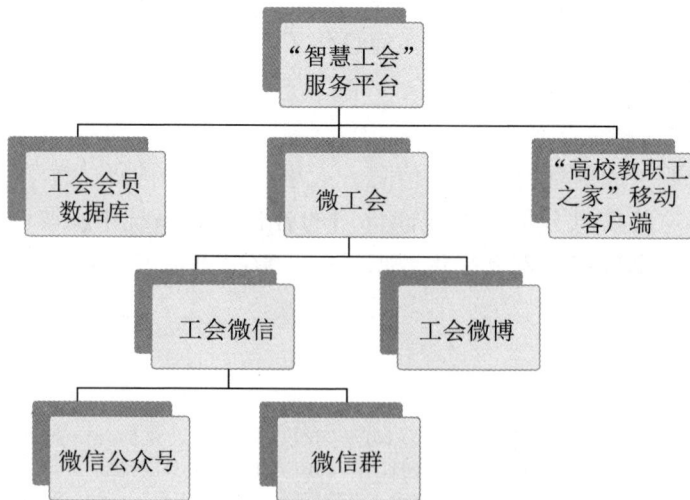

图1 "智慧工会"服务平台总体框架

建立工会会员数据库可以实现教职工数据的融合和共享，简化服务流程，提高服务效率；可以对教职工数据进行有效地分析与挖掘，为精准服务提供支持。

建立微工会。微博和微信共同构成"微工会"，其中，微信还包括微信公众号和微信群。利用微博、微信可以实现教职工与工会组织的实时交流互动。同时微博还可提供社会服务的功能。

设计"高校教职工之家"移动客户端。充分运用工会会员数据库，在此基础上建立"高校教职工之家"移动客户端，为教职工提供全方位、全时段、全覆盖的工会服务。

四、高校"智慧工会"建设的具体方案

（一）工会会员信息数据库建设

建立工会会员信息数据库，作为"智慧工会"的基础数据支持。工会会员信息数据库的设计以高校教职工基本数据为基础，主要包括工会会员账号，会员基本信息，参加各类互助保障情况，参与工会活动情况，获得工会奖励等。

工会会员信息数据库对内与校内其他部门的数据进行共享，可以简化工作流程，提升服务效率。例如在工会每年进行的"从事教育事业满三十年表彰"工作中，通过共享人事数据，计算出从教满三十年的所有人员，进行标记，减少了每个部门上报符合条件人选的环节。

工会会员信息数据库对外与上级单位信息共享，如与省、市级工会以及全国总工会的数据共享，使上级单位随时掌握高校会员的最新数据，了解会员的动态。

在工会会员数据库设计中，加入分析与挖掘功能，分析教职工的现实需求，对教职工的互助保障资助、困难帮扶、表彰优秀、子女入托入学等方面提供有针对性的精准化服务。

（二）微工会建设

微工会的建设有两个方面，一是建立工会微博，二是建立微信平台，使工会微信成为工会与教职工实时交流互动的新平台，将工会微博打造成为社会服务的重要平台。

1. 微信平台

微信平台主要包括微信公众号和微信群。

微信公众号可推送工会活动新闻、通知，对教职工个人信息进行简单的查询。具体来说，设计以下模块：

（1）通知新闻类：政策文件、活动新闻、文件下载等；

（2）信息查询类：会员账号、参加互助保障情况、社团协会组织、活动报名预约等；

（3）互动类：评选、投票、职工代表提案、征求意见等；

（4）支付类：缴纳互助保险费用，保险到期提醒等。

针对不同教职工群体，建立相应的微信群，如青年教职工交流群，教代会代表交流群，校内各类协会交流群等，为教职工提供个性化服务和交流空间。

2. 微博平台

根据微博媒体的覆盖人群广、传播迅速等特点，工会微博除了作为发布工会信息的渠道，更重要的是实现对外服务功能。[1]

高校聚集了各学科的专家学者，能够为社会人群提供学术和专业方面的服务和支持。以法科院校为例，微博可以作为普法宣传和提供法律援助的平台。在微博账号发布法律法规知识，分析常见案例，接受社会人群的在线咨询和求助，为他们提供法律服务和援助，如劳动仲裁、工伤保险等，引导他们依法理性维权，使微博成为高校对外服务的窗口和服务社会的重要阵地。

（三）"高校教职工之家"移动客户端设计

建立"高校教职工之家"移动客户端，为教职工搭建工会服务的新桥梁，让教职工体验零距离和自助式的工会服务，满足教职工多样化、个性化需求。

"高校教职工之家"的框架设计主要有三大模块：会员信息平台，会员服务平台，业务办理平台。同时具有个性化推送服务功能，并为校内其他移动客户端预留标准接口，以实现校内所有平台的融合和对接。如图2所示。

---

〔1〕 参见樊帅领："'微时代'视域下高校工会'微服务'模式研究"，载《山东工会论坛》2016年第1期。

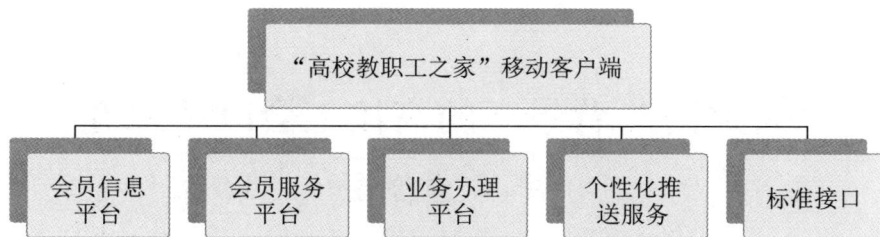

图2　"高校教职工之家"框架

会员信息平台的基础是会员信息数据库，可共享校内人事、科研、教学、财务、资产等数据，面向教职工提供个人信息查询服务、统计服务和生成各类报表服务。具体包括会员账号查询、会员参加互助保障查询、相关政策查询和表格下载等。

业务办理平台：教职工可办理申请加入互助保障计划、缴纳相应费用；申请互助保障资助；申请困难帮扶；提交教代会代表提案；评优申请等。

会员服务平台：教职工可以进行培训报名、预约活动场地、福利申领、加入社团协会、投票、征求意见等，提供多元化服务。

个性化推送服务功能：针对教职工的不同类型和需求，实时推送相关的活动通知、保险即将到期提醒、活动报名和预约提醒等，实现个性化服务。

五、结语

"智慧工会"服务平台的搭建，可以极大地提高工会工作的服务水平，在"互联网+"的环境下，多数据资源融合，多渠道沟通，为教职工提供全方位、全覆盖的智慧化服务，使工会的服务更加立体化、多元化、精准化和个性化，同时为建设智慧型高校提供有力的支持。

"大数据"背景下的高校工会改革探究

商学院　贾娜琳捷

摘　要： 随着大数据时代的来临，信息处理的方式发生了根本性的变革。不同领域的人们利用庞大的数据进行大数据分析与预测后，做出了很多正确的决策，这大大提升了各行各业的工作效率。本文通过大数据技术的应用进行论证，认为利用大数据技术进行预测，是加强高校工会决策能力的制胜法宝。利用大数据技术进行个性化援助，是促进高校工会人文情怀的关键举措。利用大数据技术进行财务管理，是提升高校工会工作效率的重要方法。最后，要依托大数据技术，建立"智慧工会"。

关键词： 大数据；高校工会；工会改革

"大数据"是指无法在一定时间范围内用常规软件工具进行捕捉、管理和处理的数据集合，是需要新处理模式才能具有更强的决策力、洞察发现力和流程优化能力的海量、高增长率和多样化的信息资产。

当前在高校工会工作中，资金的流入与支出、职工们的不同需求以及高校工会本身所进行的援助工作势必会产生大量的数据。因此，借助大数据时代的"东风"，用好这些"信息资产"来提升高校工会的工作效率就是一件十分必要且有意义的举措。对此，本文将从财务管理、技术预测、个性化援助以及建设"智慧工会"这四个方面入手，论述如何利用大数据对高校工会进行改革。

一、国内研究背景综述

中国工会第十七次全国代表大会报告中鲜明地指出当前工会工作载体和

手段还不够丰富，与职工需求存在一定差距，运用互联网开展工作的方式方法不够多。因此针对这一问题，一批国内学者各抒己见，从不同的角度探讨大数据时代下工会改革的创新途径，为工会的蓬勃发展提供理论上的支持。

近年来，一批工会工作者开始关注起大数据时代下工会改革的话题，发表了不少具有一定价值的研究成果。其中，以周科亮为代表的学者从宏观角度入手，论述了如何利用大数据平台建设高校工会；[1]以辛妮、何睿达为代表的学者则通过提出"利用大数据技术建立电子档案""利用大数据预测职工们的需求"这两个措施论述如何增强高校工会的帮扶制度；[2]参见以刘春羽、徐丽军、吴庆庆为代表的学者则从财务会计领域入手，详细论述了在大数据时代下工会可在经费收缴、会计制度等方面所做出的变革；[3]而孟俊红等学者则更是借助了网络信息化的时代"东风"，从"互联网+"领域入手，观点鲜明地指出了目前高校工会在职工维权、组织创新等领域可做出的改变，对大数据时代工会的变革有一定的借鉴意义。[4]

综上所述，目前国内对于大数据时代下工会改革的话题已有一定的科研成果，为本次研究提供了不少有价值的参考文献。但是在高校实际应用中，工会仍然在大数据应用下缺乏经验与实践，故职责所系，笔者针对此不足在前人研究的成果上，再次进行理论创新，旨在为工会特别是高校工会的发展提出更有创新的、可操作性强的措施。

二、利用大数据技术进行预测，是加强高校工会决策能力的制胜法宝

大数据的特点可以简要地概括成"5V"，即大量（Volume）、高速（Velocity）、多样（Variety）、低价值密度（Value）、真实性（Veracity）。其中，低价值密度是指大数据本身有着数据量大、但有价值的信息少这一特点，而利用大数据技术进行预测就是对大量的数据进行筛选并且从中得出对未来有

---

[1] 参见周科亮："基于大数据平台背景的高校工会建设研究"，载《才智》2019年第15期。

[2] 参见辛妮、何睿达："浅析大数据背景下增强高校工会帮扶制度的新途径"，载《中国电子教育》2015年第1期。

[3] 参见刘春羽："主动融入大数据时代　探索工会经费收缴和管理方式改革"，载《中国工会财会》2018年第6期；徐丽军、吴庆庆："大数据时代对工会会计改革问题探讨"，载《企业科技与发展》2019年第7期。

[4] 参见孟俊红："'互联网+'时代高校工会维权工作创新研究"，载《山东工会论坛》2018年第4期。

价值的信息的一个过程。所以对于高校工会而言，利用大数据技术进行预测，可以使管理者根据历史数据快速地总结一件事情或一类群体的发展规律，进而能及时对未来的发展做出正确的预判，因此它是加强高校工会决策能力的制胜法宝。

在具体的做法上，高校工会的管理者可以将大数据预测技术运用到日常工作的方方面面。例如：

（一）运用大数据预测工会的财务信息

在这里，我们可以收集一部分所提到的财务数据并对其进行统计分析，依照某一特定的算法预测来年的高校工会经费支出，进而可以快速地给出一个合理的预算值。

（二）运用大数据预测职工爱好，做到"人和"

我们可以通过网上问卷调查的方式调查高校工会职工的爱好，利用心理学等学科的模型来推断出高校工会职工的整体偏好，然后根据这一结果我们可以预测出更适合高校工会的娱乐方式与激励方法，提升高校工会职工的满意度与认同感，做到"人和"，进而在"人和"的支持下提升高校工会的决策能力。

（三）运用大数据预测内部供给与需求，做到供给均衡

举一个例子，我们可以利用大数据预测高校工会的工作岗位数量以及不同员工所能提供的劳动工时（供给），然后再根据不同工作的难度预测出完成它们所需要的时间（需求）。这样，我们可以根据这一结果合理地推断出高校工会内部可能存在的供给与需求的不平衡，进而及时调整高校工会的人事任命安排，真正地做到各司其职，提升高校工会整体的工作能力。

三、利用大数据技术进行个性化援助，是促进高校工会人文情怀的关键举措

在我国，高校工会毫无疑问是党的工会，因此"全心全意为人民服务"的根本宗旨势必要贯彻到高校工会的工作中去。那么，高校工会的管理者就一定要为广大教职工和工会成员服务，要让他们切身地体会到高校工会那厚重的人文情怀。在这里，大数据技术依然可以成为一个良好的载体，帮助高校工会管理者创建一个充满人文情怀的"大家庭"。

（一）建立网上信息平台，寻找潜在援助对象

在此，高校工会的管理者可以与学校的人事部门相联合，共同建立网上信息平台，让所有教职工以及高校工会成员将自己的信息录入到这个平台上。这样，对学校人事部门的工作人员而言可以方便高效地进行档案管理，对高校工会的管理者而言可以根据教职工们提供的地域、收入、家庭成员等信息构建一个数据平台，在这个数据平台上每一个指标可被赋予一定的权重，用特定的算法和大数据技术计算每一名职工的综合指标，然后再根据综合指标值的高低寻找潜在的援助对象，为下一步定向援助做好准备。

（二）搭建心灵港湾"诉说墙"BBS，倾听广大教职工心声

这个心灵港湾"诉说墙"BBS是一种通过网络平台方式发表心声，类似于现在各大高校火爆的表白墙，只不过这个诉说墙所针对的对象是高校的教职工。建立这个诉说墙的目的有两个。从表象上看，是为了让广大的教职工有一个吐槽发泄的窗口，有助其心理健康；但从更深的视角看，这是为高校工会进行个性化援助指明了方向。首先，诉说墙由高校工会进行后台管理，广大的教职工可以选择实名或匿名在平台上发表言论。然后，高校工会的管理者依然可以使用大数据技术，把教职工在言论中吐槽的对象分门别类地赋予一个数值（比如食堂是地点，用1A来表示，饮水机是工具，用1B来表示，心理困扰为H，以此类推），接下来统计这些数值在某一时间段内出现的频率判断广大教职工最需要帮助的地方在哪里，最后依据这一结果进行个性化的援助或心理辅导，让教职工们在高校工会能真正地感受到家的温暖。当然在建设诉说墙之前，必要的规章制度也是要有的，要让教职工们在理性的约束下去吐槽、发表意见。

四、利用"大数据"技术进行财务管理，是提升高校工会工作效率的重要方法

当前，高校工会工作的形式多种多样，但任何一项工作的开展都离不开经费的支持。虽说高校工会是非营利机构，但是从财务管理的角度来讲，提升高校工会内部资金的周转率，让高校工会在需要经费组织活动时能及时得到足够的资金是非常重要的。而通过大数据技术的使用，我们可以及时捕获到我们所需要的财务信息并且准确地掌握高校工会内部的资金流入以及流出状况，这样我们不仅可以节省相关人员的工作时间，更可以从财务方面提升高校工会的工作效率。那么以下就是笔者结合我校实际情况提出的一些改革措施：

（一）树立大数据的理念，借助信息化平台发布最新财务会计制度

要想让大数据平台充分发挥其技术优势，最根本的工作就是要让所有高校工会成员从心里知晓大数据并认可大数据。为了做到这点，我们就要借助大数据时代的"东风"，利用互联网等各种信息化平台颁布最新的高校工会财务会计制度。从日常工作做起，通过宣传与实际使用让高校工会成员们切身体会到大数据技术的优势，进而发自内心地认可大数据技术，为接下来的工作打下坚实的基础。

（二）开通网上支付平台，及时捕获资金流入流出信息

在此，高校工会应摒弃传统的人工收缴方式，与微信、支付宝合作，开通企业账号，在线上完成经费的收缴与支出。同时可以借助计算机强大的计算功能及时得到资金的流入额与流出额等关键数据，利用这些数据为下一步工会活动的开展提供强有力的财务依据。

（三）利用大数据技术对高校工会的财务数据进行分析，做到实时监控

如果只是把大数据技术应用到高校工会经费的收缴以及费用的支出上明显是"大材小用"了，从长期来看高校工会的工作者更应利用大数据技术，对历次工会活动所产生的财务数据进行大数据分析并对财务数据进行实时监控，小到判断哪名成员没有缴费，大到计算一年以来每次工会活动的平均支出。这些在以前需要花大量时间才能解决的难题，在今天大数据技术的支持下便迎刃而解。同时，我们也可以通过观察高校工会财务数据的异常值，发现现阶段财务政策可能存在的问题，并及时予以改正。综上，我们既可以降低高校工会的财务风险，又可以提升资金使用效率，避免不必要的资金浪费。

五、依托大数据技术，构建服务型"智慧工会"

依托大数据前沿技术，为工会工作插上"智慧翅膀"。未来应该以建设工会大数据平台为基础，全力推进"五位一体"即数据库、官网、微信、电子会员服务卡普惠制系统、职工信息化服务平台，实行网上工会工作模式。目前，工会大数据平台已初步建立，初步探索了一条"用数据说话、用数据管理、用数据创新"的路子，极大提高了工会组织服务职工的能力与水平。

在"互联网+"背景下，高校应该构建服务型"智慧工会"的信息化管理平台。随着社会的进步，科技的发展，互联网已经走进人们的生活，人们通过互联网能够查询到想要了解的信息，实现资源共享。互联网能够带动社

会经济的发展，合理配置生产要素。互联网不仅为社会带来新的社会形态，同时也为高校教育带来更大的发展机遇。高等院校应该保证与时俱进，管理学生的模式不能墨守成规。在"互联网+"背景下，高校有必要构建服务型"智慧工会"信息化平台，利用信息技术和大数据发展，提高工会工作效率。利用智能手机和笔记本，提高构建服务型"智慧工会"信息化平台的成功率，"智慧工会"信息化平台能够有效促进高校工会组织的发展。

在"互联网+"背景下高校构建服务型"智慧工会"信息化平台可以通过以下几种方式：

（一）微信工会

微信基本上成为人们手机必备的软件，可以搭建微信平台，利用微信的普遍性，为高校教职工以及学生提供更加优质、高校、便捷的服务。微信平台公共内容一般都围绕三方面进行开展，首先是新闻信息类，展示教职工的风采，传递正能量；其次是服务信息类，展示工会的各种联系方式，进行报名的界面，参加学校的各种优惠活动、享受各种服务政策等内容；最后是互动类，为大家提供探讨界面，教职工也可以提出各种提案以及举办各种投票。

（二）工会微社区

在微信公共平台上进行聚合的公共平台微 BBS 社区。通过发帖互动增加教师与工会的沟通。

经济发展带来新的社会形态，高校工会如何运用服务型"智慧工会"信息化平台提升工作水平，已经成为相关领域学者重点研究的话题。高校工会是高校党群工作的重要组织，能够促进高校管理的民主性，目前高校工会工作依旧比较传统，不能跟进信息观念，管理工作较为落后，我们必须不断创新完善，构建更有效的服务型"智慧工会"信息化平台。[1]

六、总结与展望

高校工会改革需要从明确角色定位、完善自身组织结构、加强自身制度建设、拓展服务职能覆盖范围、结合时代发展特征转变服务模式、更新工会发展理念等多方面着手。高校工会改革要坚持围绕习近平"5·3"讲话精神，

---

〔1〕 参见唐燕："'互联网+'背景下高校构建服务型'智慧工会'信息化平台的研究"，载《中国战略新兴产业》2017 年第 36 期。

和党的"群团工作"改革精神，坚持新时代中国特色社会主义思想，紧紧围绕"政治性、先进行、群众性"要求，[1]深入贯彻党的十九大精神。高校工会的改革方向要结合高校工会知识分子密集的特征，不断结合全体教职工需求，提升工会服务水平。

总之，拥抱大数据时代，用大数据技术对高校工会进行改革是一件迫在眉睫的事情。高校工会的管理者应与大数据技术公司合作，从日常工作入手，着力解决好高校工会的财务管理、未来预测、个性援助、构建服务型"智慧工会"等关键问题，进而使高校工会与时俱进、更好地响应党的号召，为新时代中国工会的建设提供优质的"高校经验"！

参考文献：

〔1〕 石利琴："基于供给侧改革理念的高校工会工作创新研究"，载《中国集体经济》2019年第10期。

〔4〕 李警、王跃利、李靖："利用新媒体三维协同融合创新高校工会工作机制的探索与实践"，载《改革与开放》2017年第8期。

〔3〕 科普中国：大数据.

〔4〕 周娅："试论大数据时代的工会工作"，载《工友》2016年第9期。

〔5〕 冯敏良、高扬："刍议'互联网+'时代高校工会的服务创新"，载《北京市工会干部学院学报》2018年第2期。

〔6〕 朱鹏威、曹烨帆、董天舒："'互联网+'视阈下高校信息化教学资源共享平台建设研究"，载《情报科学》2016年第12期。

〔7〕 张婷、陈建、贾娜琳捷："高校工会改革探析"，载《中国政法大学第十三届工会教代会理论研讨文集（2018）》。

〔8〕 余姝纬："'十三五'规划期间高校财务信息化平台设计与研究——基于'互联网+教育'智慧校园建设"，载《商业会计》2017年第11期。

〔9〕 彭军："新时代高校工会新作为的思考与探索"，载《现代交际》2018年第16期。

---

[1] 参见习近平："决胜全面建成小康社会 夺取新时代中国特色社会主义伟大胜利——在中国共产党第十九次全国代表大会上的报告"，载 http://www.gov.cn/zhuanti/2017-10/27/content_5234876.htm.

"互联网+工会"视角下高校工会宣传工作的实践、挑战和对策探讨

——以中国政法大学为例

法与经济学研究院　徐淑丹

摘　要： 高校工会的宣传工作，是高校工会活动开展的第一扇窗口，也是团结教职工思想、激发教职工工作动力，并为之提供普惠性和常态性服务的最直接方式。计算机和信息化革命是当今时代发展的最显著特征，本文基于"互联网+工会"视角，以中国政法大学工会的宣传工作实践经验为代表，研究高校工会宣传工作在信息化时代下的构建模式和存在问题，并为提升高校工会的宣传工作提出有效的对策建议。研究表明：（1）随着"互联网+"和新媒体的多样化，高校工会的宣传手段可能存在定位模糊和分工不明确的问题，阻碍宣传工作的开展；（2）高校工会宣传的信息化手段持续性不足，对"互联网+"的利用效率较低；（3）高校工会需要提高对"互联网+"的认识、对高校教职工结构的了解，才能有效解决教职工的困难、迎合教职工的现代化需求，才能利用高新科技保持工会的先进性、有效提高工会宣传的效率，实现工会普惠性和常态性服务等时代总目标。

关键词： "互联网+"；高校工会；宣传工作；效率分析

一、引言

十八大以来，习近平总书记强调发展互联网和信息化技术，对于提升我国经济高质量发展具有重要意义。在现代高校工会建设中，思考如何利用好高新信息技术来提升工会的工作效率、服务职工的能力、团结和引领职工政

治思想的作用，是顺应时代发展的需要。2015年《政府工作报告》首提"互联网+"的行动计划，即以互联网为主的信息技术（包括移动互联网、云计划、大数据技术等）在实体行业中的扩散和应用。"互联网+工会"的企业工会运作模式应运而生，高校作为先进生产力和科研单位的第一梯队，在"互联网+"技术的使用和研究方面具有优于一般企业的先天技术优势，该模式在高校工会中自然受到广泛应用（叶许可，2017[1]；胡笑君和伍卓深，2018[2]；胡康林，2019[3]）。另外，高校工会和普通企业工会由于组织结构的差异，而存在管理和运行方式上的不同，因而使用"互联网+"技术的目的和效果也不同。普通企业员工全年基本有固定的工作模式和规律，较好管理；但是高校教职工的工作时间相对自由，具有寒暑假，这给工会活动和宣传的开展带来一定的挑战，而"互联网+"宣传方式也需要满足这一要求（刘有军等，2019[4]）。此外，辛良等（2012）[5]、马婧智闻和王鸽（2019）[6]认为高校工会的职能和宣传方面，还应更多地考虑民主环境的营造、和谐人文环境的构建等。

高校工会为教职工提供普惠性和常态性服务的最直接和最简单的方式，就是利用"互联网+"的信息化手段进行宣传工作。通过结合线上线下的宣传方式，能够打破传统宣传模式的壁垒，进一步扩散高校工会的团结和引领能力。本文基于"互联网+工会"视角，以中国政法大学工会的宣传工作实践经验为代表，研究高校工会宣传工作在信息化时代下的构建模式和存在问题，并为提升高校工会的宣传工作提出有效的对策建议。

本文安排如下：除引言外，第二部分以中国政法大学为例，介绍基于"互联网+"的工会宣传工作及其特点；第三部分从信息化宣传手段的定位和

---

〔1〕 参见叶许可："'互联网+'时代高校工会工作管理模式创新研究"，载《发展研究》2017年第2期。

〔2〕 参见胡笑君、伍卓深："关于'互联网+'工会研究——高校工会如何创新工作"，载《江苏商论》2018年第12期。

〔3〕 参见胡康林："'互联网+工会工作'研究文献调查分析（2009-2018）"，载《天津市工会管理干部学院学报》2019年第3期。

〔4〕 参见刘有军等："'双一流'建设视阈下高校工会工作：意义、挑战和应对路径——基于四川大学的实践考察"，载《教育与教学研究》2019年第8期。

〔5〕 参见辛良等："高校工会在构建现代大学制度中的作用研究"，载《淮海工学院学报（人文社会科学版）》2012年第11期。

〔6〕 参见马婧智闻、王鸽："高校工会在职能发挥中存在的问题及思考"，载《教育教学论坛》2019年第1期。

分工、平台维护和员工参与度等方面，研究工会"互联网+"式宣传工作中的问题和挑战；最后，针对高校工会宣传工作中的问题，提出提升宣传效率的对策建议。

二、基于"互联网+"的工会宣传工作及其特点——以中国政法大学为例

（一）中国政法大学工会"互联网+"宣传工作的途径

基于"互联网+"的定义和应用特点，中国政法大学工会宣传活动的主要途径为两种信息化手段，一是中国政法大学工会网站，二是"法大教工之家"微信公众号。

1. 中国政法大学工会网站概述

中国政法大学工会网站（http://gh.cupl.edu.cn/）是由中国政法大学校工会（下文简称校工会）管理、发布工会活动通知、报道和相关政策的官方网站。该站点具有"网站首页"、"工会概览"、"规章制度"、"互助保障"、"社团组织"、"理论研讨"、"新桥专刊"、"法律援助"和"常用下载"9个板块，其主页界面如图1所示。一般而言，网站首页通常展示的是与工会活动和建设最相关的通知信息，其信息价值最大。校工会的网站首页分为"新闻动态"、"通知公告"、"部门工会及二级教代会"和"工作规划"4个板块，其中"新闻动态"主要是校工会的重要通知和工会活动的事后报道，"通知公告"主要是校工会的提醒通知和工会活动的事前报道，二者共同构成工会活动的"事前—事后"信息宣传框架。

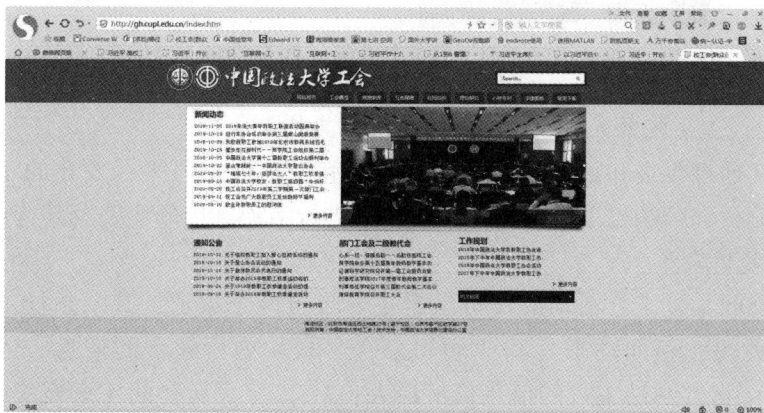

图1　中国政法大学工会网站主页（截至2019年11月5日）

2. "法大教工之家"微信公众号概述

"法大教工之家"微信公众号是由中国政法大学校工会于 2016 年创建、运营和管理的手机端官方微信平台，主要用于发布工会活动的通知和报道，其主页界面如图 2 所示。相比于校工会网站，微信平台的版块更少，分为"关于我们"、"会员风采"和"为你服务" 3 个板块，主界面动态发布的内容与校工会网站的"新闻动态"和"通知公告"的类型相近，但是并未像网站对"事前—事后"信息进行分类，而是将"事前—事后"信息按照时间先后统一发布在微信平台中。

图 2　"法大教工之家"微信公众号（截至 2019 年 11 月 5 日）

（二）工会宣传的"互联网+"实践及其特点

本文通过收集和整理校工会官方网站和微信公众号平台发布的工会活动信息，分析和归纳校工会使用信息化手段进行活动宣传的实践及其特点。

1. 数据来源

本文收集校工会活动的宣传信息主要来自两个渠道，其一是校工会官方网站主页的"新闻动态"和"通知公告"板块内所包含的信息。选取依据为：（1）官方网站主页的信息价值最大；（2）主页所含的 4 个板块内，"工作规划"是对工会全年或者半年的工作安排计划，属于尚未实施活动，总共发布 15 条信息，时间范围是 2013 年~2019 年；该项下每年发布信息 1~2 条，且缺失 2016 年度的信息，由于信息量较少、参考价值不大，不将其纳入分析框架；（3）"部门工会及二级教代会"总共发布 41 条信息，时间范围是 2007 年~2019 年，每年发布信息数最多 4 条，同时该项下发布的与职工代表大会相关的内容，也包含在"新闻动态"和"通知公告"中，因而出于信息量较少、避免重复等考虑，不将其纳入分析框架。

校工会网站的"通知公告"主要是官方公示和工会活动通知的信息，属于事先通告。而"新闻动态"主要是对已完成的工会活动的报道，属于事后报告。二者在内容上基本没有重复，可以作为相互补充，共同构成工会活动的"事前—事后"信息环境。[1]

本文收集校工会活动的宣传信息，第二个渠道是"法大教工之家"微信公众号自创立平台日起，动态公开发布的所有信息。

2. 数据处理

截至 2019 年 11 月 5 日，"通知公告"总共发布 342 条信息，时间范围是 2011 年~2019 年，"新闻动态"总共发布 275 条信息，时间范围是 2008 年~2019 年。本文选择的时间范围为 2015 年~2019 年这两个板块发布的信息。选择依据为：（1）2015 年及之前，"新闻动态"的工会活动报道新闻中，活动图片基本显示不全，活动参与人数未知度较高，由于活动参与人数是本文较为重要的研究变量，因此不对 2015 年之前的新闻条目进行研究；（2）2015 年及之前，"通知公告"的文题不符情况较为严重，不仅使得通知的可靠性不足，而且将增加数据收集和分析的难度，因此不再对其进行分析。

2015 年 1 月至 2019 年 11 月 5 日"通知公告"总共发布信息 214 条，"新闻动态"总共发布信息 184 条，本文删除"通知公告"和"新闻动态"中重复和无效的工会活动报道后，分别得到 199 条和 180 条信息。截至 2019 年 11 月 5 日，"法大教工之家"微信公众号总共发布 252 条信息，时间范围是 2016 年~2019 年，其中第一条信息始于 2016 年 3 月 31 日。[2]本文删除公众号中

---

[1] 只有"新闻动态"于 2018 年 9 月 12 日发布的"关于举办 2018 年教职工秋季健走活动的通知"，是唯一一篇属于"通知公告"性质的文章，但是错放在"新闻动态"里，其余信息都符合两项项目的"事前—事后"原则。

[2] "法大教工之家"微信公众号的第一篇文章为 2016 年 3 月 31 日发布的题为"四月将至，工会带你感受春暖花开"一文，报道当天举办的昌平滨河公园 5 公里的长走活动（现称"健走"活动）。

重复的信息后，得到非重复有效信息共233条。

3. 工会宣传工作的特点

通过对校工会互联网和移动通信端的信息发布数目的分析，可以得到校工会宣传工作在现代化布局和进程中的如下三个特点：

首先，校工会的宣传工作随着互联网时代和信息技术的发展，越来越多地使用现代化方式进行工会活动的宣传和报道，具有明显的初期增长趋势，并形成现阶段稳定使用的格局。

2008年~2019年"通知公告"和"新闻动态"信息数目的年度变化情况如图3所示，显示2008年~2014年，校工会官网的宣传工作处于早期的建设和适应阶段，该阶段官网的信息数目较少，事前通知和事后报道的匹配关系不稳定，而手机移动端的宣传工作建设还未开展。自2015年起，工会官网的宣传工作进入互联网适应和成熟时期，信息发布数量稳中有增趋势，官网对工会活动的事前通知和事后报道的数量均有不同程度的增加，二者信息的匹配关系基本稳定，工会活动的宣传规范基本成形。

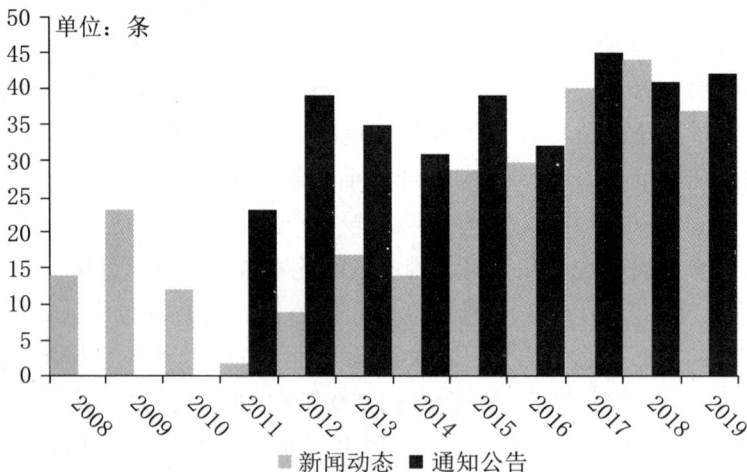

图3　2008年~2019年"通知公告"和"新闻动态"信息数目的变化

2016年~2019年"法大教工之家"微信公众号信息数目的年度变化情况如图4所示，表明自2016年运营开始，微信平台被工会较快地适应和稳定使用，信息数目逐年小幅增加。工会在手机移动端建立的宣传工作比官网更快地进入稳定阶段。

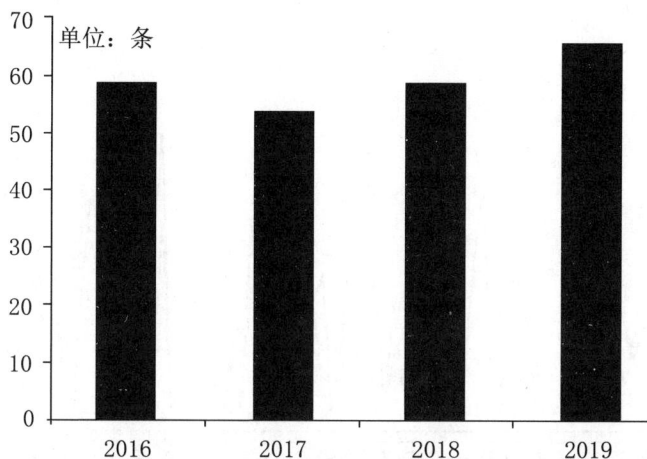

图 4　2016 年~2019 年"法大教工之家"微信公众号信息数目的变化

其次，不论是官网还是微信平台，校工会通过信息化的宣传手段，均表现出工会活动数量具有逐年增加的趋势，但是增长的幅度较小。由于工会基于"互联网+"发布的信息主要用于宣传工会活动，因此，图 3 和图 4 的信息数目变化趋势同样能够反映工会活动数目逐年增长，但是增幅较小。

最后，校工会活动宣传工作具有周期性特点，且事前通告和事后报道分工明确，但是工会活动的实际执行率可能不足 100%。具体而言，2011 年~2019 年"通知公告"和"新闻动态"信息数目的月度变化如图 5 所示，其中虚线表示"新闻动态"信息数目的月度变化，实线表示"通知公告"信息数目的月度变化。图 5 显示了两项项目的信息数据变化均具有周期性变化的特点，表明工会活动主要集中在每年的 3 月到 6 月和 9 月到次年 1 月开展，而每年 2 月、7 月、8 月几乎没有工会活动，每年的春季和秋季基本是活动高峰时间，这与高校上学和寒暑假的时间高度一致，是符合高校工作规律的周期。另外，由图 5 可以看出虚线与实线的变化趋势基本相符，且虚线略微滞后于实线，表明"新闻动态"确实有效跟随了"通知公告"的信息发布，起到了事后报道的作用，二者的事前事后通告分工明确。但是二者的信息数目并不完全相同，"通知公告"和"新闻动态"的年度信息数目统计如表 1 所示，"通知公告"的信息数目整体上多于"新闻动态"的信息数目，表明工会活动的事前通知比事后报道要多，工会活动的实际执行率可能不足 100%。

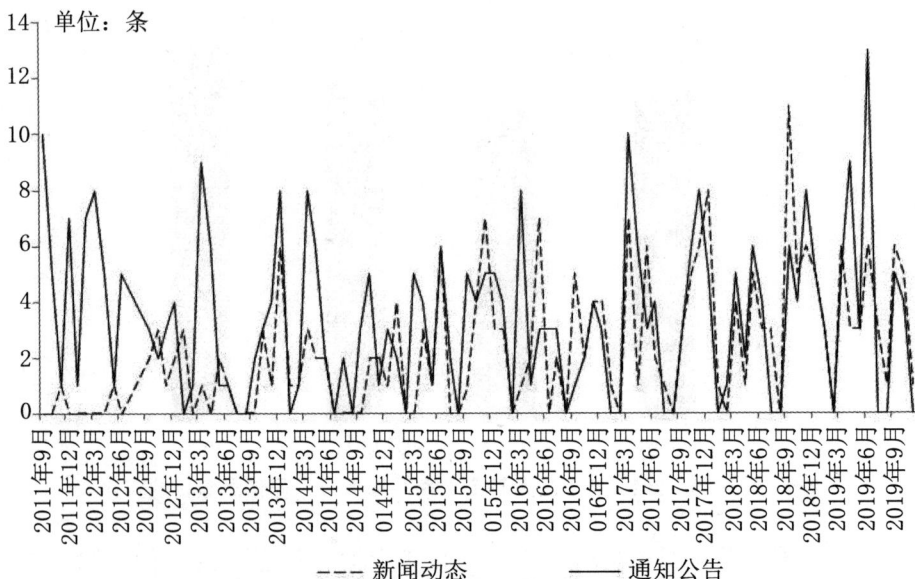

图 5　2011 年~2019 年"通知公告"和"新闻动态"信息数目的月度变化

表 1　校工会官网"通知公告"和"新闻动态"分年度的信息数目
（截至 2019 年 11 月 5 日，单位：条）

年份	通知公告		新闻动态	
	实际数目	有效数目	实际数目	有效数目
2019 年	48	42	38	37
2018 年	45	41	44	44
2017 年	47	45	41	40
2016 年	34	32	31	30
2015 年	40	39	30	29

三、工会"互联网+"式宣传工作中的问题和挑战——以中国政法大学为例

通过对比 2016 年~2019 年校工会官网和微信平台的信息发布月度趋势，可以发现工会"互联网+"式宣传工作在多种新媒体手段的定位和分工、维系和教职工激励三个方面面临新形式的问题和挑战。

（一）多种新媒体手段的宣传工作的定位和分工问题

校工会对于工会活动的线上线下宣传，主要通过官网和微信平台进行。校工会官网的两大活动信息发布板块"通知公告"和"新闻动态"具有完全的互补性，分别从事前和事后两个角度对工会活动进行宣传。而校工会的微信公众号出于信息传达的简洁和直观的考虑，并未将活动信息进行事前和事后报道的分类，集中统一在平台界面发布。从这个意义上来看，校工会微信公众号的功能相当于是官网"通知公告"和"新闻动态"的集合体。

那么，校工会在2016年开通和启用第二种宣传手段——微信平台时，对其就存在定位问题。如果微信公众号发布的内容和官网一致的话，那么微信公众号是工会宣传方式上的创新，定位可能是对官网的替代。如果微信公众号发布的内容和官网不同的话，那么微信公众号是对工会宣传内容上的特定尝试和创新，定位可能是对官网的补充。如果定位替代，那么微信公众号的信息数目变化趋势将和官网一致，并且数目相当；如果定位补充，那么微信公众号的信息数目变化趋势将和官网不同，有可能呈现此消彼长的趋势。

有趣的是，通过与官网信息数目的对比，校工会微信公众号的定位存在前、后期的目标不一致现象，导致存在两种信息化宣传手段的定位和分工模糊的问题。2016年~2019年校工会官网和微信平台信息数目的月度变化情况如图6所示，其中阴影柱形代表官网信息数目的变化，实线代表微信公众号信息数目的变化。从图6可以看出，在工会微信公众号创立初期，2016年的信息数目呈现与官网相反的逆周期特点，表现出与官网互补的可能性。加之这一时期微信公众号发布的具体内容来看，主要以惠民信息、人物介绍、生活常识和节日祝福为主，其中人物介绍不仅包括校内名家大师的介绍，也包括班主任和一般清洁工人等普通工作人群的介绍，信息具有较多的人文关怀，表明该公众号创建初期的目标群体是使用微信的较年轻教职工。而2017年以后，微信公众号的信息数目少于官网，但是与官网变化趋势基本一致，至2019年的信息数目与官网基本一致，表现出与官网的完全替代。

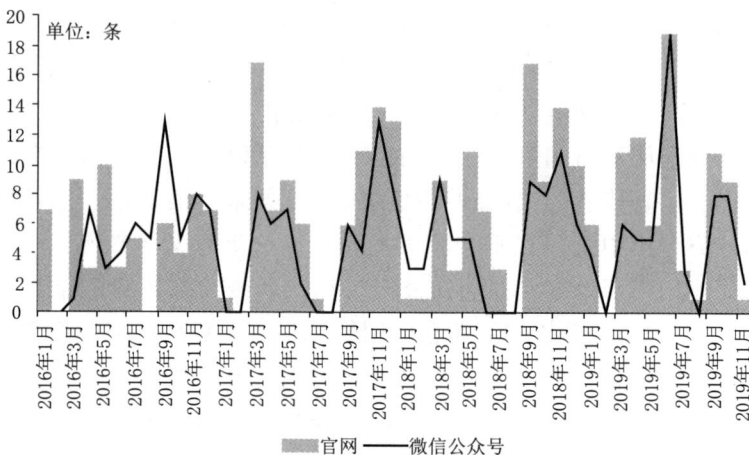

图6　2016年~2019年校工会官网和微信平台信息数目的月度变化

从2016年~2019年校工会微信公众号的信息内容及其数目变化趋势来看，校工会对于微信平台建设的定位存在前、后期的目标不一致现象，前期定位于对官网的补充，后期转向对官网的替代，因而工会利用官网和微信平台进行宣传工作的时候，缺乏前后一致的统一定位，使得两种信息化宣传手段的分工不明确，可能降低"互联网+"宣传方式的效率。一方面，微信平台对官网的补充定位，可以增加手机移动端宣传的特色，并增加线下宣传内容的人文关怀，但是会增加无效信息和冗余信息的发布，降低重要工会活动的传递效率。另一方面，微信平台对官网的替代定位，可以增加重要工会活动的传递效率，比如从及时性和同步性等方面增强宣传通知能力，但是对于宣传手段而言，可能产生重复建设和资源浪费的问题。因此，校工会利用"互联网+"手段进行宣传工作的时候，需要权衡微信公众号和官网之间的关系。尽管补充和替代关系各有优缺点，但是工会应根据实际的宣传需要，明确各部门的分工和定位，促进宣传工作实现高效性、普惠性和常态性。

（二）"互联网+"宣传工作的维系问题

通过对比校工会官网和微信公众号对于相同工会活动的信息发布日期，发现校工会在微信公众号的运营和维护上相比于官网，有着维护持续力不足、后期建设乏力的问题。

首先，校工会官网和微信公众号对工会活动的相同报道共计146条，本文将二者信息发布的日期作减法，得到微信公众号信息发布的滞后天数（如果该数为正值，则为提前天数)，如果滞后天数为零，那么微信公众号的信息发布为准时。统计结果表明，其中有 76 条信息是准时发出的。其次，本文将这些平台发布的信息和滞后信息的数量按月度进行分类，得到 2016 年~2019 年官网和微信公众号重合信息的月度数目。最后，本文利用（1）式计算微信公众号信息发布的准时率，得到该准时率的变化图如图 7 所示。

$$信息的准时率 = 信息准时的数量 \div 信息的数量 \quad\quad (1)$$

除了 2017 年 6 月和 2019 年秋季，微信公众号具有较高的信息准时率以外，其余时间，微信公众号的准时率基本没有较大提升，且在 2018 年年底准时率低于建设初期。需要注意的是，2016 年和 2017 年微信公众号信息不准时的数目，很大程度来自信息的提前发布，非滞后发布；而 2018 年和 2019 年微信公众号提前发布信息的情况较少，信息准时率的实际改善不容乐观。从年度来看，2016 年校工会微信公众号相较于官网的信息发布滞后平均 0.86 天，2017 年为 0.83 天，2018 年为 0.70 天，2019 年为 0.73 天。微信公众号的信息发布准时率，整体经历了提升和下降两个阶段。在微信平台的创设初期，工会对平台运营和维护有较大热情，因此信息滞后情况能够改善。但是随着平台建设的持续，校工会维护平台的热情逐渐下降，持续维护的后期动力不足，即使发布与官网相同的宣传信息也滞后于官网。这些现象表明，校工会宣传工作中的手机移动端手段功能弱化严重，不能够有效发挥微信公众号的优势，无法提高微信平台对于工会宣传工作的积极效应。

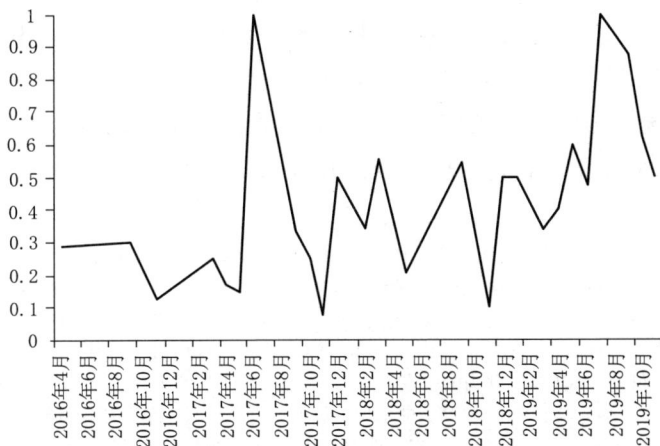

图 7　2016 年~2019 年校工会微信公众号信息发布的准时率

（三）工会宣传活动与教职工人员活动参与度的问题

本文通过对官网"新闻动态"中工会活动的事后报道进行分析，考察工会活动的参与人数。"新闻动态"所报道的工会活动中，2015年～2019年能够确定参与人数的报道总共有146条，除去5年间参与度极高的健步走和教职工运动会两项共计14条报道（参与人数超过150人）以外，余下132个工会活动的参与人数平均为25人。[1]

以2018年为例，官网的"通知公告"共45件，"新闻动态"共44件，以工会活动45件、平均参与人数25人进行计算，假设不考虑教职工重复参与的情况，那么工会活动理论上覆盖的人数为1125人，不足校工会官网公布的教职工全员1700余人。可见，校工会存在一般活动的参与度较低、人员覆盖面窄的问题，工会活动仍需要提升宣传工作，并增加活动数量。要解决这一问题，需要从认识教职工人员结构和提升工会宣传能力两方面入手。

1. 工会对教职工人员结构的认识问题

对于工会活动的组织和宣传，通常将根据教职工人员结构特点进行调整和扩展，才能够提升工会服务、团结和关爱教职工、引领教职工思想政治的作用。如果工会对教职工的人员结构有充分了解，就能有效策划宣传活动，提高教职工对工会活动的参与度和积极性。

校工会于2016年的活动公告指出，彼时全校女性教职工占员工总数83%。就这一教职工性别结构的认识，校工会在"三八"妇女节、瑜伽、健身和昆曲艺术等活动方面略有倾向。事实上，校内教职工的男女比例是否准确，以及该比例是否会随着年份变动，都是校工会在开展宣传和活动之前需要充分了解的事实。本文根据2018年10月中国政法大学官方公布的"校内工号表"进行统计分析，得到该表内4013名员工的女性比重为56.54%。本文提取其中1723名教职工的信息，得到女性教职工的比重为39.64%。[2]教职

---

〔1〕 工会活动参与人数来自每条报道中公布的人数，没有公布人数的报道依照公示的活动合照计算参与人数。报道不准确的人数，比如"近50人"和"50余人"等表述，取最近的整数值50。

〔2〕 本文教职工人员数据来自中国政法大学官方公布的2018年10月"校内工号表"，该数据集包含全校4013名员工的工号、年龄、性别和所属部门等信息。校内员工按照工号分为6类人群，即"CU0"开头的教职工、"CUW"开头的引进人才、"CUB"开头的博士后、"CUP"开头的校合同制员工、"HQ"开头的后勤人员和"ZP"开头的单位自聘人员。由于只有单一年份的数据，因此本文仅分析2018年10月的校内教职工人员结构。本文选取"CU0"和"CUW"开头的教职工人员作为参与校工会的主要成员，其中"CU0"开头的教职工不包含退职、退休中人和退休老人，总计1723人，与校

工的女性占比可能因统计方式的不同而有较大差别，而该差别将影响工会活动和宣传的布局，以及教职工对工会活动的参与度和积极性。校工会需要根据具体信息增加对成员性别和年龄结构的认识，如果教职工女性的占比远比工会发布的数据要小，或者远小于 2016 年的结构，那么校工会需要根据人员性别结构及时更新和调整工会活动的内容和类型。

在教职工年龄结构方面，2018 年 10 月中国政法大学教职工平均年龄为 44 岁，分阶段的年龄结构如图 8 所示，其中横轴代表年龄，纵轴代表对应的人数。本文将教职工年龄分为 5 个阶段，即 30 岁以下、30 岁~40 岁、41 岁~50 岁、51 岁~60 岁、60 岁以上，并对各年龄阶段按照 5 年进一步细分。在图 8 表现为，黑色柱形代表每个年龄段前 5 年的人数，即 30 岁~35 岁、41 岁~45 岁、51 岁~55 岁、61 岁~65 岁，灰色柱形代表每个年龄段后 5 年的人数，但是 60 岁以上的阶段则代表超过 65 岁的人数。由图 8 可以看出，中国政法大学教职工年轻化程度不够高，以中年教职工为主，且每个年龄阶段中，也以年龄偏大的一方人数占多，这也从侧面验证了校工会微信公众号运营弱化的现象。校工会需要针对该年龄结构的特点制定相应的工会活动，以提高工会活动的参与度。另外，以 2018 年为基础，5 年后图 8 的教职工年龄结构将进行翻转，校工会可以根据该事实进行未来工会活动的规划和安排。

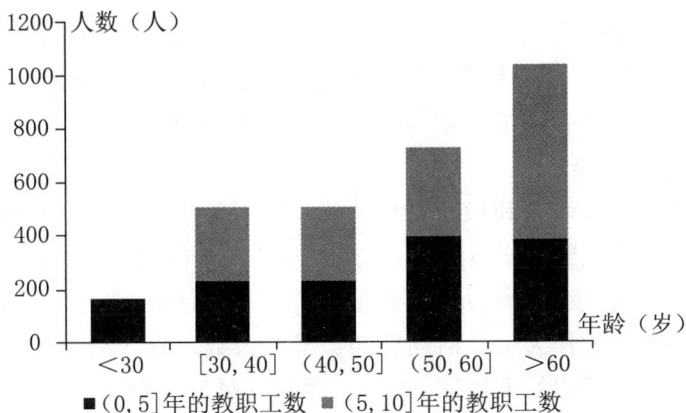

图 8　2018 年中国政法大学教职工年龄结构

（接上页）工会开展全体教职工活动时所报道的人数一致。

2. 工会宣传能力和活动参与度的关系

为考察工会宣传能力和教职工活动参与度的关系，本文首先选择有报道工会活动参与人数的146条信息，用活动报道日期减去活动发生日期，得到的天数作为工会活动报道延迟的天数。以活动参与人数（pop）作为因变量，报道延迟的天数（delay）和活动举办的年份（year）作为自变量进行线性回归，回归方程如（2）式所示，其中下标 i 表示第 i 条信息，α 表示回归的系数和截距项，ε 表示扰动项。报道延迟的天数表示工会对活动的重视程度，如果报道的及时性越强，延迟的天数越少，那么工会对活动的重视程度越高，对其的宣传力度将增加。而活动举办的年份代表了时间效应，从2015年到2019年，时间集中代表了招聘的教职工增加、对高新技术的宣传手段熟练程度的增加。如果招聘的教职工增加，活动参与人数的增加可以被自然理解；如果宣传的科技手段增加，工会宣传的力度随之增加，活动参与人数也会增加。

$$pop_i = \alpha_0 + \alpha_1 delay_i + \alpha_2 year_i + \varepsilon_i \tag{2}$$

回归结果如表2第一列的模型1所示，其中工会报道延迟的天数和活动参与人数显著负相关，即报道延迟天数越少，该活动受工会重视的程度越高，那么活动前期的宣传力度将使得活动参与人数显著增加。工会活动举办的年份和活动参与人数虽然正相关，但是效应不显著。结果表明，工会对活动的重视程度和宣传力度确实能够有效影响活动参与人数，并且起积极作用。而增加教职工人数和提升宣传技术，似乎对活动参与度没有明显影响，意味着当前工会活动内容和宣传手段不具吸引力，需要进行适当调整。因此，如果工会想要增加活动的参与度，增加宣传力度是可行且必要的，同时也需要增加活动内容吸引力的改造。

另外，为进一步研究和检验工会宣传工作对活动参与度的影响，本文选择了146条有参与人数的报道中与"通知公告"重合的信息，总共40条。由于"通知公告"是对工会活动的事前通告，所以将活动发生日期减去事前通告日期，得到的天数作为工会活动通知提早的天数。以活动参与人数（pop）作为因变量，报道延迟的天数（delay）、通知提早的天数（early）、活动举办的年份（year）和活动举办的月份（month）作为自变量进行线性回归，回归方程如（3）式所示。通知提早的天数表示工会对活动的重视程度和宣传力度，如果通知的时间越早，那么工会对活动的宣传力度越高。此外，由上文分析可知，校工会活动随着高校工作具有很强的周期性，每逢寒暑假的宣传活动和教职工参与都会减少。

$$pop_i = \alpha_0 + \alpha_1 delay_i + \alpha_2 early_i + \alpha_3 year_i + \alpha_4 month_i + \varepsilon_i \quad (3)$$

回归结果如表2第二列的模型2所示,其中工会通知提早的天数和活动参与人数显著正相关,报道延迟的天数和活动参与人数显著负相关,再次验证工会宣传力度的提高将显著促进活动参与度。虽然活动年份和参与度的关系不显著,但是活动月份与参与度显著负相关,即随着月份增加,教职工的工会活动参与度将减少。该结果是显然的,随着年末临近,教职工的其他学校活动将不断增加,当其与工会活动冲突时,由于精力有限而不再选择工会活动。因此,工会需要根据教职工工作强度的年度规律,合理安排工会活动时间,才能有效增加活动的参与度。

最后,本文将工会活动通知提早的天数和报道延迟的天数分别作为因变量,考察二者与活动举办的月份、年份之间的关系,回归模型如(4)式和(5)式所示。活动年份的效应主要和技术相关,工会宣传活动的技术将随着年份增加而提高,因此通知提早的天数将增加,报道延迟的天数将减少。活动月份的效应主要和工作环境和工作强度相关,月份越大、越临近工作考核时间,宣传工作的负责人员将会更加认真工作。

$$early_i = \alpha_0 + \alpha_1 year_i + \alpha_2 month_i + \varepsilon_i \quad (4)$$

$$delay_i = \alpha_0 + \alpha_1 year_i + \alpha_2 month_i + \varepsilon_i \quad (5)$$

回归结果如表2第三列和第四列的模型3和模型4所示,工会通知提早的天数和活动举办的时间基本无关,表明2015年~2019年校工会在活动的宣传工作方面没有进行明显的改变,活动内容和宣传方式基本固定不变。报道延迟的天数和活动年份显著负相关,和活动月份基本无关,表明宣传技术的进步确实有增加工会活动报道的及时性,对工会的宣传工作具有积极作用,而宣传工作基本不受工作环境和工作压力的影响。

表 2　工会活动参与度和宣传能力的主要回归结果

变量	模型 1 (工会活动参与人数)	模型 2 (工会活动参与人数)	模型 3 (工会活动通知提早的天数)	模型 4 (工会活动报道延迟的天数)
截距项	−39 979. 76 (0. 186)	−4 435. 90 (0. 355)	1 470. 67 (0. 271)	4 552. 79 ** (0. 060)

变量	模型 1 （工会活动参 与人数）	模型 2 （工会活动参 与人数）	模型 3 （工会活动 通知提早的 天数）	模型 4 （工会活动报 道延迟的 天数）
工会活动通知 提早的天数 （early）		1.66*** (0.008)		
工会活动报道 延迟的天数 （delay）	−4.55** (0.043)	−0.98* (0.075)		
工会活动举办的 月份 （month）		−2.54** (0.047)	0.44 (0.133)	−0.50 (0.212)
工会活动 举办的年份 （year）	19.88 (0.185)	2.22 (0.350)	−0.73 (0.273)	−2.25** (0.061)
R^2	0.02	0.27	0.08	0.17
观测数	146	40	40	40

注：符号 ***、** 和 * 分别表示 1%、5% 和 10% 的显著性水平，括号中的数值代表 P 值。

四、对策和结论

高校工会的宣传工作，是高校工会接近教职工的第一步，也是团结教职工思想、为之提供普惠性和常态性服务的出发点和最直接方式。本文基于"互联网+工会"视角，以中国政法大学工会的宣传工作实践经验为代表，研究高校工会宣传工作在信息化时代下的构建模式和存在问题。校工会目前存在多种信息化宣传手段的定位和分工不明确、新型宣传手段的维持工作不足、工会活动的宣传力度和参与度不足等问题。

针对这些问题，第一，校工会在利用"互联网+"手段进行宣传工作的时候，需要权衡微信公众号和官网之间的关系，应根据实际的宣传需要，明确各部门的分工和定位，促进宣传工作实现高效性、普惠性和常态性。第二，校工会需要考虑宣传效果和运营维护成本的关系，在明确定位的基础上，对微信公众号等新型宣传手段维持有效的运营程度，使其发挥应有的功能和优势，对已有传统的宣传方式起到互补促进的作用。第三，校工会需要提升对教职工人员性别和年龄结构的认识，及时更新、调整和预安排工会活动的内容和类型，提高工会活动的受众面的参与度。同时，研究表明校工会的宣传工作尚有较大的提升空间，也需要改进活动内容来吸引教职工的参与度。由于高校工作时间的周期性特点，校工会需要根据教职工工作强度的年度规律，合理安排工会活动时间，以增加活动的参与度。

总而言之，只有提高对"互联网+"的认识，积极利用现代化工具提升校工会宣传工作的效率，才能有效解决教职工遇到的困难、迎合教职工的现代化需求，才能利用与高新科技相结合的方式保持工会的先进性，并有效提高工会宣传的效率、开展工会的宣传活动、实现工会普惠性和常态性服务等时代总目标。

本文研究存在两方面的缺点。首先，本文对工会微信公众号的分析，以工会官网作为比较基准，但是对于官网的运营和维护如何评价，本文没有提供较好的数据支撑和参照。其次，工会宣传力度和教职工活动参与度的实证研究数据只有 40 条，其结果的可靠性有待商榷，但是对于校工会的宣传活动仍具有参考价值。最后，工会的线下和"互联网+"宣传工作的开展方式多种多样，本文仅提供其中两种信息化手段的分析，对于其他方式还欠缺考量，有待校工会未来的努力和探索。

参考文献：

〔1〕王岩："探索'互联网+'时代高校工会服务新模式"，载《管理观察》2017 年第 12 期。

〔2〕吴桂峰、束长宝、王拓："'互联网+'时代高校工会工作机制的创新研究"，载《教育现代化》2016 年第 35 期。

〔3〕张茜："让'互联网+'为高校工会宣传教育工作插上信息化的翅膀——基于网络时代化下高校工会宣传教育工作新探"，载《教育教学论坛》2017 年第 34 期。

高校二级学院工会项目化管理模式初探

国际法学院　李家玉

摘　要：随着教育改革的不断深化，高等院校需加强师德师风建设，培养更高素质的教师队伍，这要求高校工会为教职工提供更高水平的组织服务。二级学院工会需要充分发挥工会职能，积极创建适应新时代发展要求的工作新局面。本文探究项目化管理模式在高校二级学院工会工作中应用的必要性和可行性，并在分析现存问题的基础上，探究实现项目化管理的实践途径。

关键词：项目化管理；工会工作；高校二级学院；教职工

高校二级学院工会是高校各院系部级的基层工会，其直接与广大教职工对接，是联系学校和每位老师的桥梁和纽带。随着高等教育事业结构的调整，建设和谐校园，营造更好的学校发展生存环境和人际环境成为高校发展的目标。传统的工会工作管理方式逐渐无法充分发挥其各项职能，如何实现基层工会更加有效地运转，努力适应时代发展需求，成为当前工会工作者需要研究解决的课题。借鉴经济发展中的项目管理模式，结合高校二级学院工会工作的实际情况，探索组织工作新方式，系统推进工会工作纵深发展，为实现高校"双一流"建设提供助力。

一、项目化管理的含义

项目管理是管理界三大管理之一。项目化管理模式是在有限的资源约束下，运用规范化的管理流程，在规定的时间、预算和质量目标范围内完成工作的管理方式。美国项目管理专业资质认证委员会主席曾说过："在当今社会中,一切都是项目,一切也将成为项目。"在高校二级学院工会工作中,可将各项工会工作事务细化为工会实事项目,从项目的计划立项到组织实施,再到验收和评估,全方位把控工会工作的具体执行,充分发挥工会工作的效用。

二、二级学院工会管理上存在的问题分析

高校二级学院工会是学校工会建设中不可缺少的组成部分,立足于学院实际情况,配合学校工会工作,组织协调并妥善处理学校与学院之间、学校与每位教职工之间的关系,建立基本的民主监督程序,维护教职工的切身利益。目前,二级学院的工会工作开展尚不平衡,主要问题包含以下三个方面:

第一,组织结构的设置具有局限性。目前,二级学院工会缺乏专职工作人员,基本是由学院行政管理或者教学科研岗位的老师兼任。而在基层工会中,会员的构成相对复杂,年龄跨度大,人数也逐渐增加,有限的工会工作人员没有足够的精力调动老师们的积极性。这些问题导致了不少二级学院工会的工作普遍处于被动的状态,其工作的任务仅仅是按照学校工会要求,传达一些会议精神并协助开展学校工会的活动。二级学院工会组织架构的薄弱使得其工作方式方法单一化,欠缺精细化服务和管理。

第二,工会成员的积极性不高。二级学院工会需要面对的服务对象主要是教学科研人员,这部分教职工具有专业知识素质高、民主意识强、自尊心强等特点,其教学科研压力大,加之大多数教职工对工会的地位、职能和工作意义认识不够,更愿意关注并参与与自身利益密切相关的活动。传统的工会活动不能充分体现工会工作的职能特色,常规性工作多,引领性工作少,缺乏特色,不能吸引教职工的注意力,也难以充分调动其参与积极性,使得其参与度不高,工会工作开展效果欠佳。

第三,工作机制缺乏创新。随着高校的不断发展改革,教职工的各种诉求逐渐增多,基层工会工作的难度越来越大,工会凝聚力面临很大的考验。大多数二级学院工会更重视组织开展文体活动,关注福利待遇方面的工作,会忽视到其他工会职能的发挥。传统工作管理机制单一,活动内容相对单调,大多数工会工作流于表面,这些问题都导致了工会的各项职能得不到充分的发挥。

三、引入项目化管理的必要性

如何在学校工会的指导下开展学院工会工作,如何在校级工会的工作部

署下，充分结合学院实际开展学院工会工作，是摆在二级学院工会工作人员面前的课题。工会工作是具有长期性和复杂性特征的工作，从整体上看，传统管理模式下的基层工会运转良好，但是新问题确实层出不穷。要提升基层工会的工作水平，实现预期目标效果，需要制定行之有效的工作机制，科学管理，引入项目化管理模式是十分必要的。

首先，可以将工会管理工作由对人的管理向对项目的管理转变。制定阶段性工作计划和目标，细化工作任务，明确分工，落实实际责任到人，减少管理疏漏，从而形成以点带面，多点开花的工作格局。其次，项目化管理系统性强，二级工会管理可以利用这个特点将工作中成功经验固定下来，建立健全的工会工作长效机制，可实现工会工作自上而下，由内向外全面地把控。最后，工会工作的项目化管理可以将人力资源和其他资源进行充分整合，建立多样化的承接机制，使得更多的教职工参与到学院工会工作当中，重塑教职工主人翁意识，从而激发教职工对所在学院的归属感，以此突破当前高校二级学院工作的上升瓶颈，提升工会工作水平，完善工会工作效果。

四、二级学院工会引入项目化管理模式可行性

项目通常是为了达到预定的目标而从事的有时间和资源限制的一系列组织工作。高校二级学院工会工作内容大致可分为教职工维权、建设教职工之家、组织文体娱乐活动、协助教职工素质提升和综合保障等。这些工作既受到时间和地点的限制，又可以视作一个个具体的项目。项目管理作为一种高效益、灵活性强的组织管理模式，在运行中和工会工作强调的特质具有很多共性，其可行性将从以下四个方面进行分析：

（一）项目化管理强调目标明确和管理计划性

项目化管理和工会工作都采用目标渐近原则，在确定目标之后，当人们认为自己距离目标越来越近的时候，完成任务的动机也会越来越强烈。利用这个原则对一学年的工会工作目标、范围、时间、成本、质量和效果做梳理规划，制定详细计划和工作任务分解，激励工会工作者的管理和服务热情。

（二）项目化管理强调责任量化

在项目管理过程中需要明确主要负责人担任主导任务，把握项目进程和方向，相关负责人落实具体事务，做到事事明确责任人和执行人。二级学院工会工作也需要清晰且明确的清单化分工，责任到人，不仅利于各项资源的

有效配置，更利于具体工作的有效开展。

（三）项目化管理强调项目过程的控制

项目管理贯穿项目的启动、计划、执行和收尾的各个环节，对每个环节进行持续性监督，及时发现问题，做正确指导以及时纠正错误。这种管理方式同样适用于二级学院工会工作，在工会工作开展阶段，学院工会负责人须及时掌握各项工作的实施情况，提出指导意见，提高工会工作管理的质量。

（四）项目化管理强调协同工作

项目化管理中，须制定人员配备要求，制定合理的沟通结构和方式，直观地展示项目的各种通报关系。工会工作中，对人力资源和沟通的管理也尤为重要，工会工作更多的是人与人之间的工作，沟通与协调都是可以通过计划的编制来计划的，确定项目中负责人、执行人和广大教职工的沟通模式，可形成上下互动、全员联动的良好氛围。

五、二级学院工会实现项目化管理的实践途径

项目化管理可以成为工会工作的一个基础方法，助力工会工作推创新、促落实。在高校二级学院工会开展好项目管理工作，可以从以下三个方面探索其实践路径：

（一）立足工会职能，强化项目思维

高校二级工会作为推进工会创新的实体，要从谋划工会项目着手，对分管和负责的各项重点工作进行项目化设计和运作。根据学校工会每学年的组织工作要点，结合本学院实际情况，对全学年工会工作分为日常工作类、重点推进类、创新类等，梳理基层工会的组织工作侧重点，系统化立项，可有效破解"眉毛胡子一把抓"的问题。围绕工会具体业务，使职工维权、慰问帮扶、劳动竞赛、文体活动、教代会和工代会的规范化建设发挥应有的作用，彰显工会的职能，提升二级工会组织的管理水平和服务精细化程度。

（二）立足基层工会现状，完善管理机制

结合二级学院工会的实际情况，建立涵盖申报、评审、立项、实施、考评、奖惩在内的一整套运转有序的工作机制。首先，进行清单化分工，明晰责任，让每个基层工会工作人员都可以明确自己的阶段性工作计划和目标，有效解决分工方面权责不一的情况，改善工作生态；其次，在具体工作项目推进的阶段，按时调度工作进展，把控项目实施情况，对存在的难点和问题

及时解决，将基层工会工作做深做实；最后，将项目的落实情况纳入年度综合目标考核，作为评优和提拔的依据，刚性化考核可以促进执行效率更快捷，从而确保每一项工作落到实处，提升执行力。

（三）立足项目创新，提升教职工积极性和主动性

创新是社会进步的不竭动力，也是新时期高校二级学院工会工作不断发展的突破点。首先，改变观念，要求工会工作者站在时代发展的高度，摆脱传统思维的束缚，接受并适应全面教育改革下趋于多元化、复杂化的高校环境，了解新观点，转变老旧观念，培养创新意识；其次，着眼于工作方法的创新，摸索更具有科学性、创意性和趣味性的工作途径，摒弃传统惯性思维，克服形式主义，特别是利用好网络、微信平台等新兴阵地提升宣传影响力，吸引更多教职工参与到工会活动中来；最后，探索多元化的创新工作机制，整合多种资源丰富二级工会日常工作，如与校医院共同组织教职工急救知识普及小课堂，与学院其他科室合作举办教职工教学科研交流下午茶活动等。

综上所述，探索并实行符合基层工会实际情况的项目化管理工作新模式，推动工会工作更加务实地开展是可行且有效的。高校二级学院工会不仅要完成学校工会部署的工作，还要努力打造属于自身的品牌特色，积极探索项目化管理新模式，寻求工会工作新突破。

参考文献：

〔1〕苑来学、王其军、李萍："以科学发展观为指导创新新时期高校工会工作"，载《工会论坛（山东省工会管理干部学院学报）》2011 年第 2 期。

〔2〕刘国安："企业技术联合开发项目管理体系研究"，南华大学 2015 年硕士学位论文。

〔3〕孙月、刘胜乐、袁玫玫："高校二级学院工会项目化管理的创新探索与实践"，载《创新创业理论研究与实践》2019 年第 4 期。

〔4〕王帅："工会工作项目化管理的思考和建议"，载《中国工运》2017 年第 11 期。

新形势下我国高校工会财务
管理中存在的问题及对策

校工会　王　莹

摘　要： 当前，党和国家大力推进高等教育综合改革、"双一流"建设和高校思想政治工作。做好新形势下高校各项工作，必须坚持党的领导，发挥工会组织的桥梁纽带作用，依靠广大教职工支持和拥护，充分调动教职工的积极性、主动性和创造性。工会财务管理工作为工会决策提供科学依据，面对新形势新任务新挑战，我国高校工会必须尽快解决财务管理中存在的问题，进一步规范财务管理工作。

关键词： 高校工会；财务管理

工会是党联系职工群众的桥梁和纽带。当前，党和国家统筹推进"五位一体"总体布局和协调推进"四个全面"战略布局，深入实施京津冀协同发展战略，大力推进高等教育综合改革、"双一流"建设和高校思想政治工作。做好新形势下高校各项工作，必须坚持党的领导，发挥工会组织的桥梁纽带作用，依靠广大教职工支持和拥护，充分调动教职工的积极性、主动性和创造性。工会财务管理工作是工会组织正常运行、服务职工群众的可靠保证，为工会决策提供科学依据，面对新形势新任务新挑战，我国高校工会必须在继承中创新、在创新中发展，严格控制财务风险、保证工会经费安全，进一步规范财务管理工作。

一、新形势下我国高校工会财务管理中存在的问题

（一）工会财务人员配备不足、专业水平不高

近年来，随着我国高校工会财务管理工作的规范和发展，已经按照《工

会法》的规定开设了独立的工会银行账户，保证了工会经费的专款专用。但相比于学校整体资金池，工会的资金体量不大，业务也相对简单，许多高校财务部门对工会财务工作不够重视，几乎没有高校能够做到设置专门的工会财务机构和配备专职的工会财务人员，工会财务仍然是由学校行政财务代理记账，工会财务人员仍然是由学校财务人员兼任。虽然财政部颁布的《工会会计制度》中对工会财务管理工作进行了规范，但是工会财务人员的业务水平普遍不高，缺乏相应的工会财务知识，很多高校的工会会计仍然只有1人，要同时兼任工会账务的审核、复核、记账、结账、预决算编制和财务报告提供工作，有的高校工会财务人员变动频繁，导致工会财务工作缺乏延续性，大部分高校都没有系统的工作绩效考评机制，工会财务人员积极性不高。

（二）工会经费拨缴不及时、不足额

《基层工会经费收支管理办法》（总工办发〔2017〕32号）中明确：我国高校的工会经费收入范围包括会费收入、拨缴经费收入、上级工会补助收入、行政补助收入、事业收入、投资收益和其他收入，其中会费收入和拨缴经费收入是主要来源。工会会员按照本人工资收入的0.5%缴纳的会费一般是从高校教职工的工资中代扣，高校行政财务按全部教职工工资总额的2%依法向工会拨缴的经费中的留成部分构成拨缴经费收入。有的高校对工会工作不够重视，拨付会费和拨缴经费都不及时，经常是工会财务人员不断地催促行政财务人员，也很难将经费全额拨缴到位。每所高校计拨工会经费的基础也不一致，有的高校以岗位工资+薪级工资为基础计拨工会经费，有的高校以岗位工资+薪级工资+岗位津贴等部分绩效工资为基础计拨工会经费，经费拨缴的不足额限制了工会经济活动的正常开展。

（三）工会经费预算编制不合理，预算执行情况不好

我国高校工会经费的预算编制普遍采用增量预算法，即以上一年度决算报表数据为基数加上一定的增长因素来编制下一年度的预算报表。[1]这种方法使得工会经费支出逐年增加，往往忽略了实际工作情况需要，造成了各项资金的大量浪费。有的高校直接照抄上一年度决算报表数据，导致所编制的预算严重脱离实际情况。在工会经费预算执行过程中，相关部门缺乏有效监督，有些活动没有严格按照预算处理会计业务，严重超支从而挤占其他活动

---

〔1〕 参见金孝娟："试论工会会计风险及其管理对策"，载《财经界（学术版）》2013年第15期。

经费，导致其他活动无法按预算进行，而有些活动却因为种种原因不能举办，预算无法执行，各种因素导致工会经费的开支随意性较大。

（四）工会财务管理制度不完善、经费核算不规范

第一，在购买相关物品时，发票上没有开具物品明细，要么就没有附上税控机打的物品明细清单，要么就手写一份物品明细清单；第二，有些活动产生的奖品支出并没有按照规定在记账凭证中附上本人签名的奖品领用单；第三，在购入活动奖品时，没有及时入账导致了账外资产的发生；第四，在购买大额物品时以现金支付，不使用支票或者通过银行汇款转账支付，为了规避规定要求，同一笔业务拆分开具发票，造成发票的连号或者跳号；第五，购买的固定资产入行政固定资产账，工会没有自己的固定资产台账，没有定期进行资产盘查，有些资产已经报废也没有办理相应的处置手续，资产损毁丢失情况严重，资产账实严重不符。

（五）工会经费内部控制管理薄弱，缺乏真正有效监督

我国高校工会经费遵循财务"一支笔"审批原则，各项收支已实行了工会委员会集体领导下的主席负责制，按照"三重一大"要求，重要事项决策、重要项目安排和大额资金的使用都实现了集体研究决定。但是大多数高校工会负责人不懂财务，对内部控制制度建设也缺乏相关了解，工会经费审查委员会缺乏对工会经费使用情况的内部会计监督和预算执行情况的审查审计监督，没有真正发挥其职能，只是负责在年度预决算中签字，工作流于形式，内控制度形同虚设。

（六）工会财务管理信息化建设落后

我国高校工会财务的信息化管理比较落后，大部分高校的经费报销流程仍停留在由经办人先提交领导审批好的报销单据给工会财务人员，再由财务人员审核无误后做账结算的阶段，而报销结算方式也停留在传统的现金结算和银行支票转账支付上，大大降低了财务工作效率和工作的透明度，也容易滋生官本位思想，使得财务报销工作具有时滞性，无法满足新时代财务工作的需要。

二、新形势下加强和改进我国高校工会财务管理的对策

（一）重视工会财会队伍建设，提高专业水平

我国高校应设置专职的工会财务人员，必须持证上岗并定期轮岗，实行

职责划分和授权控制，强调不相容职务的职责。提高工会财务人员的职业道德修养水平，在提高会计基础业务能力的基础上，通过举办专题讲座、召开座谈会和开办培训班等方式加大对工会财务人员的系统培训，不断更新财务人员的知识结构，逐步提高财务人员的专业水平。通过建立多指标的工作绩效考评制度，更好地调动工会财务人员的工作积极性。

（二）强化工会经费的拨缴管理

我国高校工会要积极争取各级领导的关心支持和理解，加大宣传力度，采取多种形式宣传工会经费的计拨依据、范围和标准，认真落实高校行政按全部教职工工资总额的2%向工会足额拨缴经费的要求，以保证工会经费收入能够随着教职工收入的增加而增加，为工会各项经济活动的顺利开展提供强有力的资金保障。

（三）科学合理编制工会经费预算，加大预算执行力度

我国高校应采用零基预算法编制工会经费预算，根据工会本年度的工作计划以收取的工会收入总额来确定年度预算中的各项支出，建立以项目管理为核心的预算管理模式，在职工最关心的突出问题上加大投入，向服务职工、维护权益方面倾斜，有支出定额的项目按照定额计划编制预算，以更好地利用工会资金。同时，还应该加大工会经费预算的执行力度，在预算"一上一下"和"二上二下"后，高校工会主席要及时向预算执行人传达并解释预算的指导思想和内容，在工会财务人员进行会计核算时必须严格遵守预算，严禁无预算支出，如果预算年度没有重大支出，不允许年度决算时有赤字出现，同时要向工会负责人定期汇报预算执行情况，以便及时改进和调整工会相关工作。建立考评工会经费预算执行的绩效管理目标制度，实时跟踪工会经费的使用情况，充分分析预算执行实际效果和预算目标之间差异形成的原因，为以后的预算编制提供依据。

（四）建立现代化工会财务管理制度并狠抓落实

我国高校应按照中共中央、国务院关于厉行勤俭节约反对奢侈浪费的有关规定，建立工会现代化财务管理制度，严肃财经纪律，实现工会经费精细化管理。

第一，对开具内容不全、有涂改的发票或者假发票，财务人员坚决不能入账报销；第二，工会开展活动购入的奖品应在活动结束后及时入账，并且附上齐全的奖品领用单等附件；第三，严格控制大额现金支付，同时减少以现金支付结算业务，转为银行转账支出，大力推广使用公务卡，降低资金风

险；第四，统一工会财务支出的标准，如困难职工的慰问金标准；第五，定期做好高校工会资产的清查工作，对无偿调入或捐赠的资产要及时入工会固定资产账，对于固定资产的盘盈或盘亏严格履行报批手续。

（五）完善工会经费管理内部控制体系建设，加大监督力度

首先，工会经费审查委员会作为高校工会经费的主要监督机构，不能只在每年年初审查经费的预决算报表，应该定期或不定期地对高校工会的所有经济活动发生的收支情况做出全面检查，为工会财务信息的完整、真实和工会经费的安全保驾护航；其次，高校工会主席每年在全校教职工代表大会上所作的《工会财务工作报告》中应全面阐述工会当年的财务收支情况，充分利用基层工会的资源优势，提高工会经费使用的透明度，建立工会经费收支信息公开制度，主动接受全体教职工的监督审议；第三，高校审计部门作为内部审计监督机构要认真监督工会的各项经济活动，特别是工会主席、副主席的经济责任审计工作。

（六）加快工会财务管理信息化建设，提高财务管理水平

我国高校工会要密切联系学校行政财务部门，充分借鉴行政财务多年积累的丰富经验，虚心接受行政财务给予的指导，使学校整体财务管理水平得到进一步提高。可以设立专项经费来提高工会财务的硬件和软件水平，加强财务人员的学习培训，提高他们的业务技能。高校之间要加强校际沟通，通过工会论坛、会议等方式分享各自在财务管理信息化工作上的宝贵经验，取长补短，携手提高高校工会财务管理信息化工作水平。

第一，可以在新中大工会软件的基础上嵌入凭证扫描系统，既可以保证财务数据查询、调阅、存储工作的高效性，又可以免去翻阅原始凭证带来的凭证磨损和降低使用寿命；第二，可以创建"网上预约报销系统"，避免报账高峰时期的"排长龙"现象；第三，可以与工会账户开户银行合作网银支付专网平台，将传统的领用支票支付对方单位结算方式升级为网银对公转账支付；第四，充分利用微信公众号等网络资源宣传各种政策，扩大服务职能，将传统的单向沟通变为多向沟通；第五，加快升级改版工会网站页面，及时更新相关财经法律法规和财务制度，使整个工会财务系统的信息传递更加及时高效，增加工作的透明度，便于广大教职工对工会财务工作进行监督和检查。

高校工会物资采购现状及路径探析

招投标及采购管理办公室　黄　婕　朱　莎

摘　要： 高校工会的一项重要职能和工作任务就是增强群众性，提高服务工作质量，强化教职工的幸福感和获得感，更好满足教职工美好生活需要。而工会福利物资的发放正是强化教职工幸福感和获得感，更好满足教职工美好生活需要的一项重要手段。在中央出台八项规定，反腐倡廉的大背景下，探索一条高效、便捷、规范、阳光的高校工会物资采购路径有着重要的理论和现实意义。

关键词： 高校工会；物资采购

《工会法》第 2 条第 1 款规定工会是职工自愿结合的工人阶级的群众组织，而高校工会就是按照国家法律规定建立的教职工自愿结合的工人阶级的群众组织。高校工会的一项重要职能和工作任务就是增强群众性，提高服务工作质量，强化教职工的幸福感和获得感，更好地满足教职工美好生活需要。而工会福利物资的发放正是强化教职工的幸福感和获得感，更好地满足教职工美好生活需要的一项重要手段。在中央出台八项规定、反腐倡廉的大背景下，探索一条高效、便捷、规范、阳光的高校工会福利物资采购路径有着重要的理论和现实意义。

一、高校工会物资采购内容和特点

高校工会物资采购，是指维持工会工作正常运转所需的零星采购、举办大型活动所需物资采购以及法定节假日慰问工会会员的慰问品采购等。经费来源主要包括工会经费、会费、学校专项经费。其中，维持工会工作正常运转所需的零星采购，一般内容杂、金额较小；举办大型活动所需的物资采购，由于各高校组织的工会活动不尽相同，因此需要根据每次活动的内容和人数进行专项采购；法定节假日慰问工会会员的慰问品采购，则需要综合考虑工会会员的需求，例如，是以蛋糕卡的形式还是以直接采购实物的形式，或者是直接联系供应商，让会员根据自己需求在供应商处自行选取物品。总之，工会物资采购有着内容繁多、需求的个性化高、采购时效性强等鲜明特点，如何进行针对性的采购，是一个值得探讨的问题。

二、高校工会物资采购现状

2017 年，中华全国总工会办公厅印发《基层工会经费收支管理办法》（总工办发〔2017〕32 号），其中明确规定："基层工会逢年过节可以向全体会员发放节日慰问品……节日慰问品原则上为符合中国传统节日习惯的用品和职工群众必需的生活用品等，基层工会可结合实际采取便捷灵活的发放方式。"这从制度层面保证了工会福利物资发放的合法性。但是，对于工会福利物资如何采购，该办法并未作出明确规定。目前，高校工会福利等物资采购量因高校规模不同而不尽相同，采购量大约在年均 100 万元～400 万元，而采购方式也是各有特点，并无统一标准。

当前高校工会物资采购根据采购金额、采购物资的种类等因素的不同，采用直接购买、公开招标、集体综合比较+商务谈判、比选、竞争性磋商、单一来源采购等多种方式采购。笔者通过中国政府采购网查找，2020 年 11 月～2021 年 11 月，搜索到 16 所大学工会 19 项物资采购公告（见表 1，因搜索关键字的因素，搜索结果可能未能穷尽），涉及总金额约 3468 万元，其中采用公开招标方式 8 项（占 42.10%），磋商 7 项（占 36.84%），单一来源、公开比选、遴选各 1 项（各占 5.26%）。从采购内容来看，主要是节日慰问品和生日蛋糕，其中生日蛋糕 8 项（占 42.10%），节日慰问品 10 项（占 52.63%），补充医疗保险 1 项（占 5.26%）。从采购金额上看，100 万元以上 13 项（占 68.42%），50 万元～100 万元 4 项（占 21.05%），50 万元以下 1 项（占 5.26%）。从上述数据可以看出，高校工会物资采购主要以节日慰问品及会员生日慰问品为主，涉及金额较大的均采取公开招标、磋商、比选等公开方式，采购路径较为规范。

表1　中国政府采购网高校工会物资采购公告汇总表

序号	学校	采购内容	采购金额（万元）	采购方式
1	南开大学	蛋糕券	138	公开招标
2	北京语言大学	生日蛋糕	37.9	公开招标
3	大连海事大学	元旦、春节慰问品	67.5	磋商
4	中南大学	国庆节福利物资"定点帮扶"	180	单一来源
5	同济大学	教师节及国庆、中秋节慰问品	198	公开招标
6	同济大学	教师补充医疗保险	612	公开招标
7	江西科技师范大学	生日慰问品（蛋糕券）	68.1	公开比选
8	上海交通大学	生日蛋糕券	190	磋商
9	南开大学	蛋糕券	138	磋商
10	上海电力大学	元旦、春节慰问品	——	磋商
11	上海工程技术大学	端午节慰问品	51.96	磋商
12	北京中医药大学	节日慰问品供应商	90	比选
13	上海理工大学	节日慰问品供应商	254	公开招标
14	西北民族大学	元旦、春节慰问品	178	公开招标
15	重庆大学	生日蛋糕券	162	磋商
16	广州大学	节日慰问品和生日蛋糕券	413	公开招标
17	西安交通大学	生日蛋糕	130	磋商
18	同济大学	节日福利采购供应商	410	公开招标
19	福建中医药大学	节日慰问品统一采购供货单位	140	遴选

三、高校工会物资采购存在的问题

（一）缺少全国性工会物资采购法律和政策规范

2017年中华全国总工会办公厅印发的《基层工会经费收支管理办法》只是为高校工会福利物资的发放确定了合法性，然而对于工会物资如何采购，却没有制定细化的操作性规定，这项工作仍处于探索、发展和完善阶段，这也使高校工会组织面临着物资采购路径选择的难题。作为实际操作采购过程的工会工作人员，由于不具备专业的采购素养，成为供应商不择手段拉拢腐蚀的对象，也面临着一定的道德甚至法律风险。

（二）工会物资采购制度缺失

随着近些年高校的不断发展，高校物资采购规模的日益增大，高校物资采购制度也在逐步建立，但是对于工会物资采购这一特殊领域却多数未能建立起相应的采购制度规范，有的高校工会物资采购未纳入高校采购管理范畴，而有的高校工会物资采购虽然纳入了高校采购管理的范畴，却没有针对工会物资采购特点专门制定相应的规章制度，使得在实际采购过程中仍然是无制度可依，从而导致采购方式不明确，公开采购的功能没有很好地发挥。

笔者通过搜索引擎进行网络搜索，发现绝大多数高校都制定了采购管理制度，但是针对高校工会物资采购制定专门制度的高校却寥寥无几。通过搜索，笔者共搜索到 18 所高校制定了工会物资采购相关制度（见表2）。南昌大学建立工会物资采购制度最早（2011 年建立），而其他高校都是近几年才制定了工会物资采购制度。其中 2020 年建立工会物资采购制度的高校有 5 所，2019 年有 4 所，2018 年有 4 所，近几年建立相关制度的高校较多，说明近年来高校工会物资采购受到了越来越多高校的关注，各高校也意识到了工会物资采购制度的缺失。

表 2　高校工会物资采购制度汇总表

序号	学校	制度名称	制定时间	是否成立工会物资采购工作小组
1	中国农业大学	中国农业大学工会物资采购实施细则（暂行）	2016 年	否
2	中国政法大学	中国政法大学工会物资采购实施细则	2020 年	是
3	北京语言大学	北京语言大学工会物资采购管理办法	2020 年	否
4	北京理工大学	北京理工大学工会物资采购管理办法	2020 年	是
5	兰州大学	兰州大学工会采购管理办法	2018 年	否

续表

序号	学校	制度名称	制定时间	是否成立工会物资采购工作小组
6	浙江大学	浙江大学工会大宗物品及服务采购管理规定	2019年	否
7	南昌大学	南昌大学工会物资采购与发放管理暂行规定	2011年	是
8	西安电子科技大学	西安电子科技大学工会福利采购工作规定	2014年	是
9	湘潭大学	湘潭大学职工生活福利物资采购管理办法	2016年	是
10	南华大学	南华大学工会物资采购管理暂行办法	2018年	是
11	西北农林科技大学	西北农林科技大学工会物资采购管理办法（试行）	2019年	是
12	中南林业科技大学	中南林业科技大学工会物资采购管理暂行规定	2017年	是
13	山西农业大学	山西农业大学工会集中采购管理办法（试行）	2020年	是
14	浙江传媒学院	浙江传媒学院工会采购管理办法	2018年	否
15	亳州学院	亳州学院工会福利及活动奖品采购管理办法（试行）	2020年	是
16	湖南工学院	湖南工学院工会物资采购暂行办法	2019年	是
17	龙岩学院	龙岩学院工会福利物品采购管理办法	2018年	是
18	济宁医学院	济宁医学院工会物资采购管理暂行办法	2019年	是

（三）工会物资采购流程不够规范

目前我国高校工会物资采购管理流程很不规范，制度的缺失导致多数高校工会物资采购活动从立项、预算编制、采购计划制定到采购方式的选择这几项关键活动运作过程不够规范，透明度不高。由于工会所采购的物资主要是传统节日慰问品和必要生活用品的通用货物类，市场竞争比较激烈，而采购流程的不规范、不透明，也为违规操作提供了空间。有些高校工会物资分散到各个二级工会自主采购，虚假采购时有发生，如发票与实物不符、发放购物卡、到实体店多次任意签名选物、全年福利一次性发放等，造成了工会经费浪费和损失。

（四）工会物资采购人员专业程度不足

工会物资采购是一项专业性很强的工作，采购人员不仅要具备和掌握相当的专业知识和技能，还要具有强烈的事业心和责任感。目前，大部分高校工会物资采购工作仍是由工会工作人员承担，他们对采购流程不熟悉，理解有限，对采购政策的认识不全面，难免会有偏差，违反相关的制度规定或者采购程序的现象时有发生，甚至存在不少预算外泄等严重问题。此外，缺乏专业性培训及采购策略，与相同专业人员沟通较少，导致高校工会物资采购人员提升知识与专业强化较为困难，进而影响了采购队伍整体专业素质提升，也难以保证采购的效率和质量。

四、高校工会物资采购路径探索

（一）建立健全工会物资采购制度

制度是采购的依据，为顺利达成采购的目的，高校应针对工会物资采购的特点，结合本校采购管理的相关制度以及工会物资采购实际，建立健全工会物资采购制度，将工会物资采购纳入学校统一采购管理系统，对物资采购各环节的权力运行加以规范，做到"宽而有制，放而不流"。同时，建立相应的工会物资采购工作机构，划分明确的职责，成立工会物资采购工作小组，负责集体研究决定工会物资采购管理工作。在笔者搜索到的18所高校制定的工会物资采购制度中，成立工会物资采购工作小组的多达13所（见上表2），占72.22%。有了完善的采购制度和集体领导机制，才能确保工会物资采购程序的合法、规范和高效。

（二）加强工会物资采购预算和采购计划管理

采购过程中，对资金的预算是开始采购的第一枪，预算是否合理，直接影响到采购执行的全面落实。在高校工会物资采购的实践中，往往存在因采购预算和采购计划工作没有做好，造成采购时间不足、采购方式不规范等一系列问题。因此，将采购程序前置，加强采购预算和采购计划管理是十分必要的。工会采购工作人员应在每年年初根据工会工作的相关计划，在进行充分论证和调研的基础上切实做好采购预算和采购计划的编制，做到心中有数，每一项采购都有明确的时间表，便于在采购实施过程中选择合适、规范的采购方式，顺利完成采购任务。

（三）构建高效、规范、便捷、阳光的工会物资采购路径

高校工会物资采购，应以规范化思想理念为导向，本着公开、公正、高效、便捷的原则，构建适合工会物资采购特点的规范化采购路径，不断更新采购理念，优化采购模式，提高工会物资采购工作质量。高校工会物资采购主要以节日慰问品和大型活动奖品为主，此类物资往往单价低，但由于数量多而总金额高。高校工会可根据自身实际需要，参照政府采购的相关规定，探索一条适合本校实际的采购路径。比如：根据采购金额的大小，采取不同的采购路径，抓大放小，对于小额采购，可由工会工作人员、教师代表等组成的采购小组，通过询价、比价程序进行。对于大额采购，可参照政府采购相关规定，进行公开招标。无论采用何种采购路径，最终都是为了确保采购程序的合法、规范与高效，达到采购质量可靠、价格实惠、过程透明的效果。

（四）提高工会物资采购工作人员专业化水平

工会物资采购是一项政策性极强的工作，采购人员的专业化水平直接影响着采购的顺利进行。专业化的工会物资采购专业人员，不但应该熟悉所采购的节日慰问品、活动奖品等物资的性能和价格，还应了解相应供货商的资质、运输、存储、配送等情况，同时对采购制度和操作流程了如指掌，具备专业采购能力。这样才能保障工会物资采购的安全底线，最终形成科学、合理、安全的采购方案。此外，高校工会还应注重采购人员专业素养、服务意识、法律意识、廉洁自律意识等方面的培训，不断提升采购人员的专业能力和水平，实现规范采购。

参考文献：

〔1〕陈世香、万维纳："高校福利发放政策执行有效性的影响机制：一个多案例比较的视角"，载《领导科学论坛》2019年第15期。

〔2〕冉红："工会福利品阳光采购及发放模式探讨"，载《中国招标》2017年第46期。

〔3〕冉红："高校工会福利品采购问题及对策"，载《会计师》2021年第6期。

基于预算管理的高校工会经费绩效评价研究

财务处　张文博

摘　要： 近年来，依照国家关于全面实施预算绩效管理意见的要求，各单位积极地探寻政策落地的实操方案。高校的工会经费是开展各项活动的前提和基础，经费管理的绩效影响着工会的职能发挥和在校教职工的福利。本文首先阐述高校工会实施绩效评价的意义，其次，以预算流程为线索分析了高校工会经费实施预算绩效实践中的薄弱点，最后，据此提出相应的对策，包括优化绩效评价的应用环境、强化事前评估和目标管理、坚持事中全面跟踪、夯实评价工作和有效运用结果。

关键词： 高校；工会经费；绩效评价

高校工会经费是学校工会开展各项团队活动、维护教职工权益的重要物质支撑和经济保障。随着国家层面关于预算和绩效改革的不断深入，高校的工会经费管理也面临着新的挑战，如何让有限的经费聚力增效，最大程度地发挥工会的服务效能，提升教职工对工会机构的满意度，值得工会人员队伍探索和深思。

一、高校工会实施预算绩效评价的意义

从《中华人民共和国预算法》到十九大报告，绩效已经成为我国预算改革的主旋律。2018 年中共中央国务院出台了《关于全面实施预算绩效管理的意见》，提出了全面实施预算绩效管理的总体安排，要求加快建成全方位、全过程、全覆盖的预算绩效管理模式。2020 年中华全国总工会办公厅印发了《工会预算管理办法》，首次以制度的形式明确要求工会预算应当讲求绩效。

新的预算管理办法为工会经费注入了"绩效"的新思想，是贯彻落实国家关于预算绩效顶层设计的政策要求、力求提升工会服务质量的重要体现。对高校工会经费而言，绩效评价凸显出深刻的意义。

一是在高校工会经费规模不断扩大、财力紧张的大环境下，绩效评价能够为管理层提供决策依据，科学合理地规划有限的经费，减少无效低效支出，提升资金的使用效益。

二是将绩效目标设置、绩效监督、绩效评价及结果运用嵌入预算编制、预算执行、预算考核各环节，建设基于产出效益为导向的预算管理体系，能够从源头上强化工会经费预算管理，规范预算的约束力和严肃性。

三是对工会预算实施绩效评价能够科学合理地确定工会经费年度收支计划。绩效评价结果能够清晰地呈现上一年度预算整体情况，包括经费执行是否锁定目标不偏离、是否取得预期的效果、是否真正保障教职工利益等。通过比对绩效目标和评价结果，有助于优化经费安排、提高工会部门的管理水平和治理能力。

二、高校工会经费预算绩效评价管理存在的问题

根据实际调研发现，落实绩效评价管理存在诸多难点。高校工会在各预算流程中绩效评价工作存在的问题如下：

（一）绩效评价的应用环境

一是组织架构单一。工会财务负责预算和绩效评价全过程。从业务性质角度看，预算和绩效评价工作的综合性强，仅由某个科室承担任务，不能保证工作的专业性、全面性、规范性；从内部控制角度看，管理体系、责权分配、操作流程不能够相互制衡、彼此监督。

二是缺少管理层面的制度约束。推行改革，制度必然先行。尽管国家层面的预算绩效管理框架已经搭建，但适合学校工会自身状况的制度建设工作尚未启动。尤其高校的工作人员对规章制度的要求和依赖程度较高。因此，将绩效评价固化于制，对规范预算绩效管理工作意义重大。

（二）预算编制环节

1. "事前"评估不充分

绩效目标是工会经费的指南针，工会应当依照已设定好的绩效目标有序开展业务活动和专项活动，确保经费高质量、可持续的发展。然而，某些二

级工会绩效意识淡薄，只关注能争取多少经费，不重视项目是否可行、是否符合成本效益原则，没有经过严谨的测算和论证盲目申报项目，造成"钱等事"、事和钱"分家"、绩效目标脱离实际、产出效果欠佳的后果。

2. 文本质量低

在实际工作中存在目标、指标设置随意等行为，比如只填写简单的"满意度指标"，或者将绩效指标中三级指标和指标值照搬到绩效目标；延续性项目的指标与往年没有可比性、年度指标与项目长期整体的目标不匹配；实施方案和绩效目标没有对应等。

3. 预算执行环节

（1）只过度关注预算执行进度。项目是否按计划使用经费、是否偏离预先设定的目标等情况没有纳入控制范围。虽然决算阶段进行年终考评，但经费已经全部支出，"秋后算账"致使预算控制流于形式。

（2）业财融合程度不高。高校工会经费涉及的业务多样，仅仅依靠财务人员监控或分析绩效目标的实现程度，局限性较大。

（3）预算调整不规范。在调整预算时，工会仅要求说明预算调整的金额和详细事由，但缺少了绩效目标和指标的申报环节。

4. 预算考核环节

每年年末工会只总结项目的预算资金执行情况，作为下一年预算分配的参考，尚未建立完善的绩效评价体系和问责激励机制，造成实际支出与申报目标差距大的现象。

三、加强工会经费预算绩效评价的建议

针对问题，结合工作实际，提出改进工会经费预算绩效评价工作的措施建议。

（一）优化绩效评价的应用环境

一是健全管理机制，明晰责任权限。高校工会应成立绩效评价工作机构，主要负责绩效评价制度和细化方案的拟定、统筹和指导绩效考评的实施、评价报告的编制等。机构成员还要包括审计、人事、教学、科研、资产等业务部门人员，充分发挥协同作用。[1]

二是建章立制，构建制度体系。根据上级部门"全面实施预算绩效管理"

---

〔1〕 参见财务部会计资格评价中心：《高级会计实务》，经济科学出版社2020年版。

的意见要求，学校工会结合自身的办学特色，量身制定绩效评价制度，使未来工作有据可循。制度应明确绩效评价的决策机构、工作机构、执行部门的权责，制定绩效目标和指标的编制要求、制定绩效监控及评价执行方案等。

（二）强化事前评估、重视目标管理

一是提升绩效认知度，综合考虑发展需求和已有项目后再编制预算。延续性项目坚持非必要不新增；新增专项要经过申报单位的严格论证，避免边界模糊、目标重叠的项目。另外，绩效评价工作机构组织或委托归口部门评审校内项目绩效目标的合理性、绩效指标的科学性、实施方案的可行性和支出计划的合规性。

二是建立工会经费预算绩效评价多维度指标库。高校工会的业务覆盖多项活动，学校工会应梳理绩效指标，根据项目特征实际分别设计三级绩效指标库，避免二级工会选取指标的盲目和任意。

（三）事中全面跟踪、持续管理

学校工会要打破只关注预算执行率的传统，全面监控绩效目标的完成进度和资金的使用效益。对于重点项目，要实时跟踪；对于非重点项目，要定期分析总结，发现问题。绩效评价工作机构要及时采取措施督促二级分工会校验整改，例如停止报销，或将未完成阶段性目标的经费收回，用于支持其他急需的项目等。学校也要加快工会财务管理的信息化建设，提升工作效率和准确度。此外，对于预算调整事项，应要求提交额度调整说明的同时填写绩效目标和指标，目标和指标经审核通过的，方可继续申请调整预算。为保证运行监控的独立性和专业性，必要时可以引入校外专家或事务所，并及时公开评估结果。

（四）夯实绩效评价工作、有效运用评价结果

绩效评价的内容不仅涵盖执行率，而且还有绩效目标的完成程度、资金使用产生的效果、各分工会预算组织管理水平等，以期评价工作更加全面、客观、公允。在实施绩效评价的初级阶段，高校工会以自评方式为主，要求二级工会提供详实的资金使用、管理、产出的自评资料，并据此认真分析绩效管理中的薄弱点，及时改进以后年份的预算绩效申报工作。对于重点项目，应由被评价项目相关领域的匿名专家组抽查复评。绩效评价工作机构将评价信息列入评价工作簿，作为预算安排的支撑。本文认为真实有效的工会经费预算绩效自评流程应如下图所示。

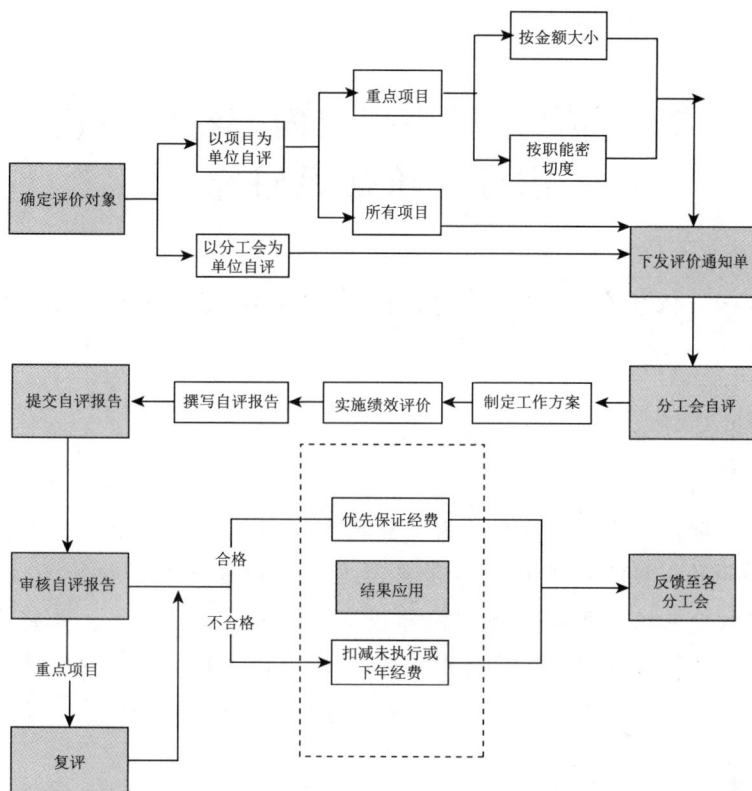

另外，在适当范围内公开绩效评价结果，广泛征求教职工的意见和建议，增加工会会员的参与度和积极性，不但让工会经费支出更加透明，而且无形中形成激励约束，促使低效部门花好钱、办好事、增强绩效管理能力。必须强调，只有真正运用绩效评价结果，才能防止预算和绩效两张皮，才能提升绩效评价的作用。

四、结论及建议

高校工会应该对标上级部门的政策要求，加强高位统筹，完善组织架构、建立规程；强化预算编制环节的事前绩效评估，持续跟踪预算执行环节绩效目标的实现进度，全面评价预算考核环节的预算结果。总之，要精心部署工会经费预算绩效评价工作，将绩效思维贯穿到整个预算管理链条中，真正体现工会经费的"成绩"和"效果"。

基于层次分析法高校内部经济责任审计评价体系研究

校工会　王　莹　张新梅　审计处　陈钰溪

摘　要：本文针对高校内部经济责任审计实务工作中审计评价方面存在的问题，根据被审计领导干部所在单位或原所在单位的不同性质，运用层次分析法分类构建高校内部经济责任审计评价体系，并将该体系应用在某高校工会单位领导干部经济责任审计项目中，以期健全经济责任审计工作机制，提高经济责任审计质量，进一步提升审计成果运用效能。

关键词：审计评价体系；层次分析法；高校内部经济责任审计

一、高校内部经济责任审计评价现状

经济责任审计是中国特色社会主义审计监督制度的重要组成部分，经济责任审计也是高校内部审计的重点工作。高校内部经济责任审计评价是指内部审计部门根据相关制度规范、被审计领导干部职责要求以及目标责任制考核目标，经过取证、分析、判断，得出综合性的审计结论。审计评价是经济责任审计报告的核心内容，也是经济责任审计区别于其他类型审计的重要特征，但是在高校内部经济责任审计工作实务中，审计评价存在诸多问题：

（一）审计评价方法多定性，少定量

在高校内部经济责任审计实务工作中，审计评价大多采取定性方式，很少运用定量评价的方法。内部审计部门对被审计领导干部的审计评价应当与审计内容相统一，而审计内容涉及面较广，设定定量评价指标较为复杂困难，尚未形成一套较为科学成熟的定量审计评价目标体系。另外，被审计领导干部所在单位或原所在单位性质不同，可能是教学科研单位，可能是机关部处、群团组织、教辅单位或后勤单位，也可能是学校全资或控股企业，不同性质单位审计内容和重点也不尽相同，这加重了定量审计评价指标设定的复杂和困难程度。高校内部经济责任是一项需要综合各种因素进行分析的工作，而实务工作中审计评价大多采取定性叙述的方式，主观性较强，随意性较大，不便于进行横向和纵向比较，因此也难以为高校领导班子和组织部门的相关决策、干部考核、人事任免和奖惩提供科学、直观的决策依据。

（二）审计评价内容多问题，少业绩

审计评价应包括领导干部任职期间履行经济责任的业绩、主要问题以及应当承担的责任。但在实务中，高校内部经济责任审计报告里，审计评价一般将重点落脚到审计发现的问题以及被审计领导干部应承担的责任，而对于业绩方面，审计人员通常根据被审计领导干部提供材料，简要进行文字描述。这样也导致审计报告的使用者——高校领导班子、组织部门、被审计领导干部及其所在单位或原所在单位等，一般将审计发现的问题作为重点关注内容而忽略审计评价，从而使审计评价难以发挥有效作用。2019年，中共中央办公厅、国务院办公厅印发了《党政主要领导干部和国有企事业单位主要领导人员经济责任审计规定》（以下简称《规定》），《规定》自2019年7月7日起施行，《规定》按照"三个区分开来"重要要求，贯彻落实中共中央办公厅《关于进一步激励广大干部新时代新担当新作为的意见》，强调评价要客观公正、实事求是，促进领导干部履职尽责、担当作为。目前重问题、轻业绩的审计评价理念，与党中央对经济责任审计工作促进领导干部担当作为的要求不符。

（三）审计评价指标多零散，少系统

高校内部经济责任审计实务工作中，一般采用的审计评价指标较为零散，通常是多个指标的简单罗列，各个指标之间关联性不强，缺乏结构层次，未建立系统性的审计评价体系，从而导致无法明确审计评价指标的全面性与否以及是否存在指标重复的问题，也无法体现单个指标在评价体系中的意义。因此，审计评价指标的零散性导致审计评价逻辑性较弱，使审计评价的公信力大打折扣，从而一定程度上影响了审计质量和后续审计结果的运用。

二、审计评价体系构建原则

（一）全面性原则

高校内部经济责任审计的内容应当涵盖领导干部履行经济责任的各方面，包括贯彻执行国家和学校经济方针政策、决策部署情况，推动学校教育事业发展情况，遵守有关法律法规和财经纪律情况，有关目标责任制完成情况，"三重一大"决策管理制度的建立健全和执行情况，单位预算执行、预算调整和财务收支的真实、合法和绩效情况以及风险管控情况，财政专项资金的管理使用情况，内部控制的健全和完善的执行情况，单位重大经济事项的决策、执行和效果情况，单位政府采购和国有资产管理情况，重要项目的投资、建设和管理及效益情况，国有资本保值增值和收益上缴情况，履行有关党风廉政建设第一责任人职责情况以及本人遵守有关廉洁自律规定情况，对以往审计、检查等发现问题的整改情况等。审计评价应当与审计内容相统一，因此高校内部经济责任审计的审计评价体系应该涵盖审计内容的各方面，同时审计评价指标评价的内容不能有重复，确保每一项评价指标的必要性。

（二）分类设置原则

2019年印发的《规定》根据不同单位领导干部的履职特点，确定的审计内容和重点也有所区别，分为地方各级党委和政府主要领导干部，党政工作部门、纪检监察机关、法院、检察院、事业单位和人民团体等单位主要领导干部和国有企业主要领导人员三种类型进行论述。而在高校中，内部审计部门开展中层领导经济责任审计的对象为学校所属不同类型的二级单位或学校全资或控股企业，因此，针对被审计领导干部所在单位或原所在单位的不同性质，审计评价体系分为三种情况进行指标设置，一是教学科研单位，二是机关部处、群团组织、教辅单位及后勤单位，三是学校经营性全资或控股单位。经过审计评价指标的分类设置，审计评价结果有了更强的可比性，同类别的单位可以进行更加深入的横向比较，被审计领导干部及其所在单位或原所在单位也可以从评价指标的设置中了解岗位的履职风险点。

（三）重要性原则

高校内部经济责任审计的审计评价指标应反映领导干部经济责任履行全局性情况，在众多指标中选取重要指标。高校内部经济责任审计中可以用作审计评价指标的因素众多，应当确定各指标的重要性程度，明确指标是否足够重要，以纳入审计评价体系中，如果确定纳入审计评价体系，还要确定指标之间的相对重要性，以此来确定指标权重，从而更好地体现内部审计部门的审计目的，同时也更加有利于引导被审计领导干部履职尽责、担当作为，切实贯彻中共中央办公厅《关于进一步激励广大干部新时代新担当新作为的意见》的文件精神。

（四）定量与定性相结合的原则

审计评价中的定量方法是指采用数学的方法，对被审计领导干部的经济责任履行情况的某一方面用数值进行描述和判断，相对于定性的评价方法，定量方法更加客观、标准、精确。审计评价中的定性方法是指对被审计领导干部定性评价经济责任履行情况的某一方面运用逻辑分析的方法，是对评价资料作"质"的价值判断。相对于定量的评价方法，定性方法简单易行，综合性更强，但主观性较强，受审计人员的经验能力等因素的影响。高校内部经济责任审计评价内容庞杂，有的评价内容适用定量分析方法，有的评价内容无法采用定量方法，更适用于定性分析方法，针对不同审计评价内容，高校内部经济责任审计评价体系的构建应采取定量与定性相结合的方法。

三、层次分析法的基本原理

层次分析法，简称 AHP（Analytic Hierarchy Process），是美国运筹学家、匹茨堡大学教授 SattyT. L 于 20 世纪 70 年代初，在为美国国防部研究"根据各个工业部门对国家福利的贡献大小而进行电力分配"课题时，应用网络系统理论和多目标综合评价方法，提出的一种层次权重决策分析方法。

层次分析法将与决策有关的因素分解成目标、准则、指标等层次，确定各层次评价指标的权重，形成一个多层次的分析结构模型，从而最终使决策问题归结为最低层因素相对于最高层因素的相对重要权值的确定或相对优劣次序的排定，可以用于解决经济责任审计评价这种非结构化的复杂决策问题。

运用层次分析法一般经过以下步骤：

（一）构建层次分析结构模型

分析一项决策的目标以及做出决策应当考虑的因素，并将考虑的因素进一步分解细化，厘清决策目标和各层级考虑因素的关系，构建层次分析结构模型，分为最高层、中间层和最低层，一般情况下最高层为目标层，即需要解决的问题，中间层为准则层，最低层为指标层。

（二）构造判断矩阵

构造判断矩阵采用一致矩阵法，即采用相对尺度，将因素进行两两比较，而不是同时比较众多因素，以尽可能降低不同性质的各个因素相互比较的困难程度，同时提高判断的准确性。比如针对某一层级的各因素，分别判断两两因素对上一层级因素的重要性程度，设定重要性等级并将其进行赋值，将因素两两比较的结果形成判断矩阵。

（三）特征向量，特征根计算和权重计算

计算特征向量值，由此得到权重值，同时得到最大特征根值（CI），用于下一步的一致性检验使用。

（四）一致性检验分析

在构建判断矩阵时，有可能会出现逻辑性错误，比如 A 比 B 重要，B 比 C 重要，但却又出现 C 比 A 重要。因此需要使用一致性检验是否出现问题，一致性检验使用 CR 值进行分析，CR 值小于 0.1 则说明通过一致性检验，反之则说明没有通过一致性检验。如果数据没有通过一致性检验，此时需要检查是否存在逻辑问题等，重新录入判断矩阵进行分析。

（五）层次总排序及分析

将所有指标权重分配数据进行汇总和总排序，得出指标层相对于目标层的权重值，对得出的结论进行分析和应用。

四、审计评价指标确定及层次划分

由于被审计领导干部所在单位或原所在单位的性质不同，内部审计部门开展经济责任审计评价侧重点也会有所区别，因此要根据学校所属单位或部门的性质：教学科研单位，机关部处、群团组织、教辅单位及后勤单位，以及经营性全资或控股单位，分类构建经济责任审计评价体系，并将审计评价体系分为目标层、准则层和指标层三个层次。针对教学科研单位，内部审计部门更加关注深化教育改革、人才培养质量提升情况、学科建设情况、突出办学特色、自主创新情况、社会服务情况、学生工作情况、创收情况、师资队伍建设情况、科研水平情况和财务预算执行情况等方面，机关部处、群团组织、教辅单位及后勤单位的领导干部应在优化资源配置、创新监管机制情况、推进政策落实以及提升服务质量等方面履职尽责，而对于经营性全资或控股单位，内部审计部门应当更加侧重对国有资本保值增值情况和利润缴纳情况的关注。

（一）教学科研单位

1. 目标层："领导干部经济责任履行情况"（A_{11}）；

2. 准则层：设"贯彻执行国家及学校重大财经政策和决策部署情况"（B_{11}）、"内部控制情况"（B_{12}）、"取得业绩情况"（B_{13}）和"关键事项情况（B_{14}）四个因素；

3. 指标层："贯彻执行国家及学校重大财经政策和决策部署情况"（B_{11}）下设"单位业务遵照国家及学校财经制度的情况"（C_{11}）和"领导干部个人廉洁自律情况"（C_{12}）两个评价指标，"内部控制情况"（B_{12}）下设"内部控制环境"（C_{21}）、"内部控制体系建设情况"（C_{22}）和"内部控制体系执行情况"（C_{23}）三个评价指标，"取得业绩情况"（B_{13}）下设"深化教育改革，人才培养质量提升情况"（C_{31}）、"学科建设情况"（C_{32}）、"突出办学特色，自主创新情况"（C_{33}）、"社会服务情况"（C_{34}）、"学生工作情况"（C_{35}）、"创收情况"（C_{36}）、"师资队伍建设情况"（C_{37}）、"科研水平情况"（C_{38}）和"财务预算执行情况"（C_{39}）九个指标，"关键事项情况"（B_{14}）下设"重大经济决策情况"（C_{41}）和"历史遗留问题的解决情况和以往审计或检查发现的问题的整改情况"（C_{42}）两个指标。

（二）机关部处、群团组织、教辅单位及后勤单位

1. 目标层："领导干部经济责任履行情况"（A_{11}）；

2. 准则层：设"贯彻执行国家及学校重大财经政策和决策部署情况"（B_{11}）、"内部控制情况"（B_{12}）、"取得业绩情况"（B_{13}）和"关键事项情况（B_{14}）四个因素；

3. 指标层："贯彻执行国家及学校重大财经政策和决策部署情况"（B_{11}）下设"单位业务遵照国家及学校财经制度的情况"（C_{11}）和"领导干部个人廉洁自律情况"（C_{12}）两个评价指标，"内部控制情况"（B_{12}）下设"内部控制环境"（C_{21}）、"内部控制体系建设情况"（C_{22}）和"内部控制体系执行情况"（C_{23}）三个评价指标，"取得业绩情况"（B_{23}）下设"优化资源配置情况"（C_{51}）、"创新监管机制情况"（C_{52}）、"推进政策落实情况"（C_{53}）和"提升服务质量情况"（C_{54}）四个指标，"关键事项情况"（B_{14}）下设"重大经济决策情况"（C_{41}）和"历史遗留问题的解决情况和以往审计或检查发现的问题的整改情况"（C_{42}）两个指标。

（三）经营性全资或控股单位

1. 目标层："领导干部经济责任履行情况"（A_{11}）；

2. 准则层：设"贯彻执行国家及学校重大财经政策和决策部署情况"（B_{11}）、"内部控制情况"（B_{12}）、"取得业绩情况"（B_{13}）和"关键事项情况"（B_{14}）四个因素；

3. 指标层："贯彻执行国家及学校重大财经政策和决策部署情况"（B_{11}）下设"单位业务遵照国家及学校财经制度的情况"（C_{11}）和"领导干部个人廉洁自律情况"（C_{12}）两个评价指标，"内部控制情况"（B_{12}）下设"内部控制环境"（C_{21}）、"内部控制体系建设情况"（C_{22}）和"内部控制体系执行情况"（C_{23}）三个评价指标，"取得业绩情况"（B_{33}）下设"国有资本保值增值情况"（C_{61}）和"利润缴纳情况"（C_{62}）两个指标，"关键事项情况"（B_{14}）下设"重大经济决策情况"（C_{41}）和"历史遗留问题的解决情况和以往审计或检查发现的问题的整改情况"（C_{42}）两个指标。

五、构造比较判断矩阵并确定指标权重值

在构建的层次结构模型基础上，采用一致矩阵法，将模型中的所有因素两两比较，并按相对重要性程度采用"1-9"标度法评定等级，a_{ij}表示因素 i 和因素 j 的重要性比较结果，重要性等级和赋值如下表所示：

表1　"1-9"标度法比例标度表

因素 i 比因素 j	量化值 a_{ij}
同等重要	1
稍微重要	3
较强重要	5
强烈重要	7
极端重要	9
两相邻判断的中间值	2，4，6，8

将两两比较的结果构成判断矩阵，对应于判断矩阵最大特征根 λmax 的特征向量，经归一化（使向量中各元素之和为 1）后记为 W。W 的元素为同一层次元素对于上一层因素某因素相对重要性的排序权值，这一过程称为层次单排序。

准则层相对于目标层形成判断矩阵 X_{11} 如下所示：

$$X_{11} = \begin{pmatrix} 1 & 2 & 3 & 4 \\ 1/2 & 1 & 2 & 3 \\ 1/3 & 1/2 & 2 & 3 \\ 1/4 & 1/3 & 1/2 & 1 \end{pmatrix}$$

因素 B_{11}、B_{12}、B_{13} 和 B_{14} 权重值分别为：0.4668、0.2276、0.1603 和 0.0953，判断矩阵 X_{11} 的最大特征根 $\lambda max = 4.0310$。

因素"贯彻执行国家及学校重大财经政策和决策部署情况"（B_{11}）下指标层相对于 B_{11} 形成判断矩阵 Y_{11} 如下所示：

$$Y_{11} = \begin{pmatrix} 1 & 2 \\ 1/2 & 1 \end{pmatrix}$$

因素 C_{11} 和 C_{12} 权重值分别为：0.6667 和 0.3333，判断矩阵 Y_{11} 的最大特征根 $\lambda max = 2.0000$。

因素"内部控制情况"（B_{12}）下指标层相对于 B_{12} 形成判断矩阵 Y_{12} 如下所示：

$$Y_{12} = \begin{pmatrix} 1 & 1/2 & 1 \\ 2 & 1 & 1 \\ 1 & 1 & 1 \end{pmatrix}$$

因素 C_{21}、C_{22} 和 C_{23} 权重值分别为：0.2599、0.4126 和 0.3275，判断矩阵 Y_{12} 的最大特征根 $\lambda max = 3.0536$。

教学科研单位的审计评价体系中因素"取得业绩情况"（B_{13}）下指标层相对于 B_{13} 形成判断矩阵 Y_{13} 如下所示：

$$Y_{13} = \begin{pmatrix} 1 & 1 & 7 & 4 & 5 & 8 & 2 & 3 & 6 \\ 1 & 1 & 7 & 4 & 5 & 8 & 2 & 3 & 6 \\ 1/7 & 1/7 & 1 & 1/4 & 1/3 & 2 & 1/6 & 1/5 & 1/2 \\ 1/4 & 1/4 & 4 & 1 & 2 & 5 & 1/3 & 1/2 & 2 \\ 1/5 & 1/5 & 3 & 1/2 & 1 & 4 & 1/4 & 1/3 & 2 \\ 1/8 & 1/8 & 1/2 & 1/5 & 1/4 & 1 & 1/7 & 1/6 & 1/3 \\ 1/2 & 1/2 & 6 & 3 & 4 & 7 & 1 & 2 & 5 \\ 1/3 & 1/3 & 5 & 2 & 3 & 6 & 1/2 & 1 & 4 \\ 1/6 & 1/6 & 2 & 1/2 & 1/2 & 3 & 1/5 & 1/4 & 1 \end{pmatrix}$$

因素 C_{31}、C_{32}、C_{33}、C_{34}、C_{35}、C_{36}、C_{37}、C_{38} 和 C_{39} 权重值分别为：0.2 499、0.2 499、0.0 260、0.0 788、0.0 538、0.0 188、0.1 700、0.1 159 和 0.0 370，判断矩阵 Y_{13} 的最大特征根 $\lambda max = 9.3 362$。

机关部处、群团组织、教辅单位、后勤单位审计评价体系中因素"取得业绩情况"（B_{23}）下指标层相对于 B_{23} 形成判断矩阵 Y_{15} 如下所示：

$$Y_{15} = \begin{pmatrix} 1 & 1/2 & 1/4 & 1/3 \\ 2 & 1 & 1/3 & 1/2 \\ 4 & 3 & 1 & 2 \\ 3 & 2 & 1/2 & 1 \end{pmatrix}$$

因素 C_{51}、C_{52}、C_{53} 和 C_{54} 的权重值分别为：0.0 953、0.1 603、0.4 668 和 0.2 776，判断矩阵 Y_{15} 的最大特征根 $\lambda max = 4.0 310$。

经营性全资或控股单位审计评价体系中因素"取得业绩情况"（B_{33}）下指标层相对于 B_{33} 形成判断矩阵 Y_{16} 如下所示：

$$Y_{16} = \begin{pmatrix} 1 & 2 \\ 1/2 & 1 \end{pmatrix}$$

因素 C_{61} 和 C_{62} 的权重值分别为：0.6 667 和 0.3 333，判断矩阵 Y_{16} 的最大特征根 $\lambda max = 2.0 000$。

因素"关键事项情况"（B_{14}）下指标层相对于 B_{14} 形成判断矩阵 Y_{14} 如下所示：

$$Y_{14} = \begin{pmatrix} 1 & 3 \\ 1/3 & 1 \end{pmatrix}$$

因素 C_{41} 和 C_{42} 的权重值分别为：0.7 500 和 0.2 500，判断矩阵 Y_{14} 的最大特征根 $\lambda max = 2.0 000$。

六、判断矩阵的一致性检验

由于人的主观判断有一定局限性，构造判断矩阵还需要进行一致性检验，主要用于判断得出的权重值是否合理、判断矩阵的构成是否符合逻辑，判断矩阵的一致性检验的指标为一致性比率 CR，其计算公式如下：

$$CR = \frac{CI}{RI}$$

式中 n 为判断矩阵的阶数，λmax 为判断矩阵的最大特征根，CI 为一致性指标，其计算公式如下：

$$CI = \frac{\lambda_{max} - n}{n - 1}$$

RI 为随机一致性指标（通过查表取得），其随着 n 的变化而变化。一般认为，当 CR<0.10 时，判断矩阵一致性检验通过，否则就不通过，需要重新调整判断矩阵的元素取值，直到判断矩阵一致性检验通过为止。。

通过计算，本文构造的准则层判断矩阵 X_{11} 的一致性比率 CR 为 0.0 116；同理，其他判断矩阵 Y_{11}、Y_{12}、Y_{13}、Y_{14}、Y_{15} 和 Y_{16} 的一致性比率分别为 0、0.0 515、0.0 288、0.1 603、0.0 116 和 0，均小于"0.10"，具有良好的一致性，通过了判断矩阵的一致性检验，这说明以上计算的权重值是可接受的。

七、层次总排序

一致性检验合格后，将所有指标权重分配数据进行汇总和总排序，得出指标层相对于目标层的权重值。

教学单位的审计评价体系中，指标"单位业务遵照国家及学校财经制度的情况"（C_{11}）、"领导干部个人廉洁自律情况"（C_{12}）、"内部控制环境"（C_{21}）、"内部控制体系建立情况"（C_{22}）、"内部控制体系执行情况"（C_{23}）、"深化教育改革，人才培养质量提升情况"（C_{31}）、"学科建设情况"（C_{32}）、"突出办学特色，自主创新情况"（C_{33}）、"社会服务情况"（C_{34}）、"学生工作情况"（C_{35}）、"创收情况"（C_{36}）、"师资队伍建设情况"（C_{37}）、"科研水平情况"（C_{38}）、"财务预算执行情况"（C_{39}）、"重大经济决策情况"（C_{41}）和"历史遗留问题的解决情况和以往审计或检查发现的问题的整改情况"（C_{42}）的权重值分别是 0.3 112、0.1 556、0.0 722、0.1 145、0.0 909、0.0 400、0.0 400、0.0 042、0.0 126、0.0 086、0.0 030、0.0 272、0.0 186、0.0 059、0.0 715 和 0.0 238。

机关部处、群团组织、教辅单位及后勤单位的审计评价体系中，指标"单位业务遵照国家及学校财经制度的情况"（C_{11}）、"领导干部个人廉洁自律情况"（C_{12}）、"内部控制环境"（C_{21}）、"内部控制体系建立情况"（C_{22}）、"内部控制体系执行情况"（C_{23}）、"优化资源配置情况"（C_{51}）、"创新监管机制情况"（C_{52}）、"推进政策落实情况"（C_{53}）、"提升服务质量情况"（C_{54}）、"重大经济决策情况"（C_{41}）和"历史遗留问题的解决情况和以往审计或检查发现的问题的整改情况"（C_{42}）的权重值分别是 0.3 112、0.1 556、0.0 722、0.1 145、0.0 909、0.0 153、0.0 257、0.0 748、0.0 445、0.0 715 和 0.0 238。

经营性全资或控股单位的审计评价体系中，指标"单位业务遵照国家及学校财经制度的情况"（C_{11}）、"领导干部个人廉洁自律情况"（C_{12}）、"内部控制环境"（C_{21}）、"内部控制体系建立情况"（C_{22}）、"内部控制体系执行情况"（C_{23}）、"国有资本保值增值情况"（C_{61}）、"利润缴纳情况"（C_{62}）、"重大经济决策情况"（C_{41}）和"历史遗留问题的解决情况和以往审计或检查发现的问题的整改情况"（C_{42}）的权重值分别是 0.3 112、0.1 556、0.0 722、0.1 145、0.0 909、0.1 068、0.0 534、0.0 715 和 0.0 238。

八、高校内部经济责任审计评价体系在 A 高校二级单位负责人经济责任审计中的应用

基于上文构建的高校内部经济责任审计评价体系，某高校审计部门对学校工会主持日常工作的副主席进行了经济责任审计评价。针对该经济责任审计项目，某高校审计部门成立了 4 人审计组，通过抽取财务凭证、访谈和查阅资料等方式获取审计证据，从而确定问题清单；此外审计组 4 名审计人员按照上文"机关部处、群团组织、教辅单位及后勤单位"的审计评价体系中指标层的指标进行打分，各指标设定满分为 100 分。如果被审计领导干部针对某评价指标能很好地履行经济责任，那么评分应大于或等于 90 分；如果被审计领导干部针对某评价指标能较好地履行经济责任，那么分值范围应大于等于 80 分且小于 90 分；如果被审计领导干部针对某评价指标履行经济责任情况一般，那么评分应大于或等于 70 分且小于 80 分；如果被审计领导干部针对某评价指标履行经济责任情况较差，那么评分应为大于或等于 60 分且小于 70 分；如果被审计领导干部针对某评价指标履行经济责任情况很差，那么分值范围应小于 60 分。

审计人员 B 针对"单位业务遵照国家及学校财经制度的情况"（C_{11}）、"领导干部个人廉洁自律情况"（C_{12}）、"内部控制环境"（C_{21}）、"内部控制体系建立情况"（C_{22}）、"内部控制体系执行情况"（C_{23}）、"优化资源配置情况"（C_{51}）、"创新监管机制情况"（C_{52}）、"推进政策落实情况"（C_{53}）、"提升服务质量情况"（C_{54}）、"重大经济决策情况"（C_{41}）和"历史遗留问题的

解决情况和以往审计或检查发现的问题的整改情况"（C_{42}）11 个指标的评分情况分别是：82 分、100 分、94 分、75 分、78 分、95 分、72 分、89 分、92 分、85 分和 84 分，综合加权评分为 85.6 747 分。审计人员 C 的评分情况分别是：90 分、100 分、86 分、77 分、90 分、88 分、89 分、97 分、99 分、85 分和 85 分，综合加权评分为 90.17 分。审计人员 D 的评分情况分别是：79 分、100 分、78 分、85 分、85 分、88 分、84 分、92 分、98 分、94 分和 82 分，综合加权评分为 86.6 558 分。审计人员 E 的评分情况是：89 分、100 分、90 分、83 分、82 分、90 分、76 分、82 分、94 分、88 分和 85 分，综合加权评分为 88.6 739 分。综合审计组 4 位审计人员的审计评价情况，该审计项目的审计评价总得分为 87.7 936 分。A 高校审计部门根据审计评价总得分情况分为四个审计评价等级，其中，得分大于或等于 90 分评定等级为"优秀"，得分大于或等于 80 分且小于 90 分评定等级为"良好"，得分大于或等于 70 分且小于 80 分评定等级为"中等"，得分大于或等于 60 分且小于 70 分评定等级为"合格"，得分小于 60 分评定等级为"不合格"。因此，该审计项目的审计评价等级为良好，说明该领导干部较好地履行了其任职期间的经济责任。A 高校将在审计报告中体现审计发现的问题清单和"审计评价体系得分+评述"模式的审计评价两部分核心内容，引导被审计领导干部在得分相对较低的方面提升履职能力，比未采用该审计评价体系的审计报告更有力地为学校领导班子和组织部门提供决策依据。

九、结论

本文构建的高校内部经济责任审计评价体系按照被审计领导干部所在单位或原所在单位的不同性质分类设置，更加科学化、合理化，将实务工作中零散的评价指标层次化、系统化；评价体系在评价方式上弥补了以往审计评价工作中单采用定性方式的缺陷，在评价内容方面更加全面化、结构化；评价体系切实贯彻体现了《党政主要领导干部和国有企事业单位主要领导人员经济责任审计规定》中既要从严约束领导干部的权力运行又要贯彻落实"三个区分开来"的重要要求，释放规范约束与激励促进并举的审计评价新导向，使高校内部经济审计工作在加强对中层领导干部审计监督的同时，也能够鼓励其探索创新，支持其担当作为，保护其干事创业的积极性、主动性和创造性，推动领导干部勤政廉政，履职尽责，有效发挥审计结果在干部选拔、考核评价中的重要参考作用。

参考文献：

〔1〕于迈、谈华："经济责任审计评价体系构建研究"，载《审计月刊》2012年第7期。

〔2〕郑石桥："领导干部经济责任审计评价：理论框架和例证分析"，载《财会月刊》2018年第21期。

〔3〕徐公伟、荆新："内部审计评价的理论与技术：一个框架"，载《审计研究》2015年第6期。

〔4〕宋常、赵懿清："投资项目绩效审计评价指标体系与框架设计研究"，载《审计研究》2011年第1期。

〔5〕韦小泉、王立彦："地方党政主要领导干部经济责任审计评价指标体系构建"，载《审计研究》2015年第5期。

〔6〕张新妍："高校院系负责人经济责任审计评价指标体系研究——基于平衡计分卡视角"，载《财会通讯》2017年第10期。

关于高校借助工会独特优势破解
房地产管理困难问题的探讨

资产管理处　高　媛　梁天晓　姚凯东　徐媛媛

摘　要：习近平总书记指出，工会是党联系职工群众的桥梁和纽带，工会工作是党的群团工作、群众工作的重要组成部分，是党治国理政的一项经常性、基础性工作；同时强调，新形势下，工会工作只能加强，不能削弱；只能改进提高，不能停滞不前。高校工会作为党领导下的群众组织，具有广泛的群众基础，是联结党组织和教职工的重要纽带，而高校房地产管理方面存在的政策宣传无法及时到位、配套服务无法精准周到、管理保障无法有效闭环、技术手段无法及时更新等难题，长期以来都是广大教职工关注的焦点。本文通过分析工会工作优势与房地产工作面临的困难，独辟蹊径借助工会工作解决房地产工作难题的方式，是加强高校工会与群众联系、提高工会工作效能的重要途径，是高校工会在新时代拓展和延伸其职能的必然要求，也是高校行政管理向高质量发展转型的科学创新。

关键词：高校工会；房地产管理；高校行政管理

一、倡导高校工会积极参与房地产部分管理工作的内在逻辑

工会具有维护、建设、参与、教育四大职能。维护职能是高校工会最基本、最核心的职责，主要是代表教职工利益，为教职工排忧解难，依法维护教职工的合法权益。参与职能则是高校工会全面履行各项职能的根本途径，没有参与，维护只能停留在表面，无法深入到工作本质、深入到教职工心中，

也无法从真正意义上如实反映教职工关切、从根本上解决职工诉求。

（一）参与房地产管理是高校工会职责使命的拓展与延伸

1. 高校工会联合其他职能部门、参与有关工作，可共同更好地贯彻学校党委决策部署

高校工会作为学校党委领导下的党政机关之一，既是职能部门，又发挥着联结校党委和广大教职工的重要作用。高校工会通过多种途径，传达学校党委的意志与决策给教职工，引导教职工统一思想，紧密团结，紧扣主题落实校党委决策，达到上下一心的目的。但在实际工作中，教职工更加关注个人职业发展和民生与福利问题，对学校发展的关注度相对较低，[1] 如何在这种情况下调动教职工参与学校建设的积极性，落实学校党委的各项决策部署，是高校工会发挥职能的课题。对此，高校工会需要加强与其他行政部门的合作，积极参与有关具体工作的筹划、指导与落实，共同发挥各自优势及合力，达到事半功倍的效果。尤其要参与到涉及教职工个人福祉相关部门的工作中，加强与人事、资产、教务等部门合作，在职务职称评定、薪资福利待遇、住房保障和补贴、课程设置与安排等方面，积极协助解决各职能部门在政策制定、日常服务保障、与教职工沟通等工作中难题困扰，妥善处理教职工个人生活与发展的后顾之忧，让教职工全身心地投入学校中心工作和建设发展上来，努力实现学校、教职工、职能部门等"多方共赢"的局面。

2. 参与房地产管理既是高校工会履行维护、参与等职能的职责要求，也是其服务教职工、维护教职工权益的务实举措

2018 年 10 月，习近平总书记在同中华全国总工会新一届领导班子成员集体谈话时强调工会要坚持以职工为中心的工作导向，哪里的职工合法权益受到侵害，哪里的工会就要站出来说话。高校工会积极发挥维护和参与职能，主动参与行政部门的工作，协助解决教职工面临的难题，是党对高校工会的重托，教职工对高校工会的要求，法律赋予高校工会的权利。[2] 本质上看，高校工会和学校职能部门的工作目标与前进方向是一致的，都是从服务教职工，维护教职工合法权益的角度出发开展工作，而高校工会作为高校的行政

---

〔1〕 参见陈丽："新时期高校工会解决教职工诉求问题的思考——基于 XX 高校的调查与分析"，载《重庆高教研究》2016 年第 3 期。

〔2〕 参见曲端瑞："新形势下高校工会的参与职能"，载《山东工业大学学报（社会科学版）》1999 年第 3 期。

部门，被天然赋予了有别于其他行政部门的优势，高校工会既能理解其他行政部门在与教职工沟通中的重点与难点，也能共情教职工所面临的问题与诉求。因此，高校工会作为重要的群众组织，更要在服务教职工上面下功夫，发散思维思考服务的方式，开拓创新打通服务教职工的多种渠道，特别是通过积极参与教职工关注度很高、社会舆论长期热点的房地产管理工作，开辟化解教职工与学校行政部门之间矛盾、解决教职工个人发展与生活诉求的重要途径。

（二）高校借助工会加强房地产管理是时代发展的必然要求

工会工作要顺应时代要求、适应社会变化，善于创造科学有效的工作方法，把竭诚为职工群众服务作为工会一切工作的出发点和落脚点，全心全意为广大职工群众服务，让职工群众真正感受到工会是"职工之家"，工会干部是最可信赖的"娘家人"。[1]

1. 创新融合时代的必然要求

在新时代背景下，创新与融合是建设发展的大趋势、主渠道。当前各行政部门工作职能交叉融合度不断提高，很多工作牵扯面广、涉及对象多，常常都是"你中有我、我中有你"，需要行政部门间发掘创新要素、形成融合机制，进一步相互支撑补充、配合协作，进而增强部门能力、构建系统合力，更好地应对破解历史顽症痼疾和新出现的矛盾问题。当前高校工会工作和房地产管理工作在任务职能、对象范围、方式方法等方面，都具有很多互补互促的天然耦合便利，积极探索两者之间的创新融合具有重要的现实意义。

2. 信息科技时代的必然要求

《全国工会网上工作纲要（2017—2020年）》基本原则之一是实现工会工作以线下为主向线上线下互动融合的转变，完成"互联网+"时代的工会转型升级。随着高校电子政务的发展，办公网络化、决策大数据化扑面而来，各高校在房地产管理工作中都引入了信息管理系统，乘着科技的东风，进一步提高了管理服务水平。在信息科技急速发展的时代，高校工会通过尝试参与房地产信息化服务管理，强化教职工与职能部门沟通的重要媒介作用，打通扩充信息化建设的"最后一公里"，具有重要的示范作用和现实意义。

---

〔1〕 参见"习近平在全国劳动模范代表座谈上的讲话"，载《当代工人（C版）》2013年第3期。

3. 民主法治时代的必然要求

陈丽的研究显示，教职工对参与学校民主管理与民主监督方面的信息较为感兴趣，[1]高校是先进知识分子的聚集地，教职工学历层次高，民主法治意识强，更加需要广泛的发声渠道，成为学校发展的主人，为学校发展建言献策。高校借助工会的力量加强房地产管理，可以拓宽教职工反映问题的渠道，有工会作为"中间人"铺垫、疏通、调和，可以极大地缓解教职工在遇到房地产问题时的无门、无序、无奈，及时化解矛盾冲突；有工会收集民意、形成互动，可以更快更好掌握教职工最关心的问题、研究提出精准稳妥的解决方案和制度规定，更有针对性地解决房地产管理服务方面的困难问题。

二、当前高校房地产管理工作中面临的困难问题

高校房地产管理部门受职能定位限制、人力资源短缺、政策制度更迭、历史遗留问题成因复杂等方面影响，主管工作一直面临很多困难问题，主要的有以下四个方面：

（一）政策宣传无法及时到位

高校房地产管理制度受到国家宏观经济体制的制约，随着国家实现从计划经济到社会主义市场经济的变革，高校房地产政策在不同历史时期也呈现出不同的特点，导致现存房地产权属和制度也存在多样性和差异化。一些教职工因对国家房地产政策法规不了解、不理解或了解理解得不全面、不准确，产生了很多误解，造成了很多矛盾和历史遗留问题，对此，需要房地产管理部门下大力气通过多途径、多方式加强政策法规制度的宣传解读。但房地产管理部门终究不是专职宣传部门，在宣传灌输能力、传播手段方式上存在天然短板，无法做到及时、强力、全覆盖；与群团组织相比，同全体教职工集体接触的场合、时机相对很少，在宣传途径、渠道等方面无法做到大量、密切、可持续，所以在政策宣传效果、受众接受程度、普及面和及时程度等方面收效甚微。

（二）配套服务无法精准周到

房地产管理工作具有复杂性和系统性，不仅包括前期的房源筹措、装修

---

[1] 参见陈丽："新时期高校工会解决教职工诉求问题的思考——基于 XX 高校的调查与分析"，载《重庆高教研究》2016 年第 3 期。

配置、统筹调配，还包括后期房地产维护、维修过程中的各项具体配套服务。然而，当前一些高校房地产管理部门受各种因素所限，重心基本放在了前期工作，往往只考虑一次性投入的多少、配置的高低、工期的长短，对后期管理无暇顾及，造成后续维护、维修困难。还有一些高校房地产管理部门这些年在保障性房源申请、共享办公室建设、电梯加装等方面做了大量工作，但对后续配套服务需求不能及时准确掌握，面临房地产管理与维护不协调、房地产管理效率低、房地产资源使用不合理等新问题。当然，之所以出现这些困难问题，与各高校职能部门的职能任务划分有关，在房地产管理、后勤物业等部门在前后任务切分、统筹协调上，存在界定模糊或是接续不畅。更重要的则反映出，房地产用户使用体验后，缺乏贴近教职工且被教职工信任的沟通平台和反映渠道，无法及时精准反馈矛盾问题和个性诉求，房地产管理部门试图精准周到服务，但缺乏相应基础。

（三）管理保障无法有效闭环

在传统的房地产管理中，主要依靠房地产管理者自身发现管理中存在的薄弱环节或问题并进行分析研究后，出台或修订完善措施举措，继而议案执行。其中，从"发现"到"设计"，再到"执行"，一直由房地产管理者主导，基本上是查缺补漏"全凭自觉"、解决办法"闭门造车"、完成优劣"自我评价"，而真正服务的主体——广大教职工没有直接参与房地产管理工作的途径。在以往实践中，房地产管理者试图吸纳教职工参与工作以实现管理闭环，但绝大多数教职工因时间或精力等原因，均无兴趣或者无意愿参与到房地产管理中来。由于教职工参与度较低，进而导致管理者和使用者脱节，相互信息严重不对称，过程化管理大于结果化管理，其更为重要的是，造成了长期的"监督"与"完善"的持续弱化，房地产管理保障无法有效形成科学闭环。

（四）技术手段无法及时更新

大数据时代下，数字化水平直接决定工作效率，数据质量直接影响决策质量。高校房地产管理工作政策性和程序性强，任务繁重、步骤复杂；房地产管理数据涉及人、财、物等诸多方面，包括费用管理、产权管理、维修管理等多个环节，是房地产管理的重要信息和基本依据，完整准确的房地产数据是房地产管理部门进行科学决策的关键。这客观上要求高校必须建立一个高效的房地产管理信息系统，配备足够的管理人员，以加强房地产管理。但现实中，大多数高校房地产管理部门受制人员数量不足、工作任务繁重等因素，数据信息采集不充分、不到位，常常"有系统、缺数据"，特别是缺少个体的特征数据，致使管理工作的数字化、信息化水平低，对外信息透明度低，提升数字化办公的工作效率有限，无法对决策起到有效支撑。

三、高校工会在参与处理房地产管理问题方面的独特优势

以上对高校房地产管理现状的分析，特别是工作中遇到的困难问题，表明高校房地产管理存在亟待改革之处。在此过程中，高校工会可以发挥自身独特的组织优势，参与到高校房地产管理的工作中，促进当前高校房地产管理工作的强化与优化。具体而言，高校工会在参与处理房地产管理问题方面的优势主要表现在以下三个方面：

（一）广泛的群众基础

工会与广大教职工有着密切的联系，具有广泛的群众基础。在工会的日常管理中，经常组织教职工参与各项文体活动、交流汇报会，通过教职工全员参与，与教职工之间关系更加紧密。同时，在关系教职工切身利益的事情上，工会及时听取和反映教职工的意见和诉求，关心职工的生活和工作情况，帮助职工解决困难，全心全意为职工服务，深得广大教职工信任和依赖。同样的，教职工也将工会视为最亲密的组织团体，常以平行视角看待工会，能够将个人真实情况、内心想法如实倾诉给工会。房地产管理中，需要真实、公开、透明的各类情况信息，借助工会广泛的群众基础，可以有效破除信息壁垒、消除信息不对称带来的不信任、不理解，进而更加深入细致、公开透明、公正合理地做好有关工作。

（二）深厚的民主氛围

《工会法》规定，工会依照法律规定通过职工代表大会或者其他形式，组织职工参与本单位的民主决策、民主管理和民主监督。一直以来，高校文化崇尚民主自由、个性多元，高校教职工思想活跃、富于创造。高校工会充分尊重教职工作为工会主体的地位，发挥其主人翁精神，通过民主管理、民主参与、民主决策、民主监督形成了浓厚的民主氛围。在关系教职工切身利益的重大事情上，往往会通过平等协商、一人一票等方式作出决定，因而其决策具有广泛的代表性。这种非命令式和教导式的管理方式，在高校"象牙塔"中，十分有利工作的部署和执行。高校房地产工作被诟病较多之处恰恰在于"高高在上""缺乏民主"，急需导入工会在民主决策方面的优势，推动管理

方式更"接地气""顺民意"。

（三）重要的情感纽带

高校工会在为教职工的当前利益和长远利益服务的过程中，自然成了高校各级组织联系教职工的重要情感纽带。相对于高校其他职能部门而言，工会对教职工的生活、工作等情况较为熟悉，教职工直接可以感受到工会这一组织提供的服务和关心，因而对工会有着特殊的感情依托。高校房地产管理部门可以借助工会的这一优势，通过组织召开教职工代表大会、发放调查问卷，加强与广大教职工联络交流，拉近距离、加深情感。对于一些有争议的房地产历史遗留问题，可以通过联合工会做思想工作、协商调解等方式，引导教职工换位思考，从学校房地产管理全局和个人利益相结合的角度，审视自己的行为，促进双方在遗留问题上达成共识，有效化解隔阂和冲突。

四、高校工会参与房地产管理的实现路径

高校工会参与房地产管理既有法理依据和自身发展需要，也有外部现实需求，更具备独特优势，在具体实现过程中还应做好以下三个方面：

（一）加强组织领导

政治性是工会的第一属性，高校工会应始终把党的领导放在首位，把维护广大教职工核心利益与合法权益作为核心任务。[1]具体到实践活动中，传统的工会组织领导模式对于高校工会发挥其固定职能与完成既定工作是适用的，但是在参与房地产管理等跨领域工作中，应按照相关工作的特点与形势变化建全并加强组织领导，保证工会履行职责的有效性与完整性。

1. 坚持党建引领

习近平总书记提出要坚持党对工会工作的领导，团结动员广大职工积极建功新时代，加强对职工的思想政治引领，加大对职工群众的维权服务力度，深入推进工会改革创新，勇于担当、锐意进取，积极作为、真抓实干，开创新时代我国工运事业和工会工作新局面。党建带工建是加强工会建设的有效经验，也是工会工作机制的延伸与拓展。[2]通过党建引领，将党的建设与工

---

[1] 参见全铁军、司三松："依法维护教职工的合法权益是高校工会履行职责的根本途径"，载《河北科技大学学报（社会科学版）》2005年第1期。

[2] 参见武兵："创新工会工作体制机制，增强基层工会活力——基层工会工作改革创新的实践与研究"，载《北京市工会干部学院学报》2018年第4期。

会建设紧密结合，加强对工会组织的思想政治引领作用，有利于解决工会参与到房地产管理工作中的难点和痛点问题，有利于团结职工群众，充分调动工作人员的积极性与主动性。

2. 设立议事协调机构

高校工会可根据学校发展现状及房地产管理工作开展的情况，选用"懂政策、精管理、善协调、解民情"的专业人士，并引入外部资源（熟悉高校房地产相关法律法规的专业人士或机构），设立由学校主管领导或分管校领导牵头成立的房地产管理工作联合协商小组（由负责房地产管理工作的职能部门、工会及有关校内单位组成）、房地产历史遗留及疑难问题争议调解委员会、房地产法律援助队等组织机构，加强房地产管理领域的议事协调能力，重点解决房地产管理过程中遇到的重大疑难问题，进行教职工权益维护及纠纷调解，更好发挥工会的桥梁纽带作用。

3. 搭建线上联合办事平台

随着信息化的普及，高校工会应加快推进办公电子化、现代化，主动加强与各职能部门联动，做到线下组织全体教职工、线上面向全体教职工，简化办事流程，提高工作效率。具体到房地产管理工作中，应结合高校人员编制情况的现状，克服合署办公的困难，与负责房地产管理工作的职能部门依托互联网共同搭建联合办事平台。通过在办事平台上设立政策宣传窗、线上会客厅、投诉维权栏、纠纷调解室等板块，将工会工作与房地产管理工作有机结合，加强政策制度宣讲传播、正向引导，拓宽职工维权投诉渠道，优化争议调解方式，消除信息壁垒和办事梗阻，提升高校民主管理透明度与参与度，让房地产管理工作更加高效、顺畅。

（二）建立完善机制

机制通常是指各要素之间的结构关系和运行方式，健全完善的工作机制有助于提高机构的管理水平。[1]高校房地产管理不仅涉及具体管理部门，还涉及基建、采购、后勤保障、财务等多个部门，唯有机制合理、统筹得当，才能达成发挥出巨大正向合力。

---

〔1〕 参见刘元文："工会组织行政化的生成机制与改革前景"，载《工会理论研究（上海工会管理职业学院学报）》2014年第4期。

1. 建立会商制度

高校工会应当建立参与房地产管理、保障等各相关职能部门的定期会商制度，坚持民主决策、科学调研，重大问题重大事项必须利用教代会、（职）工代会和议事协调机构等组织机构平台进行会商协商，切实保障教职工的权益，让教职工充分参与到相关工作的决策与管理中。具体操作中，政策制度问题和重难点问题可采取召集代表座谈推进，管理细节问题和投诉建议类问题可采取线上征求意见、投票等其他灵活方式。在日常工作中，鼓励教职工对房地产工作与服务提出创新要求，开拓创新路径，形成工会+部门+教职工合力的工作氛围，将高校房地产工作推向新的高度。

2. 建立长效干预机制

高校工会应就预防涉及房地产管理争议问题的发生，建立有关长效干预机制。具体地，一是借助工会日常工作普及和宣传房地产工作相关政策和法律知识，例如可以依托学校定期举行的大型活动、展览及会议等将房地产管理过程中实施的政策和措施制作为宣传册进行推广，邀请法律专家对《民法典》中涉及房产继承和离婚析产等的法律知识进行宣讲和解读；二是在争议产生后，工会应主动发挥自身职能，积极参与到调解工作中，为教职工申诉维权和法律咨询提供保障；三是推进构建"受理申诉-和解调解-法律维权"的长效机制，主动受理教职工的申诉并协同相关单位深入细致开展调查，做到尽量促成和解、积极进行调解，和解调解不成的可寻求法律渠道进行维权或受教职工委托进入司法程序寻求解决。[1]

（三）优化管理方式

考虑到房地产管理工作涉及面广，政策性强，疑难问题多，高校工会参与到相关工作中应该注重管理方式的变化，特别是在制度公开、人员选培和监督反馈等方面应进行针对性的优化，营造和谐团结的工作氛围。

1. 公开制度

高校工会应建立公正透明的公开制度，涉及学校房地产相关的重大制度、政策及办法应同有关部门及时向教职工公开征求意见，积极吸纳教职工的建

---

[1] 参见陈祥瑞："我国高校工会参与劳动人事争议处理的路径研究"，载《劳动保障世界》2020年第12期。

议以求进一步完善，做到民主管理、透明公开。[1]例如，在高校房地产相关政策制定阶段或征求意见阶段，高校工会可引导和组织教职工积极主动加入政策的设计环节，把主要诉求、困难矛盾集中反映到政策制定过程中，形成源头参与机制，既积极保障了教职工利益，也确保了高校政策制度科学合理出台。

2. 人员选培

高校工会应重视有关管理人才的选配和培养，具体来看，工会自身工作人员对教职工有较为深刻的了解，但是缺乏对于房地产管理工作的认识了解，这就有必要通过"吸纳挖潜"的方式，让更多相关专业人才进入到管理队伍中。例如，高校工会可以通过学校人员聘用渠道在校内外引进熟悉房地产管理工作的专业人员全职进入工会工作，充实人才队伍。同时，高校工会可定期邀请负责房地产管理工作的职能部门或有关专家学者对工作人员开展房地产管理业务的培训，提高工作人员的专业素养与业务能力，从而为工会参与到房地产管理工作创造有利的条件。

3. 监督反馈

在监督反馈方面，应积极引导教职工参与到涉及房地产管理重大问题的监督反馈环节，建议高校工会可以设立"房地产管理监督员"，一方面监督员负责维护教职工权益，监督学校房地产管理工作，向校内负责房地产管理工作的职能部门就房地产工作方面出现的重大问题、疑难问题及有关政策措施实施过程中出现的问题进行反映与申诉；另一方面监督员负责为教职工宣传讲解相关政策措施，及时为有疑问、有困惑的教职工进行答疑解惑，对于仍有疑虑或诉求不在其职责范围内的情况及时向领导及有关部门汇报，搭建好教职工与学校之间的沟通桥梁，为学校安全稳定发展奠定良好基础。

总之，高校工会参与到房地产管理工作，是新时代工会团结广大职工、联系职工和代表维护职工权益的重要方式之一，是高校工会创新工作方式、做好教职工服务工作，维护学校安全稳定发展的具体措施。高校工会应坚持问题导向，不断创新发展，勇于作为，以习近平新时代中国特色社会主义思想为指引，使工会真正成为广大教职工权益的代表者与维护者，成为党在教育事业和工运事业战线上的桥梁纽带，为学校和谐发展和安全稳定提供保障，促进学校的房地产管理决策更加公平公正。

---

[1] 参见姜公杰："工会民主管理的形式与途径探究"，载《中国职工教育》2014年第6期。